Jens und Jakob

Published by Skapago KG, Furth im Wald, Germany.
1st edition published in July 2017

Picture credits:
All photographies and illustrations © Daniela Skalla except:
Chapter 1, sparrow in the hand © alexzeer – Fotolia.com
Chapter 1, father Christmas © János Korom Dr., https://www.flickr.com/photos/korom/6354427503/, CC BY-SA 2.0
Chapter 2, sparrow at the table, © Dennis Jarvis, https://www.flickr.com/photos/archer10/7596193602/, CC BY-SA 2.0
Chapter 2, business people © Maryland GovPics https://www.flickr.com/photos/mdgovpics/8435596116/, CC BY 2.0
Chapter 2, young people © TheeErin, https://www.flickr.com/photos/theeerin/3919615293/in/photostream/, CC BY-SA 2.0
Chapter 3, sparrow in the hand, #1083988 | © Falkenauge – Fotolia.com
Chapters 3, 8, 15, map of German speaking countries © kartoxjm – Fotolia.com
Chapter 4, newspapers, © Picturepest, https://www.flickr.com/photos/picksfromoutthere/14411692776/, CC BY 2.0
Chapter 4, man reading, © Sascha Kohlmann, https://www.flickr.com/photos/skohlmann/8846262744/, CC BY-SA 2.0
Chapter 4, woman with dog, © Kzenon – Fotolia.com
Chapter 5, Berlin Wall, © Alexi Tauzin – Fotolia.com
Chapter 6, Checkpoint Charlie, © Daniel Antal, https://www.flickr.com/photos/antaldaniel/2372095272, CC BY 2.0
Chapter 9, telephone, © 2fake – Fotolia.com
Chapter 10, furniture, © muchmania – Fotolia.com
Chapter 13, doctor, © Catalin Pop – Fotolia.com
Chapter 14, note about style, © Todd Dwyer, https://www.flickr.com/photos/ret0dd/3391041282/, CC BY-SA 2.0
Chapter 14, car crash, © sh22 – Fotolia.com
Chapter 15, old man, © Alinalina, https://www.flickr.com/photos/alinalina/103758444/, CC BY 2.0
Chapter 17, human figures, © BRN-Pixel – Fotolia.com
Chapter 17, sparrow silhouette, © tcantaffa – Fotolia.com
Chapter 17, DJ, © Robert Przybysz – Fotolia.com
Chapter 18, Tiergarten Berlin, © FSEID – Fotolia.com
Chapter 18, Dativ / Genitiv, © BERLINSTOCK – Fotolia.com
Chapter 18, child with colors, © joey333 – Fotolia.com

Cover designed by Mónica Gabriel

Text credits:
Mark Twain: The Awful German Language. Appendix D from Twain's 1880 book *A Tramp Abroad*. The text is in the public domain. Quotes are taken from http://www.kombu.de/twain-2.htm

ISBN: 978-3-945174-06-7

Jens und Jakob

Learn German. Enjoy the Story. Part 1 – German Course for Beginners

Written by
Werner Skalla

Story based on an idea by
Sonja Anderle

Co-created by teachers and students at Skapago
Clemens Pötsch
Johanna Sainitzer
Daniela Syczek
Dominik Timmermann
Miquel Belmonte

Photography & illustrations by
Daniela Skalla

German texts reviewed by
Eva Buchhauser
Anna Friedrich

English texts reviewed by
Joseph Pinzon
Danica Reno

Published by
Skapago – Online Language School
www.skapago.eu

Contents

How you will fail to learn German

and
how
you
won't

Don't get me wrong – I *love* your decision to learn German (especially since you are doing it with my textbook – thank you!). But before we start, I would like to dig a little deeper.

During my several years of working as a language teacher I got to hear a lot of questions from students that sound like this:

- What method will work for me?
- What school should I choose?
- Is my teacher qualified?
- Is it better to study in the morning or in the afternoon?
- Should I use an app for learning new words, or flashcards?
- Which textbook should I buy?
- ...

Maybe some of those questions are in your head right now, and let me give you an answer to them right away: none of them really matters (except, of course, the

textbook – but there you have already made the right choice).

I have seen people learn German from scratch to fluency with a variety of methods, teachers, schools ... and yes, I will admit it – even the textbook does not really matter. The only thing successful language learners have in common are the two following ingredients:

- time
- the willingness to push your limits, in other words: passion

Let me deal with time first. None of us have time, do we? We are all busy with our jobs, studies, families ... However, there is no shortcut here. If you want to learn a new language, you will have to find some time. Forget all about the "Fluent-in-[*put-in-a-ridiculously-short-amount-of-time-here*]" approaches. You will need to do the work. For ideas of how to find the time to learn German in your busy day, and how to use this time in an effective way, see www.skapago.eu/jensjakob/time.

Now, passion. It's cheap talk to claim "be passionate about learning German, then it will be much easier". Sure it will! But passion (like money) doesn't grow on trees.

Maybe you are passionate about learning German – perhaps you have just fallen in love with a lovely German / Austrian / Swiss guy / girl.

But maybe you have come to Germany to find a job and earn money. Or you have come as a refugee, just being happy that you are safe now.

Means you're lost? Of course not. I believe passion is something that develops over time. Think of your German language learning project as of a date. If you are in a relationship, was it love at first sight when you met your partner? Probably not. You said something like "this girl / guy looks nice", but nothing more. The key to a stable relationship is the dedication you put into it after having met in the first place.

Just the same with learning a language. I don't believe you *find* your passion. You *find* an interest, and then you *develop* a passion. If you don't do that, the relationship will turn cold, and eventually you will split up.

Pursuing this analogy, that means: You are just on your first date with the German language! WOW – so exciting!

Still, I want to be honest with you. Learning German will be hard work. We have *Dativ* and *Akkusativ*, and most people never get that right at school. Mark Twain wrote his famous article *The Awful German Language* about his struggles with German grammar, and I will quote him occasionally during this book. German has its catches (although I don't believe it is more difficult than any other language). Sometimes there will be blood, toil, tears, and sweat.

And that, again, is where passion comes in. As in a relationship, where it is guaranteed that you will, one day, have a dispute about who will wash the dishes, you will need passion so that you will get over it. How to develop it? Get ideas at www.skapago.eu/jensjakob/passion.

But I also have the hope that this book, with its story, will help you develop your passion for German. Who said hard work cannot be fun, at least from time to time? We were tired of language learning apps. We wanted something not just for the brain, but also for the heart!

Jens and Jakob are going to follow you all the way from your first German word to fluency. I hope you will fall in love with them – and with the German language.

Things to help you

You will find texts from the book as audio files, pronunciation explanations on video, additional exercises, a vocabulary trainer, tests and much more – most of it for free, at www.skapago.eu/jensjakob/bonus.

People to help you

It might be difficult for you to learn a new language all on your own. Personally I believe you should get support from a teacher.

Now, you might accuse me of being biased and just want to sell you our courses since Skapago is an online language school. So I'll be the first to admit that other schools have great teachers, too, so feel free to get in touch with one of our competitors.

Our teachers will talk to you through Skype and use a video conference, so you can join our live individual classes wherever you are in the world. They have co-created this book, and you can schedule a free demo lesson here: www.skapago.eu

Mistackes

You won't believe how many times we read through this book before we dared to publish it. Still, we cannot guarantee that the book contains no mistakes. Should you find one, please send an e-mail to: jensjakob@skapago.eu. Jens and Jakob will send you a personal thank you message!

The best German textbook ever?

When we started working on this book, our ambition was to make the best German textbook ever, but well, let's keep our feet on the ground. Let us know what you think! Are there exercises you don't like, explanations you don't understand, texts that are boring, images you find ugly? If you have comments or ideas for improvement, or if you just want to say hello to Jens and Jakob – don't hesitate and send an e-mail to: jensjakob@skapago.eu

Let's get started!

I will now present the first German text to you. It is far more difficult than you might expect, and the goal is by no means that you should learn the words in the text. All I want is to give you a first impression of what German sounds and looks like. Listen to it (for audio files go to www.skapago.eu/jensjakob/bonus) several times and read along with the text. Then, try to guess as much as you can without looking at the English translation.

After that, feel free to use the English translation. The text is a prologue to the story which will run through the book.

Berlin, 7. August 1961

Blaulicht.
Eine Sirene.
Ein junger Mann, ganz in weiß, kommt ins Zimmer.

Waltraud sieht ihn an. Er ist hübsch, denkt sie.

Was für ein lächerlicher Gedanke. In ihrer Situation!
Sie registriert kaum, was um sie herum geschieht.
Aber den jungen Mann hat sie doch gesehen.
Und Klaus. Eigentlich sollte sie nur Augen für Klaus haben.
Jetzt sieht sie Angelika. Sie steht hinter Klaus.

Plötzlich erschrickt Waltraud und fährt hoch. Sie denkt an Kai. Wo ist er?
„Angelika! Das Kind! Was tue ich mit meinem Kind?"

„Keine Angst. *Du* tust gar nichts mit deinem Kind. Kai war schon so oft bei mir. Ich passe doch auf."

Waltraud fällt wieder zurück. Klar, Kai war schon oft bei Angelika. Sie wohnt ja auch nur fünf Minuten weit weg. Trotzdem ist Angelikas Wohnung schon im russischen Sektor. Aber das ist egal, die Grenze ist ja offen.

Der junge Sanitäter ist wieder da. Sein Kopf ist jetzt direkt über Waltrauds Kopf. Sie sieht ihn also von unten. Komisch, denkt sie. Sie merkt gar nicht, dass der Sanitäter nicht alleine ist. Und dass er sie aus dem Zimmer trägt.
Er lächelt. Er will ihr wohl Mut machen. Aber das sieht Waltraud nicht mehr.

Berlin, 7. August 1961

Blue light.
A siren.
A young man, dressed completely in white, is coming into the room.
Waltraud is looking at him. He is handsome, she is thinking.
What a ridiculous thought. In her situation!
She is barely registering what is going on around her. But she has seen the young man.
And Klaus. Actually she should only have eyes for Klaus.
Now she is seeing Angelika. She is standing behind Klaus.
Suddenly Waltraud is startling and moves up. She is thinking of Kai. Where is he?
„Angelika! The child! What am I going to do with my child?"
„Don't worry. You are not going to do anything with your child. Kai has been at my place so often. I will take care."
Waltraud is falling back again. Sure, Kai has often been at Angelika's place. She lives just five minutes away. Nevertheless Angelika's apartment is already in the Russian sector. But that doesn't make a difference, the border is open after all.
The young paramedic is here again. His head is now just above Waltraud's head. So she is seeing him bottom-up. Strange, she is thinking. She does not even realize that the paramedic is not alone. And that he is carrying her out of the room.
He is smiling. He probably wants to encourage her. But Waltraud is not seeing this any longer.

9

How much of the text did you understand?

 Nothing at all

Don't worry.
In chapter 1, we'll start from scratch! We've never had a student who has not been able to learn German. Make sure you don't ask too much of yourself, so take a break whenever you need it.

 A bit

German is not as complicated as you might initially have anticipated, is it?

 Most of it

Probably you have learned a similar language before, or your mother tongue is Dutch, Swedish, Norwegian, or Danish. Great! Learning German will be easy for you.

Before you move on

Some things you might notice when you compare the German and the English version of the text:

Four funny letters:
ä, ö, ü, ß

The pronunciation of **Ä**, **Ö**, and **Ü** is explained in a series of videos which you can watch here: www. skapago.eu/jensjakob/bonus. The **ß** has about the same meaning as a double **S**. However it can never be at the beginning of a word. Therefore there is no capital letter for the **ß**. In Switzerland people always write **ss** instead of **ß**, but in Germany and Austria a lot of words are written with **ß**. For learning how to write it please look at www.skapago.eu/ jensjakob/how-to-write-ss.

Lots of similar words

In English and German there are a lot of words that are fairly similar. After all, Saxons moved to Britain in the early Middle Ages, which means the English language is basically in the same "family" as the German language.

German pronunciation

... might sound a bit weird to you. But it's much easier than you think, and we will also provide pronunciation videos. For more information, see www.skapago.eu/jensjakob/ bonus.

Ready for chapter 1?

Let's do this!

Resources you will need:

- **audio files**
- **pronunciation videos**
- **... and much more**

for free & always up to date

at

www.skapago.eu/jensjakob/bonus

Click here!

1

Das ganze Land ist glücklich. Ach was - die ganze Welt!
Die Menschen rufen, singen, tanzen ...
Ich nicht.

What to do with this text

- Listen to it a few times and read along. You will find the audio files at **www.skapago.eu/jensjakob/bonus**.
- Try to understand the words. Then look them up in the word lists.
- Try to understand the whole sentences. If you want, translate them to your own language.
- Read the text aloud several times and make sure you are pronouncing everything correctly using the audio files.

Berlin	*capital of Germany*
November	November
das Land	the country
ganze	whole
ist; sein	is; to be *(see grammar explanation)*
glücklich	happy
ach	oh
was	what
ach was	I mean, *here: expression of correction*
die* Welt	the world
die Menschen	the people
rufen, du rufst	to call, to shout
singen, du singst	to sing
tanzen, du tanzt	to dance
ich	I
nicht	not

*Why is it **das Land**, but **die Welt**? After all, both **das** and **die** (and even **der**) mean *the*. Well, German has several translations for ***the***, but don't worry about that right now. I'll explain it in chapter 3.

13

Es ist kalt. Ich liege auf der Straße. Ich habe Schmerzen.
Ich denke: Ich muss sterben. Aber ich bin noch so jung! Ich will leben!
Plötzlich sehe ich etwas über mir.
Eine große Hand. Eine sehr, sehr große Hand. Ein Mensch.
„Hallo! Wer bist du?", fragt er. „Was ist los?"
Ich kann nicht antworten. Natürlich nicht.
Der Mensch nimmt mich in die Hand.
Sie ist ganz warm. Ich bin plötzlich ganz ruhig. Kurz danach schlafe ich.

es	it
kalt	cold
liegen, du liegst	to lie
die Straße	the street, the road
auf	(up)on, *here*: in
auf der Straße	in the street
haben, du hast	to have
Schmerzen	ache, pain
denken, du denkst	to think
ich muss	I must *(see grammar explanation)*
sterben, du stirbst	to die
aber	but
noch	still
so	so
jung	young
ich will	I want *(see grammar explanation)*
leben, du lebst	to live
plötzlich	suddenly

sehen, du siehst	to see
etwas	something
über	above
mir*	me
eine Hand	a hand
die Hand	the hand
groß	big
eine große Hand	a big hand
sehr	very
hallo	hello
wer	who
du	you
fragen, du fragst	to ask
er	he
Was ist los?	*here*: What happened?
ich kann	I can *(see grammar explanation)*
antworten, du antwortest	to answer
natürlich	natural(ly), *here*: of course
nehmen, du nimmst	to take *(see grammar explanation)*
mich*	me
in	in
sie	she
ganz	completely, absolutely
warm	warm
ruhig	calm
kurz	briefly, short
danach	afterwards
schlafen, du schläfst	to sleep

---

*Two words for **me** as well? Yes, unfortunately. You will learn the difference in chapter 6.

How to learn new words

- not too many: 5-7 words per day
- but you should repeat every day
- if you want, write the words on flashcards: German on one side, English on the other
- look at the English word first and try to remember the German translation - not the other way round
- put difficult words aside so that you can repeat them more often
- learn words in a context: e.g. how they are used in the story

Your first German sentences
Verbs & pronouns

Some people say German grammar is overwhelming, but the good news is that with most of it, even if you get it wrong, people will still understand you. They might not even notice.

However there is one thing that you should get right from the very beginning, and that is *verbs and pronouns*.

- A *verb* is a word that tells you what someone does: *eat, sleep, work, fly, love* ... these are all verbs.
- A *pronoun* is a word that replaces a person or a thing: *I, you, he, she* ....

In English we don't change verbs a lot: *I sing*, *you sing* ... One exception is *to be*: *I am*, *you are* ... You cannot say ~~you am~~ or ~~I are~~ – not only does it sound strange, but it will also lead to misunderstandings. For example if I say *you am tired* – what is that supposed to mean? Am I tired? Are you tired? We don't know, so foreigners learning English need to get that right.

The thing with German is that we do this *for all verbs*.

- Fortunately most German words are changed in a completely predictable pattern.
- Some other verbs, so-called *modal verbs*, follow it with two minor tweaks.
- And still some others, called *strong verbs*, follow the same pattern with just one tweak.

Let's start with the pronouns:

ich	I
du	you *(one person)*
er	he
sie	she
es	it
wir	we
ihr	you, you all *(several persons)*
sie	they

Now let's look at the verb endings for a regular verb:

ich sing**e**	**wir** sing**en**
du sing**st**	**ihr** sing**t**
er sing**t**	**sie** sing**en**
sie sing**t**	
es sing**t**	

How do you learn that?
Memorize it!
Sorry, there is no alternative. You should learn the combinations above like a poem, always the combination **pronoun + verb**, never just the verb.

Now for the details.

- You can see that there are two translations for **you** in German. When you are talking to one person, you say **du**. When you are talking to several persons, you say **ihr** (like the Southern **you all**).
- Notice also that the ending for **er/sie/es** and **ihr** is the same.
    - **sie** sing**t**
    - **ihr** sing**t**
- We have two translations for **you**, but the translations for **they** and **she** are the same! Again, the verb ending determines who is doing something:
    - **Sie** sing**t**. = **She** sings.
    - **Sie** sing**en**. = **They** sing.

A lot to learn?
Perhaps, but if you get that right you have really come a long way. There is some good news! German doesn't have a continuous form. That means that the translation for *she sings* and *she is singing* is the same: **sie singt**. You simply figure out from the context if she is singing right now or if she does it regularly.

17

Modal verbs

Modal verbs are extremely useful because you can combine them with other verbs, and then you can use these other verbs in the basic form (called *infinitive*) that you would find in the dictionary. Consider an example:

    Ich will leben.
    I want to* live.

The first verb **will** is a so-called *modal verb*, used in the **ich** form (i.e. first *person singular*, if you prefer grammatical terms). The second verb **leben** is in the *infinitive*.

Now the good thing is that when you are talking about other people you do not have to change the **leben**. You just change the **will**. Look:

ich will leben	wir wollen leben
du willst leben	ihr wollt leben
er will leben	sie wollen leben
sie will leben	
es will leben	

The not-so-good thing is that you have to learn the forms for the modal verbs by heart. But since these are used so frequently it's a really good investment. You'll find some of them on the right side of this page. Again, learn the combinations like a poem. If it helps, make sentences out of them. For example:

    Ich kann singen.
    Du kannst tanzen ...

Meaning of the modal verbs

- du willst singen   you want to sing   (wish, desire)
- du musst singen   you must/have to sing   (obligation)
- du kannst singen   you can/are able to sing   (ability, also: allowance)

wollen (want)

ich will	**wir** woll**en**
du willst	**ihr** woll**t**
er will	**sie** woll**en**
es will	
sie will	

müssen (must, have to)

ich muss	**wir** müss**en**
du musst	**ihr** müss**t**
er muss	**sie** müss**en**
sie muss	
es muss	

können (can, be able to)

ich kann	**wir** könn**en**
du kannst	**ihr** könn**t**
er kann	**sie** könn**en**
sie kann	
es kann	

Relax. There is a pattern. Look:
- All forms except for the **ich** form and the **er** form have the same endings as a regular verb.
- The **ich** form and the **er** form have no ending at all. Cool, huh?
- The vowel in the stem only changes in the singular (**ich, du, er**).

---

*Notice that in German we don't translate the English **to**. That's actually special about *modal verbs* in German.

Strong verbs

Strong verbs are completely regular except for one tiny detail. Look at an example:

ich sehe	**wir** sehen
du siehst	**ihr** seht
er sieht	**sie** sehen
sie sieht	
es sieht	

Strong verbs have *(an)other letter(s) in the second and third person singular* (i.e. **du** form and **er/sie/es** form). I recommend to learn the second person (**du** form) by heart. Doing this you will always know whether a verb is regular or strong – and if it is strong you will know all the forms. So you're going to learn new verbs like this:

to see → sehen, du siehst
to sleep → schlafen, du schläfst
to take → nehmen, du nimmst

To be or not to be

To be is a very special verb in most languages. It is irregular in English, and the same applies to German. Learn it by heart (I know, I've said this before …).

ich bin	**wir** sind
du bist	**ihr** seid
er ist	**sie** sind
sie ist	
es ist	

Haben

So here is the last one – **haben** (*to have*). The only irregular thing is that we drop the **b** in the **du** and **er / sie / es** form.

ich habe	**wir** haben
du hast	**ihr** habt
er hat	**sie** haben
sie hat	
es hat	

Tidying up in your brain
Overview of all the verb forms

I'm really proud of you: The last pages have been hard. I want to sum up everything you have learned. Take your time to memorize this. Come back to this page
as often as you want. I know many German textbooks present this information
later, but I believe this is the single most important thing to know about the
German language, so it's important to learn it early. Once you have the verb forms
memorized, you will have an extremely solid foundation that will carry you far.

In the following table everything that is blue is somehow irregular.
Find the patterns – for example:
- Apart from **sein** all plural forms are always regular.
- The **wir** form is always the same as the **sie** (plural) form.
- All **du** forms end with **-st**.
- The **er** / **sie** (*singular*) / **es** form are the same.

regular verbs	strong verbs	modal verbs	sein	haben
ich sing**e**	**ich** spreche	**ich** will	**ich** bin	**ich** habe
du sing**st**	**du** sprichst	**du** willst	**du** bist	**du** hast
er sing**t**	**er** spricht	**er** will	**er** ist	**er** hat
sie sing**t**	**sie** spricht	**sie** will	**sie** ist	**sie** hat
es sing**t**	**es** spricht	**es** will	**es** ist	**es** hat
wir sing**en**	**wir** sprech**en**	**wir** woll**en**	**wir** sind	**wir** haben
ihr sing**t**	**ihr** sprecht	**ihr** wollt	**ihr** seid	**ihr** habt
sie sing**en**	**sie** sprech**en**	**sie** woll**en**	**sie** sind	**sie** haben
vowel changes for ...	• du • er/sie/es	• ich • du • er/sie/es		
endings	*regular*	*no ending for:* • ich • er/sie/es	*irregular*	*drop the **b** for:* • du • er/sie/es

20

Your first conversation

A common mistake students make is to delay speaking German until they have studied it to a certain level. The truth, you will never feel completely confident speaking German unless you practice it a lot. Therefore, I highly recommend you start practicing now! If you don't have German, Austrian, or Swiss people around you to practice with, see www.skapago.eu/jensjakob/speakgerman for help. If you feel too shy to talk to anyone, talk to yourself! Just like you would get better practicing the violin in your kitchen although no one is listening, you will make progress with your German.

Hallo, ich heiße ...	Hello, my name is ...
Ich komme aus ...	I come from ...
Woher kommst du?	Where do you come from?
Ich wohne in ...	I live in ...
Wo wohnst du?	Where do you live?
Ich spreche nur ganz wenig Deutsch.	I speak only very little German.
Ich verstehe dich nicht.	I don't understand you.
Kannst du das noch einmal sagen?	Can you say that again?
Was bedeutet ... auf Englisch?	What does ... mean in English?
Können wir Englisch sprechen?*	Can we speak English?
Tschüss!	Bye!

heißen, du heißt	to be called
kommen, du kommst	to come
aus	from, out, of
woher	where ... from
wo	where
wohnen, du wohnst	to live, to stay
sprechen, du sprichst	to speak
nur	only
wenig	a little
deutsch	German
verstehen, du verstehst	to understand
dich	(to) you
noch einmal	again, once more
das	*here*: this
bedeuten, du bedeutest	*here:* to mean
Englisch	English

* This phrase should, of course, only be used as your last resort. I would like to encourage you to speak as much German as possible, and as you become better, you should insist on speaking German even with Germans who are very good English speakers.

„Woher kommst du?"

21

1. Make sentences. Combine the right phrases from each column and write them down. A lot of combinations can make sense.

Die Menschen	ist	leben.
Jens	liegt	ruhig.
Die Hand	will	eine große Hand.
Du	sind	nicht antworten.
Er	ist	nicht.
Jens	hast	auf der Straße.
Jens	tanzt	Schmerzen.
Es	kann	glücklich.

2. Fill in the gap.

Die ganze Welt _____ glücklich.

Jens liegt auf der _____.

Er _____ Schmerzen.

Er will _____.

Der _____ nimmt mich in die Hand.

Die Hand ____ warm und groß.

3. Conjugate the verbs and write down sentences that make sense.

Ein Beispiel (an example, short form: Bsp.): wollen → Ich will tanzen. Du willst tanzen.
Er will tanzen. Sie will tanzen. Wir wollen tanzen. Ihr wollt tanzen. Sie wollen tanzen.

sein   haben   singen   wollen   müssen   können

4. Change the personal pronouns of each sentence and conjugate the verbs accordingly.

Beispiel: Sie singt auf der Straße. → Ich singe auf der Straße. Du singst ...

Ich muss schlafen.

Du kannst antworten.

Er tanzt auf der Straße.

Wir sind jung.

Sie haben Schmerzen.

Ich bin glücklich.

Du hast eine sehr große Hand.

Sie kann nicht antworten.

Ihr wollt leben.

More exercises online at www.skapago.eu/jensjakob/bonus

There is not much space here. That's because I encourage you to write the exercises on a separate piece of paper and not into the book. That way you can do them again if you get them wrong or when you want to repeat them (yes, you should do that). You can find the solutions on page 231.

2

Beate	*female first name*
das	that
ein Spatz	a sparrow
der Spatz	the sparrow
ja	yes
wo	where
seine Eltern	his parents
wissen, ich weiß, du weißt, er weiß	to know
allein	alone
und	and
machen, du machst	to make, to do
brauchen, du brauchst	to need
Wasser	water
vielleicht	maybe
auch	also
zu	to
essen, du isst	to eat
sollen, du sollst	should
hier	here
sonst	else
Na toll!	oh great!; *here: ironic*
die Alternative	alternative
nein	no
also	so, therefore

„Beate, was ist das?"

„Das ist ein Spatz."

„Ein Spatz?"

„Ja, ein Spatz."

„Wo sind seine Eltern?"

„Ich weiß es nicht. Er ist allein."

„Und was willst du machen?"

„Er braucht Wasser. Vielleicht braucht er auch etwas zu essen."

„Soll er hier leben?"

„Wo sonst?"

„Na toll."

„Was ist die Alternative? Soll er sterben?"

„Nein, natürlich nicht."

„Also muss er hier leben."

"You can say **you** to me" is a popular German joke which you won't understand unless you speak German.

Now you have already learned we have two translations for the English **you**: **du** (for one person) and **ihr** (for several persons).

That's not the whole story. You can only use **du** and **ihr** in informal situations, i.e. when you are talking to

- family members
- children
- friends

In all other situations, especially when you are talking to strangers, you will have to use another pronoun, and that is **Sie**. It's the same **Sie** as with **sie singen** (so 3rd person plural, to be grammatically exact), just written with a capital letter (which no one will hear when you are speaking – obviously). You will also use the same verb endings as with **sie singen** (*they sing*)*. See the difference?

etwas zu essen.

etwas zu essen.

If you read these sentence carefully, you realized something more: We use the **du** form with *first names* and the **Sie** form with *Mr/Ms* (**Herr/Frau**) + *last names*.

There is a logical consequence from this: When someone introduces themselves with their last name, you will use the **Sie** form. When they introduce themselves with their first name, you can use the **du** form.

Pretty weird, pretty complicated, and even Germans have trouble choosing the right form from time to time. For more info on that please read

.

If in doubt, use the **Sie** form. The same applies to a group of persons where you would use **Sie** if you met someone from the group alone – instead of ~~ihr~~, use **Sie**.

etwas zu essen.

etwas zu essen.

(jemanden) duzen, du duzt	to say **du** (to someone)
(jemanden) siezen, du siezt	to say **Sie** (to someone)
Können wir „du" sagen?	Can we say **du**? (*offering someone to use du*)
Natürlich. Ich bin Martin.	(*Do state your first name if you're not sure the other person knows it.*)

---

* If you speak a language like French or Russian (actually, most languages except English), you will be familiar with this concept. The big difference to those languages is that we do not use the 2nd person plural, but the 3rd person plural in German.

etwas zu essen.

etwas zu
essen.

etwas zu essen.

etwas zu essen.

Sollen is another modal verb that is pretty useful. In contrast to the other modal verbs, it does not change its vowel between singular and plural form.

ich soll   **wir** soll**en**
du soll**st**   **ihr** soll**t**
er soll   **sie** soll**en**
sie soll
es soll

du sollst singen   you should sing   (advice, instruction)

ich d rf   **wir** dürf**en**
du d rf**st** **ihr** dürf**t**
er d rf   **sie** dürf**en**
sie d rf
es d rf

du darfst singen   you may sing   (permission)

Wissen is another irregular verb. It's a bit like a modal verb, but we don't use it that way, i.e. we usually do not combine it with another verb.

ich w   **wir** wiss**en**
du w   t   **ihr** wiss**t**
er w   **sie** wiss**en**
sie w
es w

Since you now know the difference between the formal and informal form, you can "translate" your script to a more formal version: Change all forms of **du** to **Sie**, and make sure to change the verbs, too. The solution is at the bottom of this page. Any sentence in which you are not addressing the person you are talking to is the same in both formal and informal conversation.

Hallo, ich heiße ...	Hello, my name is ...
Ich komme aus ...	I come from ...
Woher kommst du?	Where do you come from?
1: _____	
Ich wohne in ...	I live in
Wo wohnst du?	Where do you live?
2: _____	
Ich spreche nur ganz wenig Deutsch.	I speak only very little German.
Ich verstehe dich nicht.	I don't understand you.
3: _____	
Kannst du das noch einmal sagen?	Can you say that again?
4: _____ ?	
Was bedeutet ... auf Englisch?	What does ... mean in English?
Können wir Englisch sprechen?	Can we speak English?
Tschüss!	Bye!

1: Woher kommen Sie?
2: Wo wohnen Sie?
3: Ich verstehe Sie nicht.
4: Können Sie das noch einmal sagen?
(All other numbers remain the same since there is no use of **du** and you aren't addressing the person.)

0	null
1	eins*
2	zwei *(to avoid confusions with **drei** you can say **zwo**)*
3	drei
4	vier
5	fünf
6	sechs
7	sieben
8	acht
9	neun
10	zehn

Try to count as much (and as fast) as you can! Whenever you get stuck, look at the list and start again from 0.

In contrast to many other European countries (including Switzerland), Germany and Austria still have area codes. This means: Every phone number consists of a few digits for the area and then the actual number. When you are within the area where you want to make a call (e.g. you're in Berlin and want to call another number in Berlin) you don't have to dial the area code. We usually separate the area code from the rest with a forward slash (e.g. 030 / 12345678, with 030 being the area code for Berlin). However when we read a number, we ignore the forward slash, assuming all the locals know what the area code is anyway. Mobile numbers have something similar to an area code, but it has to be dialled all the time. Mobile numbers start with 01 (e.g. 0173 / 3625029).

This is how you ask for someone's phone number:

Wie ist deine / Ihre Telefonnummer?

And this is the answer:

Meine Telefonnummer ist ...

die Nummer, Nummern	number
das Telefon, Telefone	telephone
die Telefonnummer, Telefonnummern	phone number

Now try to read the following numbers:

0752 / 12879954	089 / 73004978	02563 / 133795021
0173 / 3802497	02798 / 301877	0468 / 14725836
0162 / 790273123	01805 / 7602434	078325 / 9732145
09753 / 245668	0224 / 34997352	07311 / 35711987

---

*eins = used when counting; **ein** = masculine,
eine = feminine, **ein** = neuter; more about that later

We have two types of questions. Let's start with the ones where you can answer **yes** or **no**. In these questions, the *verb* comes first. If we have a second verb, then this will come last.

Notice how easy this is compared to English:

Do you need something to eat? Brauchst du etwas zu essen? =„Need you something to eat?"

er hier   ?

When you answer a question with **yes** and the question contains the word **nicht** (**not**), then you cannot respond with j̶a̶ – you have to use the word **doch**. If you want to reply with **no**, you always say **nein** – whether you have **nicht** in the question or not.

yes:
Soll er hier leben? – Ja.
Soll er   hier leben? –   .

no:
Soll er hier leben? – Nein.
Soll er nicht hier leben? – Nein.

In questions with question words, we have the question word first (pretty logical, isn't it?). Virtually all German question words start with a **W**:

ist das?
sind seine Eltern?

Wo?	Where?
Wer?	Who?
Wie?	How?
Was?	What?
Warum?	Why?
Wann?	When?
Woher?	Where ... from?
Wohin?	Where ... to?

Watch out for these two and don't mix them up – they are false friends!

1. You are talking to someone, but you don't understand the words marked with "XXX". Ask for them.

Beispiel: Er isst XXX. – Was isst er?

Das ist ein XXX.

Er braucht XXX.

Er soll XXX leben.

Ich heiße XXX.

Ich komme aus XXX.

Ich wohne in XXX.

„Wasser" bedeutet auf Englisch XXX.

Ich fahre nach XXX.

XXX heißt Jens.

2. Fill in the gap.

Der Spatz _____ Wasser und _____ zu essen.

Wo sind seine _____? Beate weiß es _____.

Wo soll _____ leben? Er muss _____ leben.

3. Answer the questions with *ja* or *doch* and a whole sentence.

Beispiel: Wohnst du nicht in Berlin? – Doch, ich wohne in Berlin.

Wohnt Beate nicht in Berlin?

Kannst du nicht Englisch sprechen?

Ist das nicht ein Spatz?

Kommt Jens aus Berlin?

Verstehst du nicht Deutsch?

Kommen Sie aus Berlin?

4. Change the sentences from the formal to the informal form and vice versa.

a) Du kommst aus Berlin.

b) Kannst du Englisch sprechen?

c) Warum singen Sie?

d) Warum bist du nicht glücklich?

e) Wie heißen Sie?

f) Wann willst du essen?

g) Wo wohnen Sie?

h) Wer bist du?

i) Woher kommen Sie?

j) Was antwortest du?

3

Mitten in der Nacht wache ich auf.
Es ist warm.
Meine Schmerzen sind besser.
Aber ich bin allein.
Wo ist der Mensch mit der* großen Hand?
Wo sind meine Eltern?
Und überhaupt – wo bin ich?

„Beate! Du musst aufstehen! Wir frühstücken!"
„Jetzt schon?"
„Ja, die Schule beginnt bald."

---

* Why is it **mit der Hand** and not ~~mit die Hand~~ here?
You will learn more about that in chapter 11. For the
moment just accept it the way it is.

mitten	in the middle of
die Nacht, Nächte	night
mitten in der Nacht	in the dead of night
aufwachen, du wachst auf	to wake up
meine	my
besser	better
mit	with
überhaupt	at all, *here*: anyway
aufstehen, du stehst auf	to get up
frühstücken, du frühstückst	to have breakfast
jetzt	now
Jetzt schon?	Already (now)?
die Schule, Schulen	school
beginnen, du beginnst	to start, to begin
bald	soon

„Ok, ich komme."

Beate geht in die Küche. Jochen, der Vater von Beate, sitzt am Tisch.

„Guten Morgen, Papa."

Der Vater antwortet nicht. Er liest die Zeitung. Sie muss sehr interessant sein, denn er hört Beate nicht. Aber Beate merkt es gar nicht. Sie will zuerst Jens sehen. So heißt der Spatz – seit gestern. Jens schläft noch. Aber er ist nicht verletzt.

„Guten Morgen, Jens, wie geht es dir?"

Jens reagiert nicht. Er schläft immer noch. Die Mutter von Beate, Ines, kommt in die Küche.

„Hallo Beate. Willst du nicht frühstücken?"

„Guten Morgen, Mama. Doch, ich will frühstücken. Aber ich muss zuerst Jens sehen."

Jetzt ist Beate fertig mit Jens. Sie beginnt zu essen: ein Brötchen mit Marmelade und eine Zimtschnecke. Ines isst nur Müsli mit Milch und eine Banane. Sie will gesund leben.

Aber Jochen isst vier Scheiben Brot mit Schinken, Käse und viel Butter. Er lebt lieber nicht so gesund.

gehen, du gehst	to go	hören, du hörst	to hear	Mama	mum
die Küche, Küchen	kitchen	merken, du merkst	to notice, to realize	Doch!	*here: yes, contradicting a negative question*
Jochen	*male first name*	gar nicht	not at all	fertig	ready, finished
der Vater, Väter	father	zuerst	first	das Brötchen, Brötchen	bun, roll
von	of	Jens	*male first name*	(die) Marmelade, Marmeladen	jam
sitzen, du sitzt	to sit	seit	since	die Zimtschnecke, Zimtschnecken	cinnamon bun
am	at the	gestern	yesterday	(das) Müsli	cereal
der Tisch, Tische	table	verletzt	hurt, bruised	(die) Milch	milk
der Morgen, Morgen	morning	dir	you	die Banane, Bananen	banana
Guten Morgen!	good morning!	Wie geht es dir?	How are you?	gesund	healthy
Papa	dad	reagieren, du reagierst	to react	vier	four
lesen, du liest	to read	immer	always	die Scheibe, Scheiben	slice
die Zeitung, Zeitungen	newspaper	immer noch	still	das Brot, Brote	bread
interessant	interesting	die Mutter, Mütter	mother	(der) Schinken	ham
denn	because	Ines	*female first name*	(der) Käse	cheese
				viel	much, lots of
				(die) Butter	butter
				lieber	rather

Like coaches of a train
German sentences

German sentences have a typical structure that is pretty simple – fortunately!
Unless you want to say something quite complicated, all you really need to remember is:

> The verb is the second piece of information you get.

When you have a very simple sentence, this is straightforward:

> Ich **singe.**

Subject first, verb second.

Same system when the subject is made up of several words:

> Beate und Jochen **singen.**

Again, the subject (**Beate und Jochen**) is first, the verb is second.

However this rule will also be applied when we have something different than the subject at the first position – and that's different from English:

> Mitten in der Nacht **wache ich auf.**
> In the middle of the night **I** wake up.

See the difference? The first piece of information in this sentence is an information about time (**mitten in der Nacht**). Then we must have the verb in German (**wache**), and the subject (**ich**) will be placed after the verb (since there is no other place left).

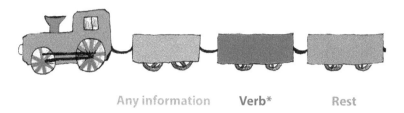

| Any information | Verb* | Rest |

Imagine a German sentence is like a *train*. In each coach, only certain pieces of information have booked a seat. The first coach is open to almost everyone. However, the second coach is always reserved for the *verb*. So, if the first coach is booked, the subject has to take the third coach. Otherwise this coach simply remains empty. More coaches can be added to the train, but we'll discuss that later.

---

* Sneak peek for the grammar nerds: If we have two verbs, the last verb will be at the *end of the sentence*. That can make long sentences pretty funny in German. More about that later.

A few words are not part of a sentence, for example **und**, **sondern** (*but,* see chapter 11), **aber**, **denn** (*because*) and **oder** (*or*)⁺. They connect two sentences, so you can imagine them as sitting on the locomotive (or being at position no. 0):

⁺You can remember them with the **USADO** rule:

U	S	A	D	O
n	o	b	e	d
d	n	e	n	e
	d	r	n	r
	e			
	r			
	n			

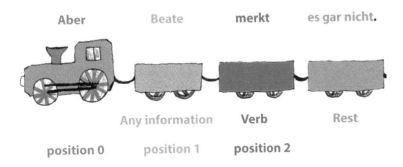

Aber   Beate   **merkt**   es gar nicht.

Any information   **Verb**   Rest

position 0   position 1   **position 2**

Which gender are newspapers and cheese?
Nouns* and articles

der **Käse**
die **Zeitung**
das **Müsli**

As you can see, German cheese is masculine, newspapers are feminine and muesli is neuter. Sounds weird?

---

*A *noun* is a word that stands for a specific thing or person, e.g.
cheese, **newspaper**, **teacher**, **Jens** ... in contrast to a *pronoun*
that replaces a noun – e.g. **he** (pronoun) instead of **Mark** (noun).

Nobody has explained this better than Mark Twain (I am quoting from his text **The Awful German Language**):

Every noun has a gender, and there is no sense or system in the distribution; so the gender of each must be learned separately and by heart. There is no other way. To do this, one has to have a memory like a memorandum-book. In German, a young lady has no sex, while a turnip has. Think what overwrought reverence that shows for the turnip, and what callous disrespect for the girl. See how it looks in print—I translate this from a conversation in one of the best of the German Sunday-school books:

"*Gretchen.* Wilhelm, where is the turnip ?
"*Wilhelm.* *She* has gone to the kitchen.
"*Gretchen.* Where is the accomplished and beautiful English maiden ?
"*Wilhelm.* *It* has gone to the opera."

The genders are shown in the German words for **the**: We actually have three different translations for it, and this is how you are going to learn genders!

 der – **for** masculine **nouns**
 die – **for** feminine **nouns**
 das – **for** neuter **nouns**

So you'll never learn "~~newspaper → Zeitung~~", but "*the* newspaper → *die* Zeitung".

Notice also that personal pronouns depend on the gender of a noun.
 Jochen liest die Zeitung. Sie **ist interessant.**
Since newspapers are feminine, we use **sie** instead of **es**.

If Mark Twain has not discouraged you enough yet, let me add one thing: The plural forms for German nouns (i.e. when you have _two_ newspaper_s_ instead of just one) are so irregular that I suggest you learn the plural form for each and every word by heart (like the gender). Sorry about that, but I know you can do it! However: The plural form for the article (**the**) is the same for all genders: **die**. So it is die **Väter** (**the fathers**), die **Zeitungen** (**the newspapers**), die **Müslis** (**the cereals**).

To sum up, your vocabulary learning should look something like this:
"the newspaper → die Zeitung, zwei Zeitungen"

And one last thing: All German nouns start with capital letters.

Hello and goodbye

Moin (moin)

Guten Tag

← This line is called **Weißwurstäquator**. It is an important dividing line between North and South German dialects.

Grüß Gott

Servus

Grüezi

All the expressions on the map basically mean *hello*, but you can see that there is a great deal of regional variation. If you want to be geographically neutral you have to say **hallo** (which works both for people you say **du** or **Sie** to, so this one is very handy).

The following two are also geographically neutral and **du/Sie** neutral:

guten Morgen good morning
guten Abend good evening

Although it sounds a bit like **Morgen** (*morning*) you can use **moin** or **moin moin** all day. But only in the north of Germany.

To say *goodbye*, you use ...

- **tschüss**
geographically neutral and **du/Sie** neutral

- **auf Wiedersehen**
geographically neutral, but only with **Sie**

- **Servus**
only in Bavaria and Austria and only with **du**; note that **servus** also can be used as *hello*, but again only in Bavaria and Austria and only with **du**

Too confusing?
Then stick to **hallo** and **tschüss**.

Want to dig deeper? Read the article about saying *hello* and *goodbye* in the German speaking world on www.skapago.eu/jensjakob/hello-goodbye

(das) Brot, Brote	bread	**(der) Kaffee**	coffee	
das Brötchen, Brötchen	roll, bun	**(der) Tee**	tea	
(der) Käse	cheese	**(das) Müsli**	cereals	
der Apfel, Äpfel	apple	**(die) Milch**	milk	
die Wurst, Würste	sausage	**(der) Saft**	juice	
(der) Honig	honey	**(die) Marmelade**	marmelade / jam	
das Ei, Eier	egg	**(der/das) Joghurt**	yoghurt	

Once you have studied these words, cover them and name the items on the picture until you remember everything!

1. Make sentences out of these words. Pay attention to the word order.
a) Mensch   große   hat   Der   Hand   eine
b) Zeitung   liest   Vater   die   Der
c) isst   Sie   eine   Müsli   Banane   und
d) ist   Jens   verletzt   nicht

2. Ask for the words marked with "XXX".
Beispiel: Er isst XXX. → Was isst er?
Der Vater sitzt XXX.
Sie hat XXX.
Die Schule beginnt XXX.
XXX geht in die Küche.
Jochen isst XXX.
Sie tanzen auf XXX.
XXX isst ein Brötchen mit Marmelade.
XXX wache ich auf.

3. Answer the questions with *ja* or *doch*.
Willst du nicht frühstücken?
Willst du eine Scheibe Brot haben?
Beginnt die Schule bald?
Musst du nicht schlafen?

4. Write down what you normally eat for breakfast and what you eat when you can have anything you want.

5. Give an example of a healthy breakfast and an unhealthy breakfast.

6. Use personal pronouns.
Beispiel: Die Zeitung ist interessant. → Sie ist interessant.
Die Mutter kommt in die Küche.
Jochen isst Brot mit Käse und Wurst.
Der Spatz will schlafen.
Du und ich leben hier.
Das ganze Land ist glücklich.
Die Menschen singen auf der Straße.
Beate nimmt Jens in die Hand.
Beate und du tanzt auf der Straße.
Der Spatz ist allein.
Beate braucht Wasser.

7. Change from singular to plural and vice versa.

Beispiel: Ich bin glücklich. → Wir sind glücklich.

Ich wache auf.

Du bist allein.

Wo ist er?

Ihr müsst aufstehen.

Sie geht in die Küche.

Ich lese die Zeitung.

Sie will Jens sehen.

Ihr schlaft.

Sie wollen frühstücken.

Sie essen nur Müsli.

Wollt ihr gesund leben?

Ich esse lieber nicht so viel Schinken.

8. Try to remember the story and answer the questions in full sentences.

Was sieht Beate auf der Straße?

Wie heißt der Spatz?

Was isst Beate zum Frühstück?

Warum isst Beate Müsli mit Milch und eine Banane?

Stephansdom (St. Stephen's Cathedral), Wien (Vienna)

4

Waaaaaaaah!
Gerade noch.
Warum ist Fliegen so schwierig?
Ich versuche es seit heute Morgen. Aber es geht nicht gut.
Plötzlich merke ich: Ich bin nicht allein.
Da sitzt jemand. Ein Spatz!
Tatsächlich: Dort oben sitzt ein Spatz.
Ich sehe den Spatz an. Da sagt er:
„Hallo, ich heiße Jakob. Wie heißt du?"
„Hi, ich bin Jens."
„Warum landest du immer auf dem* Stuhl?"
„Wo soll ich denn sonst landen?"
„Auf dem Tisch da drüben zum Beispiel. Dort kannst du besser landen. Du hast mehr Platz."
„Ach so. Danke für den** Tipp. Weißt du, ich fliege noch nicht so lange."

Waaaaaaaah!	*exclamation of fear*
gerade noch	That was a near miss.
gerade	just, straight
fliegen (du fliegst)	to fly
schwierig	difficult
versuchen (du versuchst)	to try
heute Morgen	this morning
heute	today
gut	good, well
da	*in this case:* here
jemand	somebody
tatsächlich	actually
dort oben	up there
dort	there
oben	above
ansehen (du siehst an)	to look at sb./ sth.
Jakob	*male first name*
landen (du landest)	to land, *about a bird:* to alight
der Stuhl, Stühle	chair
drüben	beyond
da drüben	over there
zum Beispiel	for example
mehr	more
der Platz, Plätze	space, square
danke	thank you
ach so	*here:* oh / I see
für	for
der Tipp, Tipps	hint, tip
weißt du	you know
lange	long

---

*Why is it **dem** and not **der**? It has something to do with the word **auf**. You will learn the details in chapter 11. For now simply remember that **on the chair** means **auf dem Stuhl**.

Same here. **Den ist not a typo. You will learn more about this in chapter 8.

„Kein Problem. Versuch es noch einmal!"
Ich beginne also wieder.
Konzentration, loslaufen ... jetzt die Flügel öffnen ... schnell ... der Tisch ... und ... ich lande. Toll! So einfach kann Fliegen sein.
Ist Jakob zufrieden? Ja, ich glaube. Denn er sagt:
„Viel besser. Du musst noch ein bisschen üben, dann ist alles perfekt. Und dann kannst du auch auf dem Stuhl landen."
Eigentlich will ich eine Pause machen. Aber Jakob guckt sehr streng. Also sage ich nichts und beginne wieder.
Ich glaube, Jakob kann manchmal sehr anstrengend sein.

kein	no
das Problem, Probleme	problem
wieder	again
(die) Konzentration	concentration
loslaufen, du läufst los	to start running
der Flügel, Flügel	wing
öffnen, du öffnest	to open
schnell	fast
einfach	easy, simple
zufrieden	satisfied, pleased
glauben, du glaubst	to believe
bisschen	a little bit
üben, du übst	to practice
dann	then
alles	everything
eigentlich	actually
die Pause, Pausen	break
gucken, du guckst	to peek, to look
streng	strict(ly)
nichts	nothing
manchmal	sometimes
anstrengend	demanding, exhausting

Indefinite articles

Since we have genders in German, we also need different translations for the English *a*. Strange enough the forms for the masculine and neuter articles are the same. Therefore you should always learn a new noun with the definite article (**der**, **die**, **das**).

> ein **Käse**
> eine **Zeitung**
> ein **Müsli**

If you come from a country where there is no difference between ***a newspaper*** and ***the newspaper*** (like Russia, Poland and so on), this might be a little complicated. Basically the difference here is as shown in the images: If we mean any newspaper, we say **eine Zeitung** (*a newspaper*). If we are talking about a certain newspaper (for example the only one on the table, or a newspaper we have just mentioned before), we say **die Zeitung** (*the newspaper*).

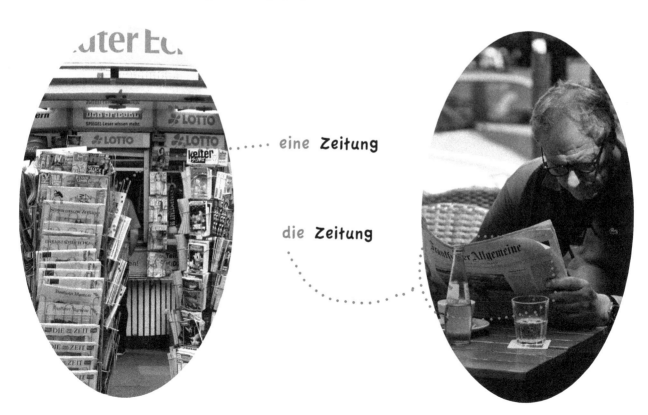

eine **Zeitung**

die **Zeitung**

Being negative: *nicht, nein* and *kein*

Saying that you ***do not do / did not do / do not want to do*** something in German is very easy. You use the word **nicht** and you put it after the second coach:

It is not necessary to use a construction with ***don't / doesn't*** or something like this:

Jens reagiert.   Jens reacts.
Jens reagiert nicht.   Jens doesn't react.

However there are two translations for **no**. If you are just answering a question (that you could otherwise have answered with **ja** – *yes*) you say **nein**.

Ist Jakob zufrieden? Nein.

In all other situations you use **kein**:
Kein Problem.

If you look closely you can notice a difference between **nein** and **kein**: **nein** stands alone, **kein** is combined with another word – a noun.
Therefore **kein** can change its form from time to time – depending on the noun that it is combined with. Fortunately **kein** changes exactly in the same way as **ein**. But we'll deal with this later.

That said, we try to avoid the combination ~~nicht ein~~. We prefer **kein**. So instead of ~~nicht ein Problem~~ we usually say **kein Problem**.

Telling people what to do

Versuch es noch einmal.

Jakob is telling Jens to try it once again by using a form called *imperative*. For most verbs the imperative is the infinitive without the **-en** ending.

versuchen

If Jakob used the **Sie** form in a conversation with Jens, he would have to say it like this:

Versuchen Sie es noch einmal.

I believe you should not learn this form right now because there are more polite alternatives. A good example is a question:

Kannst du es noch einmal versuchen?

Können Sie es noch einmal versuchen?

So I am presenting the *imperative* here so that you can understand it when people use it, but you don't have to learn it actively yet.

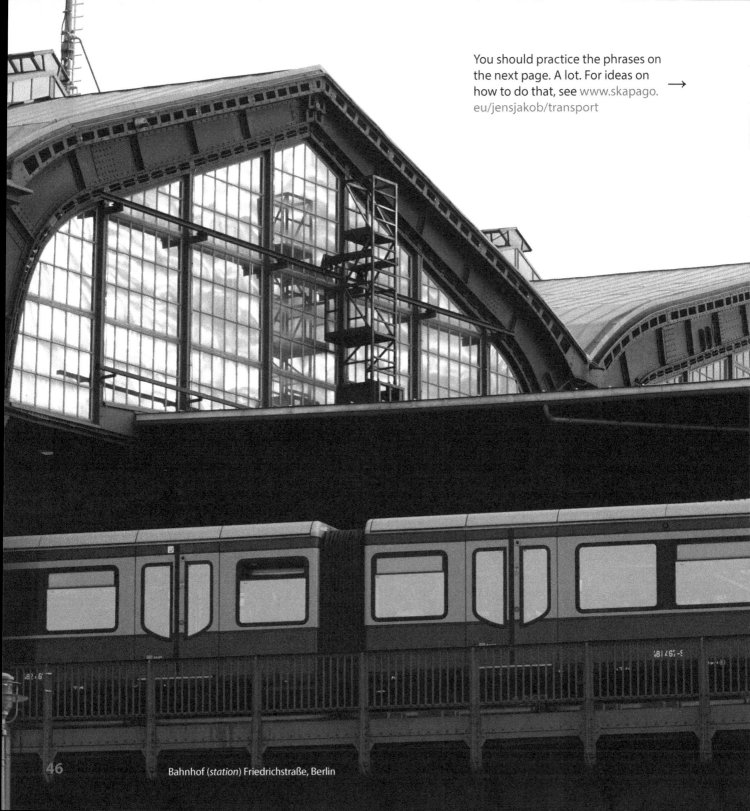

You should practice the phrases on the next page. A lot. For ideas on how to do that, see www.skapago. eu/jensjakob/transport →

46 Bahnhof (*station*) Friedrichstraße, Berlin

Transport

Ich fahre nach Berlin.
Ich gehe zu Beate.
Ich fahre mit dem Bus zu Jochen.
Du fährst mit der U-Bahn bis *Bahnhof Friedrichstraße*.
Dann fährst du mit der S-Bahn bis *Warschauer Straße*.

Nach is for place names, **zu** is for people and institutions. You can learn more about that in chapter 12.
For now, don't bother about the *Dativ* forms (**mit dem**, **mit der** ...). Just learn the expressions by heart. You will learn more about *Dativ* in chapter 11.

When you want to say that you will go somewhere, the verb you use depends on the means of transport you choose. If in doubt, use **fahren**. **Gehen** is definitely *to walk*, not *to go*. The English *to go* is better translated by **fahren**; however **fahren** cannot mean *to walk*. If you take a plane, use **fliegen**.

Ich fahre morgen nach Kiel. *(by car, train, bike, boat ...)*
Ich gehe zu Beate. *(walk)*
Ich fliege von San Francisco nach München. *(by plane)*
I mean, it's no big deal if you pick the wrong alternative. But it sounds a little weird if you tell people ~~ich gehe nach Amerika~~, so I just wanted to let you know.

der Bus, Busse	bus
das Auto, Autos	car
der Zug, Züge	train
die U-Bahn, U-Bahnen	subway
der Bahnhof, Bahnhöfe	station
die S-Bahn, S-Bahnen	suburban train
die Straßen-bahn, Straßen-bahnen	streetcar, tram
Ich gehe zu Fuß.	I'm walking.
fahren, du fährst	to go / to drive
Ich fahre mit dem Auto.	I'm going by car.
mit dem Bus	by bus
mit der U-Bahn	by subway
mit der S-Bahn	by suburban train
mit der Straßen-bahn	by tram / streetcar

1. Fill in *gehen* or *fahren*.

Beate _____ mit der U-Bahn in die Schule.

Ines _____ in die Küche.

Sie _____ mit dem Auto nach Hamburg.

Sie _____ mit dem Bus zum Alexanderplatz und _____ zu Fuß zur Mauer.

2. Change the words into the different form (definite or indefinite) and add the right pronoun.

Beispiel: der Spatz → ein Spatz – er

a) ein Mensch	d) die U-Bahn	g) die Nacht	j) eine Hand
b) der Stuhl	e) die Mauer	h) ein Auto	k) eine Schule
c) der Tisch	f) ein Schinken	i) ein Brot	l) die Küche

3. Make negative sentences. Use *nicht* or *kein*.

Beispiel: Es geht mir gut. → Es geht mir nicht gut.

a) Dort oben sitzt ein Spatz.

b) Sie kann auf den Stuhl fliegen.

c) Sie isst eine Banane.

d) Sie haben Schmerzen.

e) Das ist ein Problem.

f) Die Zeitung ist interessant.

g) Jens sitzt dort.

h) Beate hat Angst.

4. Replace the imperative form with *kannst du* and *können Sie*.

a) Geh in die Küche!

b) Versuch es noch einmal!

c) Trink das Wasser!

d) Nimm die Zeitung!

e) Üb ein bisschen!

f) Öffne das Fenster!

5. Fill in the right form of the article (definite, indefinite or no article at all).

____ Mutter wacht auf und geht in ____ Küche. Sie isst ____ Zimtschnecke, ____ Müsli mit ____ Milch und ____ Brötchen mit ____ Butter. Beate will zuerst Jens sehen. ____ Spatz hat ____ Schmerzen. Beate hat ____ Angst. Dann frühstückt Beate: ____ Wasser und ____ Scheibe Brot mit ____ Marmelade.

6. Answer the questions.

Wer ist Jakob?

Wohin soll Jens fliegen?

Wohin will Jens fliegen?

7. Fill in the gap.

Fliegen ist ____. Jens versucht es ____ heute Morgen. Plötzlich ____ er: Er ist ____ allein. Da sitzt ____ Spatz. Er ____ Jakob. Jens ____ viel üben. Aber Jens will eigentlich ____ Pause machen. Jens glaubt: Jakob ____ sehr streng.

Beate kommt nach Hause. In der* Schule und auf der* Straße reden alle nur über die Mauer. Sie ist seit drei Wochen offen. Die Leute wollen nach West-Berlin gehen. Auch die Eltern von Beate sind neugierig. Sie wollen heute Nachmittag nach West-Berlin gehen. Sie müssen nicht mit dem* Auto oder mit der* U-Bahn fahren: West-Berlin ist nur fünf Minuten weit weg – zu Fuß. Aber für Beate ist die Mauer nicht so

---

*We have had this before: the **der** and **dem** are not typos. You will learn the details in chapter 11. For now just remember the following expressions by heart:

in der Schule	at school
auf der Straße	in the street
mit dem Auto	by car
mit der U-Bahn	by subway

nach Hause	home
reden, du redest	to talk
alle	all / everybody
die Mauer, Mauern	wall
die Woche, Wochen	week
offen	open
Leute (plural)	people
West-	west(ern)
neugierig	curious
der Nachmittag, Nachmittage	afternoon
oder	or
die Minute, Minuten	minute
weit	far
weg	away
der Fuß, Füße	foot
zu Fuß	by foot

wichtig. Nicht jetzt. Jetzt ist Jens wichtig.

Geht es Jens gut? Frisst er? Trinkt er? Hat er Schmerzen?

Beate öffnet die Tür und geht sofort in die Küche. Aber Jens sitzt nicht mehr dort. Beate bekommt Angst. Ist Jens weg?

Nein. Zum Glück nicht. Beate sieht: Jens ist am Fenster – und er übt fliegen! Beate ist begeistert.

Ich bin wieder allein.

Meine Menschen sind in West-Berlin.

Ich verstehe das nicht ganz:

Was ist der Unterschied zwischen West-Berlin und Ost-Berlin?

Meine Familie kann erst seit drei Wochen nach West-Berlin fahren.

Übrigens – ich sage schon, „meine Familie", aber natürlich ist das nicht meine Familie. Also, ich will sagen: Beate, ihre Mutter Ines und ihr Vater Jochen.

Auf jeden Fall wollen sie jetzt nach West-Berlin fahren.

Beate ist total neugierig. Sie will irgendetwas in West-Berlin holen: Comics, CDs und Kleider. Ich verstehe die Wörter noch nicht.

Ines ist auch neugierig – wie ein Kind. West-Berlin muss ganz anders sein als Ost-Berlin. Jochen ist nicht so begeistert. Ich weiß nicht warum. Eigentlich will er auch nach West-Berlin fahren (sagt er), aber mein Gefühl sagt etwas anderes.

Naja. Egal.

Menschen sind manchmal komisch. Ich verstehe sie nicht immer.

Jetzt muss ich fliegen üben. Denn ich will unbedingt auch nach West-Berlin fliegen!

wichtig	important
fressen, du frisst	to eat (*when animals eat*); to guzzle
trinken, du trinkst	to drink
die Tür, Türen	door
sofort	at once, immediately
bekommen, du bekommst	to get, to receive (*not*: to become)
die Angst, Ängste	fear
Angst bekommen	to get scared, "to receive fear"
(das) Glück	happiness / luck

zum Glück	fortunately
das Fenster, Fenster	window
begeistert	enthusiastic
das	*here*: that
der Unterschied, Unterschiede	difference
zwischen	between
Ost-	east(ern)
die Familie, Familien	family
erst	first, *here*: only
übrigens	by the way
ihr(e)	her
jede	each, every, any
der Fall, Fälle	case
auf jeden Fall	in any case
total	totally
irgendetwas	something
holen, du holst	to collect, *here*: to buy
das / der Comic, Comics	comic
die CD, CDs	CD
Kleider (always plural)	clothes
das Wort, Wörter	word
das Kind, Kinder	child
anders	different
als	than
das Gefühl, Gefühle	feeling
etwas anderes	something different
naja	well
egal	whatever
komisch	strange
unbedingt	absolutely

Seit

Seit means *since* or *for*:

      seit **Februar**   since **February**

      seit **drei Wochen**   for **three weeks**

It's an awesome word because you can use it together with the present tense:

Meine Familie kann seit drei Wochen nach West-Berlin fahren.
(present tense in German)

My family has been able to go to West-Berlin for three weeks.
(present perfect in English)

Bundeskanzleramt (*German Chancellery*), Berlin

Familie

Ich heiße Andreas und wohne in Hamburg. Ich komme aus Kiel, aber seit zwei Jahren studiere ich in Hamburg. In Kiel wohnt meine Familie: mein Vater Martin, meine Mutter Elisabeth, meine Schwester Sabine, mein Bruder Robert und meine Großeltern – also die Eltern von meiner Mutter. Die Eltern von meinem Vater leben nicht mehr. Meine Mutter arbeitet als Lehrerin, und mein Vater ist Kinderarzt.

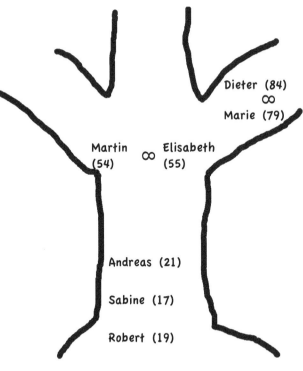

Meine Schwester und mein Bruder gehen noch zur Schule. Meine Großeltern sind schon in Rente. Mein Großvater ist in Danzig geboren. Das ist heute in Polen. Meine Großeltern sind schon mehr als 50 Jahre verheiratet.

Answer the questions. Then try to write a similar text about your family.
1. Wo wohnt Andreas?
2. Wo ist er geboren?
3. Was macht er in Hamburg?
4. Wie heißt die Schwester von Andreas?
5. Was arbeiten die Eltern von Andreas?
6. Was macht die Schwester von Andreas?
7. Wo ist der Großvater geboren?
8. Wie lange sind die Großeltern verheiratet?

> **Male and female professions**
> When we say a female person's profession we add an **-in** ending. For example:
> der Lehrer — the (male) teacher
> die Lehrerin — the (female) teacher
> When the profession contains an **A**, **O**, or **U**, these change to **Ä**, **Ö**, or **Ü**:
> der Arzt → die Ärztin

Andreas	*male first name*
Hamburg	*city in Northern Germany*
Kiel	*city in Northern Germany*
zwei	two
das Jahr, Jahre	year
seit zwei Jahren	for two years
studieren, du studierst	to study
Elisabeth	*female first name*
die Schwester, Schwestern	sister
der Bruder, Brüder	brother
Robert	*male first name*
die Großeltern	grandparents
meiner, meinem	my *(Dativ form, see chapter 11)*
arbeiten, du arbeitest	to work
die Lehrerin, Lehrerinnen	*(female)* teacher
der Arzt, Ärzte	doctor
der Kinderarzt, Kinderärzte	pediatrician
zur Schule	to school
in Rente sein	to be retired
der Großvater, Großväter	grandfather
Danzig	*city in Poland with a big German population until 1945*
geboren sein	to be born
Polen	Poland
fünfzig	fifty
verheiratet	married

Owning things (and persons)

die Eltern von **Beate**
die Antwort von **Jochen**

Using the word **von** is a simple method for explaining that something belongs to someone (well, the parents do not really *belong* to Beate, but you know what I mean). Another method is to add an **s**:

Beates Eltern
Jochens Antwort

The two versions have the same meaning, but the version with **von** belongs to spoken German while the version with **s** belongs to written German.
If the name ends with an **-s**, **-ß**, **-x**, or **-z**, we write:

Jens' Antwort

Of course we have the little words *my*, *your* and so on in German, too (they are called *possessive pronouns*, by the way, although in English we refer to *possessive adjectives*). But you do remember that we also have genders, right? That means – if something belongs to me, I will use different words depending on the gender of that thing, or if I am talking about several things. However, the endings for the *possessive pronouns* are exactly the same as for the *indefinite article* and for the word **kein**.

ein Käse – mein Käse – kein Käse
eine Zeitung – meine Zeitung – keine Zeitung
ein Müsli – mein Müsli – kein Müsli

On the next two pages there is a complete overview.

der Sohn, Söhne   son
die Tochter,   daughter
Töchter

mein Sohn
meine Tochter
mein Kind
meine Söhne / Töchter / Kinder

dein Sohn
deine Tochter
dein Kind
deine Söhne / Töchter / Kinder

sein Sohn
seine Tochter
sein Kind
seine Söhne / Töchter / Kinder

ihr Sohn
ihre Tochter
ihr Kind
ihre Söhne / Töchter / Kinder

unser Sohn
unsere Tochter
unser Kind
unsere Söhne / Töchter / Kinder

euer Sohn
eure Tochter
euer Kind
eure Söhne / Töchter / Kinder

ihr Sohn
ihre Tochter
ihr Kind
ihre Söhne / Töchter / Kinder

Don't get crazy about the endings. Even if you get them wrong, people will understand you. But do be careful with not mixing up **sein(e)** and **ihr(e)**.

1. Write down the "ownership" expression of these word pairs. Use both forms.

Beispiel: Beate/Eltern → Beates Eltern, die Eltern von Beate

a) Mama/Müsli   d) Beate/Spatz   g) Jens/Flügel   i) Vater/Hand
b) Ines/Zeitung   e) Jochen/Hose   h) Jakob/Platz   j) Robert/Tipp
c) Ines/Familie   f) Beate/Apfel

2. Use possessive pronouns.

Beispiel: Hose (ich) → meine Hose

a) Auto (sie)   e) Telefon (ihr)   i) Kind (du)   m) Zimtschnecke (wir)
b) Vater (er)   f) Zeitung (ich)   j) Kleidung (sie)   n) Banane (er)
c) Stuhl (du)   g) Brot (ich)   k) Küche (er)   o) Bruder (sie)
d) Hand (sie)   h) Nummer (er)   l) Tisch (er)   p) Schule (sie)

3. Write down phrases with possessive pronouns.

Beispiel: Hose (du – er): Ist das deine Hose? – Nein das ist seine Hose.

a) Kleidung (sie – er)   d) Auto (er – sie)   g) Brötchen (ich – du)
b) Comics (du – wir)   e) Spatz (wir – sie) h) Bananen (sie – wir)
c) Mutter (ihr – ich)   f) Tisch (du – sie)   i) Stühle (er – sie)

4. Change from *ich* to *du*.

Beispiel: Ich fahre mit dem Auto. – Du fährst mit dem Auto.

a) Ich laufe nach Hause.   b) Ich lese die Zeitung.
c) Ich spreche Deutsch.   d) Ich sterbe noch nicht.
e) Ich sehe das Problem.   f) Ich nehme die U-Bahn.
g) Ich schlafe nicht gut.   h) Ich esse manchmal Käse.
i) Ich habe eine Alternative.   j) Ich bin zufrieden.

5. Answer the questions.

Wohin will Jens fliegen?
Wer ist in West-Berlin?
Was will Beate in West-Berlin holen?
Warum müssen Beate, Ines und Jochen nicht mit dem Auto nach West-Berlin
    fahren?

6. Try to retell the story of Jens and Jakob in this chapter. Use your own words. For the parts told by Jens, change to the "*er*" perspective (e.g. *er ist allein* instead of *ich bin allein*). Try to include as many details as possible. Once you have finished retelling the story of this chapter, go back to the other chapters and try to do the same. Then, try to tell the story to a German friend / teacher without looking at your notes or this book.

6

Ines, Beate und Jochen warten seit zwanzig Minuten an der* Grenze.
Endlich – ein Polizist sieht auf ihre Personalausweise und sagt: „Alles klar!"
Sie sind in West-Berlin!
Ines ist aufgeregt. Sie sieht ein Café. Daneben ist ein Geschäft. Es ist groß.
„Ach Jochen, dort will ich einkaufen! Wir gehen dorthin!" Sie zeigt

warten, du wartest	to wait
zwanzig	twenty
die Grenze, Grenzen	border
endlich	finally
der Polizist, Polizisten	police officer
der Personalausweis, Personalausweise	ID card
klar	clear; right
alles klar	all right
aufgeregt	excited
das Café, Cafés	café
daneben	aside, next to (it)
das Geschäft, Geschäfte	shop
dorthin	there, in this direction
zeigen, du zeigst	to show

---

*I promise I will solve the puzzle why we have **der** here and not
die: in chapter 11. For now simply remember that ***at the border***
means **an der Grenze**.

auf das Geschäft. Es verkauft Kleidung und heißt M&H.

„Ja gut", sagt Jochen.

„Aber wir gehen durch eine andere Straße. Nicht am Café vorbei."

„Warum nicht?" fragt Ines. Aber sie wartet nicht auf Jochens Antwort und geht einfach weiter, am Café vorbei und in das Geschäft.

„Guten Tag, kann ich Ihnen helfen?" fragt ein Verkäufer

„Nein danke, wir wollen uns einfach nur umsehen", antwortet Ines.

„Gerne."

„Ach so – wo finden wir Kleidung für Kinder und Jugendliche, bitte?"

„Im ersten Stock."

„Dankeschön."

Die Familie geht durch das Geschäft. Es ist sehr voll. Viele Leute wollen einkaufen.

Beate probiert drei Hosen. Eine Hose passt nicht – sie ist zu eng. Eine andere Hose ist zu weit. Aber die dritte Hose passt perfekt. Beate kauft sie.

„Und weißt du was, Jochen? Jetzt fahren wir mit der U-Bahn ins Ka-DeWe!"

Beate sagt: „Genau!"

Jochen sagt nur: „Pfffff ..."

* German houses have a ground floor (**Erdgeschoß**). When you go up, you get to the first floor (**erster Stock**), not the second floor as in the US.

verkaufen, du verkaufst	to sell	weitergehen, du gehst weiter	to continue, to go on
die Kleidung	clothes	der Tag, Tage	day
durch	through	Ihnen	to you (*formal*), *here*: you
eine andere	another	helfen, du hilfst	to help
vorbei	past	der Verkäufer, Verkäufer	seller, shop clerk
am Café vorbei	passing the café	uns	us
die Antwort, Antworten	answer	umsehen, du siehst (dich) um	to look around
weiter	further		

wir wollen uns umsehen	we would like to look around
gerne	gladly; *here*: of course, sure
ach so	*here*: oh / by the way
finden, du findest	to find
der Jugendliche, Jugendliche	teenager, adolescent
bitte	please
der Stock, Stöcke	*here*: floor, level
im ersten Stock	on the second floor*
dankeschön	thank you very much
voll	full, *here*: crowded
viele	many
probieren, du probierst	to try
die Hose, Hosen	trousers, pants
passen, gepasst	to suit, to fit
eng	tight, narrow
zu eng	too tight
weit	wide
perfekt	perfect
dritte	third
kaufen, du kaufst	to buy
weißt du was	guess what
ins = in das	into the
das KaDeWe	*Kaufhaus des Westens; famous shopping center in (West) Berlin*
genau	exact(ly)

Numbers

0	null
1	eins
2	zwei
3	drei
4	vier
5	fünf
6	sechs
7	sieben
8	acht
9	neun
10	zehn
11	elf
12	zwölf
13	dreizehn
14	vierzehn
15	fünfzehn
16	sechzehn
17	siebzehn
18	achtzehn
19	neunzehn
20	zwanzig
21	einundzwanzig
22	zweiundzwanzig
30	dreißig
31	einunddreißig
40	vierzig
50	fünfzig
60	sechzig
70	siebzig
80	achtzig
90	neunzig
100	(ein)hundert
101	(ein)hunderteins
143	(ein)hundertdreiundvierzig
200	zweihundert
1000	(ein)tausend
1015	(ein)tausend(und)fünfzehn
5130	fünftausendeinhundert(und)dreißig
1 000 000	eine Million

In order to avoid confusions between **zwei** and **drei** (e.g. when dictating a number), we can say **zwo** instead of **zwei**.

Once you have learned the numbers, read the following numbers aloud:

18	80	17	27	16	60
14	93	22	46	64	98
12	16	23	836		5322
8818	312	4067	9900		2147
1987	1818	1511	951		777
787	4215	116	8224		
12133	573	16616	60661		
61616	22212	34334			
34343	15277				

Past tense (optional)

Past tense will not be dealt with in the lesson texts until chapter 13. That means you don't have to learn it now if you feel it would be too much for you. But if you would already like to tell your German friends what you *did yesterday*, then here is how to do it:

Past tense with *war*

As in English, there are several ways of expressing that something happened in the past, for example *simple past* (**I went**), *present perfect* (**I have gone**), and so on. But you don't need to know all of them to make yourself understood. Let's start with the *simple past* for just one verb, **sein** (**to be**):

ich war	wir waren
du warst	ihr wart
er war, sie war, es war	sie waren

For example:
> Ich war in Berlin.
> I was in Berlin.

If you don't want to read on just now, here is a simple hack you can use for saying things that happened in the past: Use **war** and the *infinitive* of the verb you would like to use:
> Ich war arbeiten.   I was working.

That's pretty informal, but you will hear it in Germany, and people will understand what you want to say. However, in a few cases this does not really work, especially in written German, where you should not use it. So sooner or later you might want to learn "the real thing" on the next page (but you don't have to do that now if you don't feel for it)*. I'm not going to show you the *simple past* form for all the other verbs now for two reasons: Firstly, apart from **war** we don't use *simple past* in German as often as we do in English. And secondly, *present perfect (Perfekt)* is easier. Unfortunately *Perfekt* is still a bit more complicated than in English (but not much). On the next page you will learn how *Perfekt* works.

---

*If you want to know when you can use this combination and when you can't, here is a rule: You can only use it when describing what someone does *during a longer period of time*, and what someone does *actively*. You cannot say ich war haben (nothing one does actively) or ich war verstehen (understanding is something you do in an instant, not during a longer period). However people will probably get what you want to say, even in the wrong examples.

Present perfect (*Perfekt*)

You use a combination of either **haben** or **sein** and the *Perfekt* form for the verb. The *Perfekt* form is the same for all persons, so when you know how to conjugate **haben** and **sein**, you'll be fine. All you need to know is how to make the *Perfekt* form.
- For the regular verbs, you are going to do this:

$$\text{kaufen} \rightarrow \text{ich habe gekauft}$$

- For the strong verbs, it works like this:

$$\text{sprechen} \rightarrow \text{ich habe gesprochen}$$

(**-en** ending, vowel changes: learn by heart to which vowel)
- Verbs with a prefix keep their prefix:

$$\text{einkaufen} \rightarrow \text{ich habe eingekauft}$$

- Some verbs are just irregular:

$$\text{denken} \rightarrow \text{ich habe gedacht}$$

- A few verbs do not get the *Perfekt* prefix **ge-**. This applies to the verbs that have a prefix that would not have a meaning of its own. Compare: **einkaufen** → **ein** has a meaning on its own, yet **bedeuten**: **be** does not have a meaning on its own. Remember the following verbs among those you already know:

  bedeuten → es hat bedeutet
  beginnen → du hast begonnen
  bekommen → du hast bekommen
  verkaufen → du hast verkauft
  verstehen → du hast verstanden
  versuchen → du hast versucht

… as well as all verbs ending in **-ieren**:

  reagieren → du hast reagiert
  studieren → du hast studiert

In a few cases we make the *Perfekt* with **sein**, not with **haben**. This applies to the following verbs:
- verbs that describe a movement: **Ich bin gegangen, gelaufen, gefahren, geschwommen, geflogen** …
- verbs that describe a change: **er ist aufgewacht, eingeschlafen, gestorben …**
- … and the following three:
  bleiben, sein, werden: er ist geblieben, gewesen, geworden

It might be a good idea to learn the *Perfekt* for every single verb – even for the regular ones. In the word lists, we will include the *Perfekt* forms from chapter 13. The perfect forms for all verbs you have learned up to now are here:

ansehen	du hast angesehen	**liegen**	du hast gelegen
antworten	du hast geantwortet	**loslaufen**	du bist losgelaufen
arbeiten	du hast gearbeitet	**machen**	du hast gemacht
aufstehen	du bist aufgestanden	**merken**	du hast gemerkt
aufwachen	du bist aufgewacht	**müssen**	du hast gemusst
bedeuten	es hat bedeutet	**nehmen**	du hast genommen
beginnen	du hast begonnen	**öffnen**	du hast geöffnet
bekommen	du hast bekommen	**passen**	du hast gepasst
brauchen	du hast gebraucht	**probieren**	du hast probiert
denken	du hast gedacht	**reagieren**	du hast reagiert
dürfen	du hast gedurft	**reden**	du hast geredet
essen	du hast gegessen	**rufen**	du hast gerufen
fahren	du bist gefahren	**schlafen**	du hast geschlafen
finden	du hast gefunden	**sehen**	du hast gesehen
fliegen	du bist geflogen	**sein**	du bist gewesen
fragen	du hast gefragt	**singen**	du hast gesungen
fressen	du hast gefressen	**sitzen**	du hast gesessen
frühstücken	du hast gefrühstückt	**sollen**	du hast gesollt
gehen	du bist gegangen	**sprechen**	du hast gesprochen
glauben	du hast geglaubt	**sterben**	du bist gestorben
gucken	du hast geguckt	**tanzen**	du hast getanzt
haben	du hast gehabt	**trinken**	du hast getrunken
heißen	du hast geheißen	**üben**	du hast geübt
helfen	du hast geholfen	**umsehen**	du hast dich umgesehen
holen	du hast geholt	**verkaufen**	du hast verkauft
hören	du hast gehört	**verstehen**	du hast verstanden
kaufen	du hast gekauft	**versuchen**	du hast versucht
kommen	du bist gekommen	**wissen**	du hast gewusst
können	du hast gekonnt	**wohnen**	du hast gewohnt
landen	du bist gelandet	**wollen**	du hast gewollt
leben	du hast gelebt	**zeigen**	du hast gezeigt
lesen	du hast gelesen		

Ich hab, ich geh, ich komm

In spoken German (never in written German) we often drop the **-e** ending for verbs in the first person singular, i.e. when we combine verbs with **ich**. For example, we can say **ich hab** instead of **ich habe**.

> Ich hab ein Auto.
> Ich geh nach Hause.
> Ich komm um fünf Uhr.

You will hear that all the time, even in formal situations, so I wanted to share this with you. Notice that this only works with **ich** and that you cannot write this.

Genau

Genau actually means *exact(ly)*:

> genau um fünf Uhr   exactly at five o'clock

But in German we use this word wayyyy more often than in English, to confirm a piece of information (where we would say something like *that's right* in English):

> Wohnst du in Berlin? – Ja, genau.
> Maria ist Ärztin, oder? – Genau.
> In Berlin gibt es viele Ärzte. – Genau.

This is a good example for you to understand that we usually cannot translate 100% word by word from English to German. You get the meaning of the word **genau**, but we use it more often in German than in English. Pay attention to these details so that your German will sound natural. More about this topic online at www.skapago.eu/jensjakob/speakgerman.

Ist das der Fernsehturm?
     – Ja, genau.

1. Answer the questions.

Wie lange warten Beate, Ines und Jochen an der Grenze?
Was sagt der Polizist?
Wo gehen sie einkaufen?
Was kann man dort kaufen?
Will Ines etwas kaufen?
Wie viele Hosen probiert Beate?

2. Make sentences. Use possessive pronouns.

Beispiel: Hosen (ich), eng → Meine Hosen sind eng.

a) Straße (wir), kurz
b) Äpfel (er), gut
c) Zeitung (er), interessant
d) Telefonnummer (er), 09975 736
e) Platz (sie), ruhig
f) Tür (sie), offen
g) Schule (ihr), schwierig
h) Mutter (er), neugierig
i) Zeitung (sie), interessant
j) Tisch (du), groß
k) Tür (er), offen
l) Schmerzen (ich), besser

3. Read the numbers.

18	80	17	27	14	93	22	46	64
98	12	16	23	836	5322	8818	312	4067
9900	2147	1987	1818	1511	951	777	787	

4. Math lesson! Calculate in German.

a) $3 \times 4 =$
b) $39 : 3 =$
c) $16 \times 4 =$
d) $108 : 2 =$
e) $11 \times 12 =$
f) $12 + 8 =$
g) $427 - 15 =$
h) $36 : 3 =$
i) $21 - 6 =$
j) $56 : 7 =$
k) $32 : 2 =$
l) $8 \times 2 =$
m) $18 - 8 =$
n) $18 \times 5 =$
o) $70 : 2 =$
p) $14 + 7 =$
q) $12 + 5 =$
r) $11 \times 2 =$
s) $3 \times 17 =$
t) $1000 : 10 =$

plus +	plus
minus -	minus
mal x	times
(geteilt) durch :	divided by
ist gleich =	equals

5. (optional) Put the following text into the past tense using *Perfekt*.

a) Ich finde eine Hose.
b) Wir fahren mit der U-Bahn ins KaDeWe.
c) Du siehst ein Café.
d) Er versteht Jochen.
e) Er liest die Zeitung.
f) Probierst du die Marmelade?
g) Die Hose passt nicht.
h) Wir gehen am Café vorbei.
i) Ich nehme ein Brötchen.
j) Was machen Sie?
k) Sie verkauft die Hose.
l) Ihr lernt Deutsch.

6. Answer these personal questions (if possible in complete sentences).

a) Wie heißt du?
b) Wie heißt dein Vater?
c) Wie ist deine Telefonnummer?
d) Was isst du heute zum Frühstück?
e) Wie heißt deine Mutter?
f) Wo wohnen deine Eltern?
g) Wo bist du geboren?

7. (optional) What did you do yesterday? Make sentences with *war*.

Jakob ist wieder hier. Er will wieder mit mir fliegen üben.

Er sagt: „Übung macht den Meister."

Ich weiß – er hat Recht. Ich will es ja auch lernen, denn ich will endlich nach West-Berlin! Und ich will so gut wie Jakob fliegen können.

Aber jetzt üben wir schon sehr lange und ich kann einfach nicht mehr.

Jakob ist noch nicht zufrieden, aber er versteht: Ich brauche eine Pause.

Er beginnt zu sprechen.

„Sag mal, woher kommst du eigentlich?"

„Ich komme aus Berlin."

„Wie bitte?"

„Aus Berlin. Ich komme aus Berlin."

„Wo ist Berlin?"

Ich muss lachen.

---

*In this text you will find **ja** used several times in ways that do not mean **yes**. It is very common in German to use **ja** in this way, so you will hear it a lot. You don't have to do this yourself though if you feel it's difficult.

die Übung, Übungen	exercise
der Meister, Meister	master; champion
Übung macht den Meister.	Practice makes perfect.
(das) Recht, Rechte	(the) right
Recht haben	to be right
ja	*here*: as you might know; I have to admit*
lernen, du lernst	to learn
so gut wie	as good as
nicht mehr können	to be exhausted, not to be able to continue
mal = einmal	once
sag mal	*literally*: say once; *here*: by the way; tell me
lachen, du lachst	to laugh
ich muss lachen	I cannot help but laugh

„Warum ist das lustig?", fragt Jakob.
„Na, Berlin – das ist hier. Wir sind in Berlin. Das alles … " – ich zeige auf die Stadt – „ist Berlin".
„Ach, das ist Berlin?"
„Klar."
„Woher weißt du das?"
„Na, ich lebe bei Menschen. Und sie sagen, 'wir wohnen in Berlin'".
„Das ist ja interessant. Wie lange wohnst du schon hier?"
„Drei Wochen."
„Und warum wohnst du eigentlich bei Menschen? Warum nicht bei deinen Eltern?"
„Ich weiß nicht."
„Warum nicht?"
„Ich war sehr klein. Seit drei Wochen lebe ich jetzt hier. Ich weiß nicht, was vorher war."
„Das tut mir Leid."
„Kein Problem. Es geht mir gut. Hast du Eltern?"
„Ja klar. Ich wohne aber schon allein. Ich bin ja schon groß, ich kann sogar fliegen!"
Das war gemein. Aber ich glaube, Jakob will mich nur motivieren. Und er hat ja Recht.

Heute hat Beate wenig Zeit für Jens. Sie war ja gestern in West-Berlin. Jetzt hat sie vier CDs, einen CD-Player, ein Paar Jeans, fünf Comics … und kein Geld mehr. Aber sie ist glücklich!
Jochen ist irgendwie nicht so glücklich. Warum? Beate weiß es nicht. Jedenfalls hört sie jetzt ihre erste CD. Die Musik läuft.
Sie ist so laut – das ganze Haus kann sie wahrscheinlich hören …
Beate öffnet eine Tüte: Dort sind die Jeans. Sie holt sie heraus und zieht sie an. Dann sieht sie sich im Spiegel an. Die Hose passt perfekt und sieht total cool aus. Niemand in der Klasse hat so eine Hose. Zumindest im Moment.
Beate war erst stolz, aber jetzt ist sie ein bisschen enttäuscht: Haben morgen vielleicht schon alle in der Klasse Jeans?
Sie zieht die Jeans wieder aus. Stattdessen zieht sie eine Jogginghose an. Sie ist alt, aber zu Hause passt sie.

lustig	funny
zeigen auf, du zeigst	*here*: to point at
die Stadt, Städte	city, town
leben bei, du lebst bei	to live together with
deinen	your
war	was (*see grammar explanation*)
klein	small
vorher	before
(das) Leid	suffering, agony
Das tut mir Leid.	I'm sorry to hear that. *literally*: „That makes agony to me."
groß	big
sogar	even
gemein	mean, nasty
motivieren, du motivierst	to motivate
die Zeit, Zeiten	time
der CD-Player, CD-Player	CD player
das Paar, Paare	pair
die Jeans, Jeans	jeans
ein Paar Jeans	a pair of jeans
das Geld	money
irgendwie	somehow
jedenfalls	in any case
die Musik	music
laufen, du läufst	to run, *here*: to play

laut	loud, noisy	der Spiegel, Spiegel	mirror	im Moment	at the moment
das Haus, Häuser	house	im Spiegel	in the mirror	stolz	proud
wahrschein-lich	probably	sie sieht sich im Spiegel an	she looks at herself in the mirror	enttäuscht	disappointed
die Tüte, Tüten	(shopping) bag	cool	cool	ausziehen, du ziehst aus	to take off (clothes)
holen, du holst	here: to take	niemand	nobody	stattdessen	instead
heraus	out	die Klasse, Klassen	class	die Jog-ginghose, Joggingho-sen	jogging pants
ziehen, du ziehst	to pull	in der Klasse	in the class		
anziehen, du ziehst an	to put on (clothes)	zumindest	at least	alt	old
		der Moment, Momente	moment	zu Hause	at home

A few words about words

If you have learned the new vocabulary of this chapter carefully (you always do, don't you?), you might have noticed two things:

1. There is a number of English words in the German language: **Jeans**, **cool**, **CD-Player** ... This makes understanding (and speaking) German a little easier, but remember: While the pronunciation of these words generally tends to be pretty close to their English original, the words are "germanized" in terms of grammar: for example they get a gender if they are nouns etc.

2. A lot of words and expressions cannot be translated directly into English. For example, **das tut mir Leid** actually means **that makes agony to me**. But obviously nobody would say something like that in English. Same with **ja**, which means something completely different than **yes** in this text. That's a phenomenon you should get used to: You simply cannot translate word by word – most of the time this would sound very weird. My goal is to make the German in these texts as natural as possible. This will help you to get an intuition for what sounds good in German and what doesn't, and will also help you to develop a good style when you are speaking and writing German.

For more information about this topic please visit www.skapago.eu/jensjakob/speakgerman.

Future: very easy!

In German you can always use the *present tense* to tell about something that will happen in the future. To make people understand, you can add the time when this is going to happen (e.g. **morgen** – *tomorrow* or **bald** – *soon*):

Hat morgen vielleicht die ganze Klasse
       schon Jeans?
Ich fahre morgen nach Kiel.
Bald studiere ich.

Sentence building for pros

In chapter 3 I talked about the possible positions for a verb in German. Unless it's a question (with the verb first), it is *always in the second position* (even if I wake you up at 3am, this is what you will reply!) ... or in the *last position* of the sentence. How do you know which position to choose?

*   If we only have **one** verb it will be in the **second** position.
*   If we have **two** (or more) verbs, the second (and third ...) verb will be in the **last** position.

Look at a few examples:

> Er beginnt zu sprechen.

And here is one with three verbs in total:

> Er will wieder mit mir fliegen üben.

And one more with three verbs; remember that **und** is not part of the sentence. It takes position number 0, **ich** takes position number 1:

> Und ich will so gut wie Jakob fliegen können.

You should also remember that the subject can consist of several words. Here the subject is **das ganze Haus**.

> Das ganze Haus kann sie wahrscheinlich hören.

And one last example:

> Ich weiß nicht, was vorher war.

Objects, *Akkusativ*, and a little *Dativ*

Before we start: At the beginning of this book, I told you that *Akkusativ* and *Dativ* are overrated by most beginner students (and German teachers).
When you make a mistake with them, there won't be a misunderstanding.* Therefore I recommend you to have a very clear priority in your grammar studies: *first* get your verbs right, *then* everything else. At your current level you need to speak, speak, speak ... And *Akkusativ* or *Dativ* might just be so overwhelming that it would keep you from speaking – but grammar should *never* keep you from speaking!
So why am I showing you *Akkusativ* and *Dativ* now? Because you will stumble over them all the time. I want you to understand how the German language works, but if you feel that this is just too much right now, then you are free to ignore it all and come back to it in chapter 16. I will also tell you a few "hacks" along the way, making both the learning and the applying of the rules a bit easier (I hope).

Now, after this loooooooong introduction – what is *Akkusativ* and what is *Dativ*?
Let me first start with *objects* – and to understand what an object is, remember what I said about *subjects*:
Subjects are the persons (or things) that are doing something. Every German sentence must have a subject.

> **Ich weiß nicht.**

ich = subject

Look at another sentence:

> **Sie zieht die Jeans wieder aus.**

Sie is obviously the subject, a person doing something (taking off her jeans). But what are **die Jeans**? They are an *object*. An object is a person (or thing) that is not doing anything, but is somehow the "victim" of the action that is being done by the subject. In this case, the jeans are not doing anything – they are being taken off by the subject. Not every sentence has an object, but many do.

Up to now, this has just been philosophy without much practical value. But let's look at two other sentences – in English, to make sure you get the point.

> **He likes her.**
> **She likes him.**

He likes her is definitely different from **she likes him**.
In English we use **her** (instead of **she**) and **him** (instead of **he**) to show that these persons are *objects*. In other words: We change the form of *pronouns* when we use them as objects instead of subjects. We do something similar in German. For example, **ich** is the subject form and **mich** is the object form. There is an overview of all forms on page 72.

Subject Object

He **likes** her.
Er **mag** sie.

She **likes** him.
Sie **mag** ihn.

---

*In contrast to this – when you mix up *verb forms*, there will definitely be misunderstandings (or at least it will sound very weird).

There is a little more.

Germans tend to be very precise, and therefore we differentiate between *direct* objects and *indirect* objects. Now what is that? Look at an example:

    Beate **hat** eine CD.
    Sie **gibt** sie mir.

In the second sentence we have a subject (the red **sie**, standing for **Beate**) and two objects: the green **sie** (standing for the CD) and **mir** (*me*). However there is a difference between the two objects. You might say that the action that is happening is more dramatic for the CD than for me: After all I will only get a CD, but the CD will change owners – what a dramatic change in its life! So the CD is the *direct object*, I am just the *indirect object*.

In German we have different forms for pronouns (and to be honest: also for articles, sometimes even nouns) to mark the direct and the indirect object. We call the form for direct objects *Akkusativ* (like when we are accusing someone) and the form for indirect objects *Dativ*. So the *Akkusativ* form for **ich** is **mich**, and the *Dativ* form is **mir** (you will find all forms on page 72).

That's all well and good, but when you say, for example, ***with me*** or ***to me*** in English – is ***me*** a direct or an indirect object? That can be difficult to determine, yet in English you don't have to care about it. In German however you have to ask yourself: Should I use *Dativ* or *Akkusativ* now?

Fortunately there are some pretty exact rules for which forms you have to use after the little words ***with***, ***to*** and so on (these words are called *prepositions*, by the way). For example, you will always use *Dativ* after **mit**. ~~Mit mich~~ does not work – it's simply wrong. You have to say **mit mir**. You are going to learn these rules later in this book.

So on the next page you will see the forms for the *personal pronouns*. If you think this is too difficult right now, don't learn them by heart yet. As I told you, at your current level you are allowed to break the rules (although your German teacher might have a heart attack when she reads this). For now just use the overview on the next page as a reference:

Subject	Object direct (Akkusativ)	Object indirect (Dativ)	Object reflexive (Dativ and Akkusativ)
ich	mich	mir	--
du	dich	dir	--
er	ihn	**ihm**	sich
sie	sie	ihr	sich
es	**es**	**ihm**	sich
wir	*uns*	*uns*	--
ihr	*euch*	*euch*	--
sie	sie	ihnen	sicht

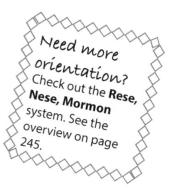
Need more orientation? Check out the **Rese, Nese, Mormon** system. See the overview on page 245.

I have marked **sie**, **ihr**, **ihm** and **es** in different colours because they can have several functions. In addition, I have marked **uns** and **euch** in italics because they are the same in *Akkusativ* and *Dativ*. All this is really confusing. I know! So much for German precision: Perfect in planning, mediocre in execution ...

Also, pay attention to the difference between **ihn/sie/es/ihr/ihm** and **sich**:
   sie/es/ihr/ihm = another person
   sich = him-/herself/themselves

Er **sieht** sich.   Er **sieht** ihn.

AGAIN: DON'T get upset by this now. I will show you some "hacks" to crack this system, and in a few weeks (ok, maybe months ...) you are probably going to laugh about it.

Past tense with *war*

In this chapter we use the *simple past* with **war** for the first time. If you have not learned this yet, go back to chapter 6 and learn it now. Then do exercise 7 in chapter 6. After that come back here. See you in a minute!

Time

15.00   Es ist **drei Uhr**.

15.55   Es ist **fünf vor** vier.
15.50   Es ist **zehn vor** vier.
15.45   Es ist **Viertel vor** vier.

15.05   Es ist **fünf nach** drei.
15.10   Es ist **zehn nach** drei.
15.15   Es ist **Viertel nach** drei.

15.40   Es ist **zehn nach** halb vier.
15.35   Es ist **fünf nach** halb vier.

15.20   Es ist **zehn vor** halb vier.
15.25   Es ist **fünf vor** halb vier.

15.30   Es ist **halb vier**.

In German we use military time at places like the railway station, etc. In this case the time reads like this:

18.37 achtzehn Uhr siebenunddreißg

When we use military time, we count up until 24 hours (to avoid misunderstandings between a.m. and p.m.). But in everyday language, we give or take five minutes and count only up to twelve (you have to figure out whether the speaker is referring to afternoon or morning based on the context). So, for example, when it's 17.04, we don't say "four past seventeen", but "five past five."
If you want to stress that something is happening am or pm, you can add the following words:

morgens	in the (early) morning
vormittags	in the (late) morning
nachmittags	in the afternoon
abends	in the evening
nachts	at night

We ask for the time:

	Wie spät ist es?
or:	Wieviel Uhr ist es?
The answer:	Es ist ...

When you say that something happens **at eight o'clock**, you say **um acht Uhr**:

Die Schule beginnt **um** acht Uhr.
School starts at eight o'clock.

1. Write down sentences. Mind the plural forms.

Beispiel: 1 Hose: € 20,80 – 2 → Eine Hose kostet zwanzig Euro achtzig (Cent). Zwei Hosen kosten einundvierzig Euro sechzig (Cent).

a) 1 CD: € 13 – 5

b) 1 Brötchen: € 1,20 – 7

c) 1 Banane: € 0,55 – 9

d) 1 Tisch: € 299 – 3

e) 1 Auto: 20 780 € – 2

f) 1 Jogginghose: € 49 – 3

g) 1 Zeitung: € 1,10 – 3

h) 1 Telefon: € 27 – 2

i) 1 Comic: € 8 – 4

j) 1 Stuhl: € 87 – 3

k) 1 Tür: € 580 – 2

l) 1 Apfel: € 0,50 – 10

Sophie	female first name
Klaus	male first name
Lukas	male first name
Maria	female first name
Gabriel	male first name
Moritz	male first name
Lena	female first name
Daniel	male first name
Elisa	female first name
Marianne	female first name
Emma	female first name
Valentin	male first name

2. (optional exercise) Put in the right form of the pronouns.

*Beispiel: Hier ist Sophie. Siehst du ___? → Siehst du **sie**?*

a) Ich bin hier. Siehst du ___?

b) Jochen ist nicht glücklich. Warum? Ich will ___ fragen.

c) Klaus und ich warten auf der Straße. Siehst du ___?

d) Siehst du Lukas? – Ja, ich sehe ___.

e) Maria und Gabriel sprechen schnell. Verstehst du ___?

f) Am Tisch liegt ein Brötchen. Willst du ___ essen?

g) Wo bist du? Ich kann ___ nicht sehen.

h) Moritz und Lena, wo seid ___?

3. (optional exercise) Fill in the right reflexive pronoun.

sich im Spiegel ansehen:

Ich _____ ___ im Spiegel an.

Du _____ ___ im Spiegel an.

Er _____ ___ im Spiegel an.

Wir _____ ___ im Spiegel an.

Ihr _____ ___ im Spiegel an.

Sie _____ ___ im Spiegel an.

4. Put the sentences into the future. Start every sentence with *morgen*. Remember the sentence order.

Beispiel: Ich fahre nach Hamburg → Morgen fahre ich nach Hamburg.

Daniel verkauft ein Auto.

Ich kaufe eine Jeans.

Der Spatz will fliegen üben.

Elisa und ich gehen in die Schule.

Marianne isst ein Ei.

5. Put the sentences into the past tense.

Es ist warm.

Aber Emma ist nicht begeistert.

Ich bin irgendwie nicht so glücklich.

Für Valentin ist die Schule nicht so wichtig.

Zuerst ist er stolz, aber dann ist er enttäuscht.
Der Tag ist anstrengend für Jens, aber er ist zufrieden.
Sie sind neugierig.
Du bist groß.
Er ist in Hamburg.

6. Wie spät ist es?

a) 08.00	f) 13.40	k) 03.10	p) 14.00	u) 07.30
b) 22.30	g) 06.00	l) 06.40	q) 09.45	v) 16.50
c) 17.25	h) 09.15	m) 21.00	r) 23.25	w) 10.30
d) 12.00	i) 13.00	n) 15.50	s) 15.30	x) 05.05
e) 21.15	j) 19.00	o) 11.35	t) 08.55	

7. Add the modal verbs in brackets to the sentences.
Remember the word order.
Beispiel: (wollen) Ich übe Deutsch. → Ich will Deutsch üben.
(wollen) Du übst Deutsch.
(können) Sie hört Martin.
(müssen) Ich probiere Martins Marmelade.
(sollen) Maria studiert in Hamburg.
(können) Du verstehst mich nicht.
(wollen) Ich gehe über die Straße.
(müssen) Er weiß es.
(sollen) Du machst keine Probleme.
(dürfen) Sie macht keine Problem.
(wollen) Wir essen Müsli.
(können) Sie schlafen nicht.
(müssen) Jochen sagt etwas.
(sollen) Er öffnet die Tür.

8. Answer the questions.
Warum braucht Jens eine Pause?
Wie lange wohnt Jens bei Beate, Jochen und Ines?
Hat Jakob Eltern?
Wo war Beate gestern?
Was hat Beate jetzt?
Was macht Beate?
Warum ist sie enttäuscht?

Why your German is still bad
(Although you are reading this book)

With our new students at Skapago, we nearly always begin by working on pronunciation. Why? Well honestly, because most students' pronunciation is just so bad! But, that is ok, because we are a language school, and that is why people come to us, to learn.

However, this does not just apply to beginners. We also have advanced students with a great understanding of vocabulary and grammar, but who have a very strong foreign accent.

Now you might say this depends on where the students come from and that some simply have a very strong accent. That's wrong. The reason why people have bad pronunciation is that they haven't worked sufficiently on it. So why don't students work on pronunciation? And why should they? Let me answer the last question first.

- Misunderstandings are much more frequent because of pronunciation errors than because of grammar mistakes.
- Your listening comprehension depends on your pronunciation. You train your ear to distinguish between sounds which are not familiar to you. For example, in German it is very important to know the difference between I, Ü, E and Ö.
- Native speakers will laugh at you.

This last issue is more important than you might think. Scientists have proven that native speakers unconsciously believe people with a strong foreign accent are less intelligent. Be honest: have you never watched "The Simpsons" and made fun of Apu?

As a learner you feel that native speakers think that way, even if they don't want to – so you will get frustrated. Unknowingly, you are going to think "These arrogant Germans! I'm fed up with them!" And what's the consequence? You do not want to be one of them, you do not wish to talk like them, or to have the correct accent.

So herein lies a vicious circle: You have bad pronunciation because deep inside your heart you do not want to be German. Therefore, Germans do not treat you as one of them. Therefore, you think they are arrogant. Therefore, you do not want to be like them. Therefore, you have bad pronunciation.

So now you know the reason why people don't work on their pronunciation.

From a few teachers, you might hear that a foreign accent is a question of age. I totally disagree. It is a question of attitude. The way we speak – our pronunciation – is a main component of our personal identity. Many adults have formed such a strong relationship with their first culture that they are afraid of losing their identity when they change their pronunciation, i.e. when they learn a second language. Only if you understand that these are baseless fears will you be able to learn a new language well. And why are the fears baseless? Well, your "new" identity will not replace your "old" identity, but enhance it. As the Czech philosopher and politician Tomáš Garrigue Masaryk said, "As many languages you know, as many times you are a human being".

So you see, pronunciation is by far a worse problem than just one of your language issues. It will have an impact on your self-esteem, on your cultural affection towards Germany, and on your relationship with native speakers. But the good news is: you can improve all that simply by improving your pronunciation. So get started right now! You can find tips on
www.skapago.eu/jensjakob/bonus

Ich esse.

Die Menschen sagen: ich fresse. Aber ich finde: Die Menschen haben einfach keinen Respekt.

Es gibt Insekten und ein bisschen Brot. Es ist ziemlich viel. Also kann Jakob auch etwas essen. Ich habe genug für ihn. Aber wo isst er eigentlich sonst? Ich will ihn fragen.

„Jakob, wo isst du denn?"

„Na hier."

„Ja. Aber sonst, meine ich. Du isst nicht immer hier. Gestern warst du nicht hier, zum Beispiel."

„Ach so. Normalerweise esse ich im Café."

„Im Café? Was ist ein Café?"

„Dort sitzen Menschen und essen Kuchen oder trinken Kaffee. Es gibt immer Kuchen, Brot, Brötchen, ein bisschen Zucker, manchmal Salat ..."

Zum ersten Mal weiß Jakob mehr über Menschen als ich. Mein altes Problem: Ich kann noch nicht gut fliegen! Noch nicht. Ich muss es lernen. Ich will endlich raus!

„Ja gut, dort sitzen Menschen – aber wie bekommst du etwas zu essen?"

„Die Menschen essen nicht alles. Es ist immer genug für mich da."

„Und sind dort viele Menschen?"

„Manchmal schon. Besonders seit drei Wochen. Im Moment ist im Café

ich finde	*here*: I believe, I think
(der) Respekt	respect
geben, du gibst	to give
es gibt	there is / are (*see explanation*)
das Insekt, Insekten	insect
ziemlich	quite
genug	enough
normalerweise	normally
(der) Kuchen, Kuchen	cake
(der) Zucker	sugar
(der) Salat	salad
raus	out (*colloquial*)
ich will raus	I want to get out
besonders	especially

77

die Hölle los. Aber ich habe nichts dagegen. 'Viele Menschen' bedeutet 'viel Essen'. Und seit drei Wochen haben die Leute auch alle so gute Laune! Ich weiß nicht warum."

"Aber ich."

Ich bin stolz. Endlich weiß ich wieder etwas über die Menschen!

"Warum denn?"

"Die Mauer ist offen. Die Leute können jetzt von West-Berlin nach Ost-Berlin gehen. Und umgekehrt."

"Ach so, die komische Mauer. Ich frage mich immer: Was soll das? Jetzt können die Menschen schon nicht fliegen und dann machen sie es sich noch extra schwer."

Angelika ist total gestresst. Sie arbeitet jetzt schon fast 30 Jahre im Café, aber so hektisch wie heute war es noch nie. Und heute hat Waltraud frei. Also hat Angelika noch mehr Arbeit.

„Zahlen bitte!", ruft ein junger Mann.

„Einen Espresso, ein Glas Wasser und einen Käsekuchen" bestellt eine Frau am Tisch daneben.

„Können wir die Karte haben?", rufen zwei ältere Damen.

„Excuse me please ..." – jetzt auch noch auf Englisch. Angelika spricht gut Englisch, sogar ein bisschen Französisch, und eigentlich spricht sie gerne mit Touristen. Aber dafür ist heute keine Zeit.

Vor drei Wochen war noch alles ruhig. Bis zum 9. November um 22 Uhr jedenfalls, aber da war das Café schon geschlossen. Plötzlich waren dann überall Leute auf der Straße. Hundert, tausend, zweitausend ... vielleicht sogar mehr. Und heute Morgen war das Café sofort voll, schon fünf vor acht. Aber eigentlich öffnet es erst um acht Uhr! Einen Moment lang sieht Angelika durch das Fenster. Und da – sie sieht einen Mann. Nur ganz kurz. Aber sie kennt den Mann. War das ... ? Nein, das kann nicht sein. Obwohl, warum eigentlich nicht? Die Grenze ist ja jetzt offen.

Da sind auch eine Frau und ein Kind. Sie kennt sie nur von Fotos.

„Entschuldigung, wir möchten gerne noch einen schwarzen Tee mit Zitrone und ein Glas Limonade."

„Bitte? – Ach so, jaja. Ich komme sofort."

(die) Hölle	hell
los sein	*literally:* to be loose; *here:* to go on, to happen
die Hölle ist los	it's very busy
dagegen	against it
ich habe nichts dagegen	I don't object
(die) Laune	mood
gute Laune haben	to be in a good mood
umgekehrt	vice versa
Was soll das?	What is that for?
extra	extra
schwer	heavy, *here:* difficult
es sich schwer machen	to make things difficult for oneself
gestresst	stressed
fast	almost
hektisch	hectic
nie	never
frei	free
frei haben	to have time off
(die) Arbeit, Arbeiten	work
zahlen, du zahlst	to pay
der Mann, Männer	man
der Espresso	espresso
das Glas, Gläser	glass
der Käsekuchen	cheesecake
bestellen, du bestellst	to order
die Frau, Frauen	woman
die Karte, Karten	card, *here:* menu

Angelika kommt wieder zurück in die Realität.
„Hier, Ihre Rechnung, 18,20 DM bitte."
„19 bitte."
„Dankeschön."
Angelika sieht nochmal durch das Fenster. Aber der Mann, die Frau und das Kind sind weg.

älter	older, elderly
die Dame, Damen	lady
Französisch	French
der Tourist, Touristen	tourist
dafür	for this
vor ...	... ago
bis	until
geschlossen	closed
überall	everywhere
lang	long
einen Moment lang	for a moment
unter	under; *here*: among
nur ganz kurz	just very shortly
kennen, du kennst	to know (*see grammar explanation*)
obwohl	although; *here*: on the other hand
das Foto, Fotos	photo
(die) Entschuldigung, Entschuldigungen	excuse
Entschuldigung!	excuse me!
möchten, du möchtest	want, would like (to have),
schwarz	black
die Zitrone, Zitronen	lemon
jaja	yes, yes
zurück	back
die Realität	reality
die Rechnung, Rechnungen	bill
nochmal	once again

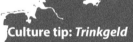

Culture tip: *Trinkgeld*

In restaurants in Germany it is common to give a tip (**Trinkgeld**), maybe 5-10% (rounding up the amount to pay). You are not required to do so, but when you are happy with the service it is polite to do it. You do the same with taxi drivers and hairdressers.

It is not unusual to pay separate bills at a table, e.g. when a group of friends is eating out. Waiters may even ask if you would like to pay **zusammen** (*together*) or **getrennt** (*separately*).

Kennen – wissen

Both words are translated as **to know**, but they mean **to know** in two different ways.

Kennen means that you know who someone/something is, that you are familiar with him/her/it:

Ich kenne Jakob.
= I have seen him before, I know who he is.

Ich kenne Berlin.
= I know Berlin – I have been there before.

Wissen means you have knowledge of a certain fact:

Ich weiß, wo er wohnt.
= I know where he lives.

Ich weiß nicht warum.
= I don't know why.

Don't mix up **kennen** and **können**. They sound very similar, but **können** means *can*:

Jakob kann fliegen.
Jakob can fly.

The good, the bad and the ugly – part 1
The ugly case – *Akkusativ*

Given the fact that I believe cases are overrated by German teachers, I talk about them pretty often. I'm doing this because they are omnipresent in the German language and I want to explain to you how this language works, but let me repeat once more: If you make a mistake with cases, it's not a big deal. You will not be misunderstood, and if you have good pronunciation, Germans might not even hear you are using the wrong case.

Most students believe that these cases are just a nasty source of possible mistakes. But that's just one part of the story. The other, usually untold, part of this story is how enriching cases can be. I already told you how the difference between direct and indirect objects can make sentences much more precise. You will soon learn more about my favourite case, *Dativ* (the good, though more difficult case).

But for today, I'd like to focus on *Akkusativ*. Let me sum up what you already know: When I talked about objects, I told you that we use different forms of pronouns for objects and subjects (e.g. **mich** instead of **ich**). We also do this in English (*me* instead of *I*). Akkusativ is the case for *direct objects*; that's why it is called *Akkusativ* (like you are *accusing* someone, so therefore I call Akkusativ "the ugly case"). In a short annotation I mentioned that we sometimes also change articles and nouns depending on the case. I'd like to show you how this works for *Akkusativ*. Look:

> **Sie sieht einen Mann.**

A short recap: **Mann** is masculine, so we say **der Mann**. In the indefinite form we say **ein Mann**. But here we say **einen Mann**. Why? Because the man is the (direct) object, so he is in the *Akkusativ* case. Basically this is a quite simple sentence, with a subject (**sie**), a verb (**sieht**) and an object (**einen Mann**). She is doing something (looking at the man) and the man is not doing anything (he is being looked at), so she is the subject and the man is the object.

As you can see, in *Akkusativ* the article (**ein**) gets an **-en** ending. The noun is not changed.
Look at a few more examples:

> **Sie kennt den Mann.**

Grammatically this is almost the same sentence (just with another verb), here with a definite article. You can see: **der** changes to **den**.

Können wir die Karte haben?

Wir möchten ein Glas Limonade.

Here **die Karte** and **ein Glas Limonade** clearly are direct objects (we want to have them) – but they do not change! So here are some good news: Feminine and neuter articles do not change in *Akkusativ*.

Die Menschen haben keinen Respekt.

More good news: **kein** and possessive pronouns (**mein**, **dein** ...) change exactly the same way as the indefinite article (**ein**).

And here something for the pros:

Einen Espresso, ein Glas Wasser und einen Käsekuchen.

Everything in this sentence is in Akkusativ! Why? Because the lady ordering all this food would actually like to say "**Ich möchte einen Espresso, ein Glas Wasser und einen Käsekuchen haben**" – and then everything has to be in *Akkusativ*. She is just dropping the **ich möchte ... haben**.

So if you want to present yourself as a grammar freak in German cafés and restaurants, order in *Akkusativ*. The waiters will be amazed. If you find this too difficult, don't worry. You will get the same food if you order it in the basic form (like many Germans do, too).

If you have read this text attentively (you always do, don't you?), you will have noticed two things:

- Only masculine articles and possessive pronouns change in Akkusativ. Feminine and neuter articles stay the same. Nouns don't change at all. Cool, huh?
- The change that happens to masculine articles is: They get an (additional) **-n**. If they already have an **-n** at the end, we add **-en** so that we can pronounce it more easily.

> der → de**n**
> ein → ein**en**
> kein → kein**en**
> mein → mein**en**

etc.

This even somehow holds true for the personal pronoun **er**, changing to **ihn** (which is a bigger change, but still ending in an **-n**).

So here is the simple rule to remember about Akkusativ:

> -n for masculine words

Easy, right?

When we say how long something lasts we also use *Akkusativ*:

einen Moment lang.

Es gibt

For the English *there is* we say **es gibt**.

> **Es gibt Kuchen.**
> **There is cake.**

The funny thing about **es gibt** is that the word(s) after it are in *Akkusativ* (just saying: Again, no misunderstanding if you get this wrong). Why? Well, look at what **es gibt** actually means: *it gives*. That's a bit philosphical – *it* might stand for the universe / God / life ... nobody knows. But the universe / God / life is giving cake (to us). Beautiful, isn't it?

So **es** is the subject, and **Kuchen** is the object of what the universe (or whoever) is giving to us. This is a very common phrase in German. Remember it, you will hear it all the time.

Things not to do with *es gibt*

You cannot use **es gibt** in situations where you are not talking about the existence of things / persons, but about *where* they are. In this case, use **ist / sind**. The difference can be tiny. For example we can say:

> **Es gibt viele Spatzen in Berlin.**

Here we do say the place, but the emphasis is the fact that the sparrows *exist* in Berlin (or if you want to be a bit more philosophical, that God / nature / the universe ... has given them to Berlin).

However you cannot say:

> ~~Auf dem Tisch gibt es Jens und Jakob.~~

You have to say:

> **Auf dem Tisch sind Jens und Jakob.**

The classic example for **es gibt** is food:

Es gibt Insekten.

For more info on **es gibt** see www.skapago.eu/jensjakob/esgibt.

Adjectives

Adjectives are words that describe what things are like: **big**, **old**, **ugly** ... are all adjectives. In German we change adjectives when we put them in front of a noun:

- With the indefinite article we have an **-er**, **-e**, or **-es** ending, depending on the gender of the noun that the adjective is describing.
  That's not as difficult as it looks at first glance. The ending is the same as we would have with the definite article.

der	Mann	ein alter	Mann
die	Frau	eine alte	Frau
das	Problem	ein altes	Problem
die	Probleme	alte	Probleme

  Look at it this way: We want to hear the gender / plural ending (**-r** /**-e** / **-s**) once. So if we don't hear it with the article, we want to hear it with the adjective.

You can see that the endings here are rese. For more info on the **Rese, Nese, Mormon** system, see the overview on page 245.

- Since the definite article has a gender ending, we don't want to hear it once more. So here we have the ending **-e** for all genders. However, when **die** is used for plural, it can be confused with a feminine article. Therefore in plural we add an **-n** to the adjective.:

der	alte	Mann
die	alte	Frau
das	alte	Problem
die	alten	Männer / Frauen / Probleme

- Now for the easiest version: When the adjective comes after the word it is describing, it does not change at all.

  Der Mann ist alt.
  Die Frau ist alt.
  Das Problem ist alt.
  Die Männer / Frauen / Probleme sind alt.

- In *Akkusativ* we only change the masculine form (as usual):

  Ich sehe ...
  ... den Mann   ... einen alten Mann

German grammar 101 cheat sheet

Are you having the feeling that you are drowning in grammar?
Then consider this:

1. In schools and – by nature – in textbooks, grammar is overrated. Do you remember that I have said this before? If you don't, let me repeat: In schools and – by nature – in textbooks, grammar is overrated. The biggest problems beginners have are speaking, listening comprehension, and pronunciation. This is what you should focus on, and a textbook can only be a source and inspiration for you, never the solution to this problem. You can find help for the real problems at www.skapago.eu/jensjakob/bonus.

2. To speak reasonably well, you don't have to get every grammar detail right. Mistakes are inevitable, but to avoid misunderstandings and to make a decent impression on native speakers, it's sufficient to get the most important stuff right. So here is an overview of what this most important stuff is. Learn it until you don't even think of making a mistake here (even if I wake you up at 3am at night) but feel free to ignore the rest – for now. Later on, when you speak German more fluently, I want you to get *everything* right, maybe even the details Germans are struggling with! But take your time. For now, the big items are:

Verb endings (present tense)

ich sage | **ich** will	**-e** ending / **no** ending	**wir** sagen	**-en** ending
du sagst	**-st** ending	**ihr** sagt	**-t** ending
sie sagt | **sie** will	**-t** ending / **no** ending	**sie** sagen	**-en** ending

Notice that these ending rules hold true for all verbs, even strong verbs! For example, you will never find any verb that has another ending than **-st** for **du**. So if you get this right and ignore, say, the vowel change for strong verbs, you will probably still be understood.

Sentence structure

Verbs **second** and **last**.

Pronouns

Ich sehe **mich**.
Du siehst **dich**.
Er sieht **sich**. / **Er** sieht **ihn**.
Wir sehen **uns**.
Ihr seht **euch**.
Sie sehen **sich**.

I deliberately got rid of all other combinations, e.g. **ich sehe dich**. The purpose of this overview is to get the subject / object combinations into your head, and for this I always use the same person, so ich – mich, du – dich etc. I also got rid of the forms that do not change in *Akkusativ*: **sie sieht sie**, **es sieht es**, **sie sehen sie**. Learn these forms by heart, like a poem!

You can cut this out and put it on your toilet door. But make sure you have learned the stuff on the next page before you do that.

Saying things that are too difficult for you

The biggest mistake you are making right now is the following attitude:
„I will study German until I have so much theoretical knowledge that I can have a conversation."

Won't work. You know why? Because your theoretical knowledge will *never* be sufficient. Look: An average 20 year old German has a vocabulary of 20 000 words. Goethe used 90 000 different words in his works. Fluent speakers have about 3000, and if you manage to learn 5000 you are really, *really* good (and it might take you years) – but you will still only have 25% of the average native speaker vocabulary, and not even 6% of Goethe's. The art of getting fluent in a language is to *say things that are too difficult for you*, and you should practice this as early as possible   in other words: *now*.

So how do you do that?

You get used to saying things in an easier way. An example:

Complicated:
        It might be a good idea to inform your boss about this problem as soon as possible.

Easier:
        You should tell your boss now.

That's about the same, isn't it? Leaving out a few details, sounding a little clumsy, but the important stuff is all there. Even if I say:
        Talk boss now.
... you will know what you have to do, won't you?

Here are a few hints about how you can reduce grammar complexity:
1. Stick to the cheat sheet (see above).
2. Use present tense for saying things that will happen in the future (this is even grammatically correct in German).
3. Use past tense with **war** for saying things that happened in the past. (This is not really grammatically correct, but I mean, if I tell you: „I was take a shower yesterday evening", will you understand me? – There you go.)
4. Use **nicht**: e.g. if you have forgotten the word for *big*, you can say:
        München ist nicht klein. (***Munich is not small***, instead of ***Munich is big***.)
5. For comparing, use **nicht so ... wie** (*not as ... as*).
        München ist nicht so groß wie Berlin.
        (***Munich is not as big as Berlin***, instead of ***Munich is smaller than Berlin***.)

Eating out

Put the dialogue into the correct order.

Ja bitte, ein Stück Sachertorte und eine Zimtschnecke.

Ja bitte. Ich möchte einen Kaffee mit Milch und ein Glas Wasser. Mein Bruder nimmt einen Apfelsaft.

Guten Tag! Können wir die Karte haben?

Auf Wiedersehen.

Gerne. Möchten Sie schon etwas zu trinken?

Hier bitte, der Kaffee und der Apfelsaft.

Danke.

Kann ich Ihnen etwas zu essen bringen?

Entschuldigung! Wir möchten gerne zahlen!

Vielen Dank.

Alles klar.

15 bitte.

Das macht dann 14,35 €.

Gerne.

Grüß Gott!

der Saft, Säfte	juice
der Apfelsaft, Apfelsäfte	apple juice
das Stück, Stücke	piece
die Torte, Torten	cake (*with cream*)
die Sachertorte, Sachertorten	*classic chocolate cake from Vienna*
das macht ...	that will be ... (*about prices*)
bringen, du bringst	to bring, to get; *here*: to serve

1. Answer the questions in complete sentences.

Wo isst Jakob heute? Wo isst er sonst?

Seit wann arbeitet Angelika in dem Café?

Spricht Angelika nur Deutsch?

Warum ist Angelika so gestresst?

Weißt du, warum die Menschen seit drei Wochen so gute Laune haben?

Was kauft Beate in West-Berlin?

2. Fill in *kennen* or *wissen*.

a) Woher ____ er so viel?   d) Er ____ nicht, wann er arbeiten muss.

b) Woher ____ du die Menschen?   e) Wir ____ viel über West-Berlin.

c) Ich ____ ihn aus der Schule.   f) Er ____ deine Eltern.

3. Find the right answers or questions.

_____ Ich bin 20 Jahre alt.

Wie geht es dir?   _____

_____ Ich habe einen Bruder und zwei Schwestern.

Wie heißt du?   _____

_____ Ich wohne in Kiel.

Woher kommst du?   _____

_____ Ich arbeite in einem Café.

4. Can you use *es gibt*? If not, try to say the same with *ist / sind*.

____ viele Menschen in Berlin.

Um 15.00 Uhr ____ Kaffee und Kuchen.

Klaus ____ in der Schule.

Wo ____ meine Jogginghose? – ____ hier.

5. Translate the following sentences without looking up any word in a dictionary. Some words are still unknown to you in German. Use your imagination to replace them with similar expressions. Try to say things that are too difficult for you!

Tonight I would like to have dinner at a restaurant with Jon.

My siblings are older than me.

The newspaper is boring.

My mother works as a university professor.

I have a granddaughter.

My brother is divorced.

The pair of jeans is too expensive.

The shop is open 24 hours.

6. Put in the adjective in the right form. Remember that *Akkusativ* can occur.

a) Der Stuhl ist (frei) ___.
b) Ich habe ein (wichtig) ___ Problem.
c) Wir machen eine (kurz) ___ Pause.
d) Luise hat einen (cool) ___ Vater.
e) Der (jung) ___ Mann tanzt seit 20 Minuten.
f) Meine Schwester hat (klein) ___ Hände.
g) Zwischen U-Bahn und S-Bahn ist nur ein (klein) ___ Unterschied.
h) Das (schwarz) ___ Auto fährt schnell.
i) Heute ist ein (schwer) ___ Tag für dich.
j) Das Land ist (groß) ___.
k) Im November sind die Nächte (lang) ___.
l) Die (lang) ___ Straße heißt Friedrichstraße.
m) Die zwei (groß) ___ Brüder sind in der Schule.
n) Sie kauft eine (eng) ___ Hose.

7. Put in the adjective in the right form and add the suitable article.
Beispiel: Ich habe (groß, Problem). → Ich habe ein großes Problem.
(verletzt, Kind) heißt Daniel.
(Woche) war (schwierig).
Das ist (komisch, Tipp).
(lang, Zug) hier fährt nach Berlin.
2013 und 2014 waren (glücklich, Jahr).
(Tür) ist (offen).
Willst du (klein, Glas) Milch?
(lustig, Antwort) ist von Ines.
Sophie hat (klein, Geschäft).
Berlin ist (hektisch, Stadt).
(schwarz, Tüte) liegt auf der Straße.
Jochen liest (interessant, Zeitung).
Dort sind viele (groß, Bus).
Ich mache (einfach, Rechnung).

Elbphilharmonie, Hamburg

Heute bin ich mit Jochen allein.
Beate trifft eine Freundin. Ich glaube,
sie zeigt ihr ihre CDs oder ihre Hosen
oder was weiß ich. Sie ist ja ganz verrückt damit.
Ines arbeitet noch. Und Jochen ist heute
ganz komisch.
Also ich will sagen – Menschen sind ja
oft komisch, aber heute ist Jochen ganz
besonders komisch. Er geht den ganzen
Nachmittag durchs Wohnzimmer, hin
und her, auf und ab, und tut nichts.
Aber offenbar ist er nervös, er überlegt
...
Plötzlich atmet er tief ein und geht zum
Telefon.
Das Telefon läutet nicht. Also will
Jochen jemanden anrufen. Das verstehe
ich schon. Jakob nicht – er erschrickt
immer furchtbar, wenn das Telefon
läutet.
Jochen wartet einige Zeit.
Dann spricht er.

treffen, du triffst	to meet	**überlegen, du überlegst**	to think, to reflect
die Freundin, Freundinnen	(female) friend	**atmen, du atmest**	to breathe
verrückt	crazy	**einatmen, du atmest ein**	to breathe in
damit	with it, with this		
oft	often	**tief**	deep, deeply
ganz	whole	**das Telefon, Telefone**	telephone
den ganzen Nachmittag	the whole afternoon	**läuten, du läutest**	to ring
durchs	durch das = through the	**anrufen, du rufst an**	to call (on the phone)
das Wohnzimmer, Wohnzimmer	living room	**erschrecken, du erschrickst**	to get frightened
hin und her	back and forth	**furchtbar**	terrible, terribly
auf und ab	up and down	**wenn**	when, if
offenbar	obviously	**einige**	a few, some
nervös	nervous	**einige Zeit**	some time

„Hallo ... hallo – hier ist ... hier ist Jochen!"
Angelika antwortet nicht sofort. Dann sagt sie nur:
„Jochen! Du? Nach fünf Jahren?"
„Drei Jahre, Angelika. Ich weiß, es war eine lange Zeit. Aber die Mauer ..."
„Jaja, die Mauer. Sie ist ja jetzt offen, die Mauer."
„Ja. Wie geht es dir, Angelika?"
„Ach, ganz gut. Ich arbeite viel. Hier ist die Hölle los, seit die Mauer offen ist."
„Das kann ich mir vorstellen."
„Und wie geht es dir?"
„Auch ganz gut. Ich arbeite auch, aber wahrscheinlich nicht so viel wie du. Und vielleicht ändert sich das jetzt auch."
„Ja. Auf jeden Fall war es schön, mit dir zu sprechen."
„Angelika ..."
„Ja bitte?"
„Angelika, können wir uns treffen?"

Angelika	*female first name*
sagen, du sagst	to say
vorstellen, du stellst vor	to present, *here*: to imagine
Das kann ich mir vorstellen.	I can imagine that.
ändern, du änderst	to change
etwas ändert sich	something changes
schön	nice, beautiful

To separate or not to separate?
Separable verbs

Plötzlich atmet er tief ein.

Look at this sentence closely, and look at the word list: There I wrote **einatmen** as one word. Why did I separate the **ein** in the sentence above? And even more interesting: Why do I not separate it in the next sentence?

Jochen muss tief einatmen.

Einatmen is what we call a *separable verb*. (What a surprise!)
The questions you are asking now (or should be asking):

      1)   How do we know that a verb is separable?
      2)   When do we separate and when do we not separate?

For question no. 1: You can either simply consult the word list (where separable verbs are presented with the prefix separated in present tense form) or you realize that separable verbs consist of two words where each of these words has a meaning on its own:

ein = in, into (a preposition)
atmen = to breathe (a verb)

Of course, when you don't know the two words this rule won't help, so I suggest you keep watching the word lists.

Question no. 2: There is a pretty simple rule – fortunately.
A separable verb has two parts – a preposition part (the prefix) and a verb part. When you separate a separable verb, you put the prefix (in this case: **ein**) at the end of the sentence.
But in many cases (e.g. when we have two verbs in a sentence) there is a *verb* in the last place, and since this last place is occupied, you cannot put the separable prefix in the last place: it has to stay with its verb and will not be separated.
Only when the last position in a sentence is *not* occupied by a verb, will the prefix (preposition part) be in the last place.

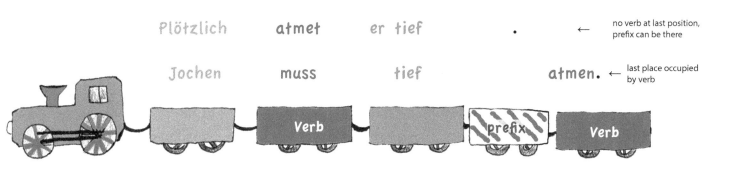

| Plötzlich | atmet | er tief | . | ← | no verb at last position, prefix can be there |
| Jochen | muss | tief | | atmen. ← | last place occupied by verb |

To sum up: Separate separable verbs unless you would have to put the prefix behind the verb that occupies the last position in the sentence (nothing is allowed to come after the verb at the end of a sentence).

One last thing: Separable verbs are pretty common in German, but if you get this separation thing wrong it usually won't lead to misunderstandings.

And maybe you find some comfort with Mark Twain, who also struggled with separable verbs:

The Germans have another kind of parenthesis, which they make by splitting a verb in two and putting half of it at the beginning of an exciting chapter and the other half at the end of it. Can any one conceive of anything more confusing than that? These things are called "separable verbs." The German grammar is blistered all over with separable verbs; and the wider the two portions of one of them are spread apart, the better the author of the crime is pleased with his performance. A favorite one is **reiste ab,**—which means, *departed*. Here is an example which I culled from a novel and reduced to English: "The trunks being now ready, he DE- after kissing his mother and sisters, and once more pressing to his bosom his adored Gretchen, who, dressed in simple white muslin, with a single tuberose in the ample folds of her rich brown hair, had tottered feebly down the stairs, still pale from the terror and excitement of the past evening, but longing to lay her poor aching head yet once again upon the breast of him whom she loved more dearly than life itself, PARTED."

Wochentage (Days of the week)

Montag	Monday
Dienstag	Tuesday
Mittwoch	Wednesday
Donnerstag	Thursday
Freitag	Friday
Samstag / Sonnabend*	Saturday
Sonntag	Sunday

We say **am Montag** or **montags** to tell you when we do something. **Montags** means that you are doing something regularly (every Monday), while **am Montag** can mean regularly – *or* only once:**

Montags ist immer die Hölle los.	(every Monday)
Am Montag ist die Hölle los.	(every Monday)
Am Montag bin ich mit Jochen allein.	(only once)

* **Sonnabend** is only used in the North of Germany.
** Same with **montags**. In the South of Germany we only say **am Montag**. To stress that we mean *every Monday*, we can add something like **immer**: **Am Montag ist immer die Hölle los.**

Daily routine

This is an example of what a typical work day might look like. Read the text and learn the new words.

Um 7.00 Uhr stehe ich auf. Dann frühstücke ich und dusche. Anschließend fahre ich mit dem Bus in die Stadt. Ich bin um 9.00 Uhr im Büro und arbeite bis 12.00 Uhr. Dann habe ich eine Stunde Mittagspause.

Von 13.00 Uhr bis 18.00 arbeite ich wieder. Um 15.30 Uhr trinke ich mit meinen Kollegen Kaffee. Um 18.00 Uhr fahre ich mit dem Bus heim. Um 19.00 Uhr spiele ich mit einem Freund Tennis. Dann sehe ich fern und esse abend. Um 23.00 Uhr gehe ich ins Bett.

Now try to write your own daily routine using the phrases you have learned.

Wie ist dein Tag?
Um ... Uhr stehe ich auf. Dann ...

Once you have finished that, try to write down Jens' daily routine! It certainly differs a lot from yours.

duschen, du duschst	to take a shower
anschließend	afterwards
das Büro, Büros	office
die Stunde, Stunden	hour
der Mittag	noon
die Mittagspause, Mittagspausen	lunch break
der Kollege, Kollegen	colleague
heim	home
heimfahren, du fährst heim	to go / drive home
spielen, du spielst	to play
der Freund, Freunde	friend
(das) Tennis	tennis
fernsehen, du siehst fern	to watch TV
abendessen, du isst abend	to have dinner
das Bett, Betten	bed
ins Bett gehen, du gehst ins Bett	to go to bed

Small talk

Do you still remember your first conversation from chapter 1?
Let's add a few useful phrases. Use a dictionary to customize them (e.g. adding
your profession). Try to practice them as often as you can – with your teacher, your
German (speaking) friends, even with yourself ...

Was machst du?   What do you do? / What are you doing?

This could either be a question about what you're doing right now, or about your profession, depending on the circumstances. If you want to ask for a profession, you can also say:

Was arbeitest du?	What is your job?
Ich bin Elektriker.	I am an electrician.

Note that we say professions without an article (not ~~Ich bin ein Elektriker~~.)

Schön dich kennen zu lernen.	Nice to meet you. (first time you meet someone)
Schön dich zu treffen.	Nice to see you. (to people you've met before)
Ich komme aus ...	I come from ...
Wie geht es dir?	How do you do?
Danke, es geht mir gut.	Thanks, I'm fine.
Danke, ganz gut.	Thanks, I'm doing ok. (not too bad, but not perfect either)
Es geht mir schlecht.	Not great.
Und dir?	What about you?
Schönes Wochenende!	Have a nice weekend!
Ebenso!	Same to you!

(This is not only used before weekends, you can use it when someone wishes you anything, like a nice day, a nice evening, ...)

Was machst du heute Abend?	What are you going to do tonight?
Können wir uns treffen?	Can we meet?
Willst du ins Kino gehen?	Would you like to go to the movies?
Was sind deine Hobbys?	What are your hobbies?
Wie alt bist du?	How old are you?

(Ok, you might be a bit careful with that last question ...)

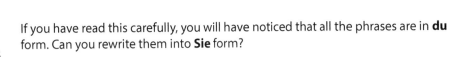

If you have read this carefully, you will have noticed that all the phrases are in **du** form. Can you rewrite them into **Sie** form?

1. Wann macht Markus was?

Um 20.15   frühstückt Markus.

Um 07.20   sieht er fern.

Um 14.00   fährt Markus mit dem Bus in die Schule.

Um 06.15   geht Markus Tennis spielen.

Um 07.45   geht Markus ins Bett.

Um 22.00   isst er mittag.

Um 08.00   duscht er und zieht sich an.

Um 17.30   beginnt die Schule.

Um 07.00   steht Markus auf und geht laufen.

2. Answer the questions in full sentences.

Wer – denkst du – ist Angelika?
Warum denkt Jens: Jochen ist heute komisch?
Warum ist Jochen heute allein zu Hause?

3. Make sentences with and without modal verbs.

Beispiel: um 5.00 Uhr aufstehen – müssen (er) → Er muss um 5.00 Uhr aufstehen.
Er steht um 5.00 Uhr auf.

a) die CD herausholen – können (du)   f) aufwachen – müssen (sie Pl.)
b) heimfahren – sollen (du)   g) sich umsehen – wollen (ich)
c) den Spatz ansehen – wollen (sie)   h) sich anziehen – sollen (ihr)
d) in zwei Stunden abendessen – können (ich)
e) nicht allein fernsehen – wollen (du)

4. Rewrite the sentences. Start with the words in bold. Watch the sentence order.

*Beispiel: Jochen arbeitet **heute**. → Heute arbeitet Jochen.*
Angelika hat **immer** gute Laune.
Ich fahre **um 8.00 Uhr** ins Büro.
Ich fahre um 8.00 Uhr **ins Büro**.
Anschließend arbeite **ich**.
Er geht **den ganzen Nachmittag** durchs Wohnzimmer.

5. Wann fährt der Bus?

Beispiel: Martin, Bus, 17.40 Uhr → Martins Bus fährt um zehn nach halb sechs.

du, U-Bahn, 12.35 Uhr
sie, Zug, 13.00 Uhr
Beate, S-Bahn, 18.55 Uhr
ich, Straßenbahn, 22.20 Uhr
Angelika, Zug, 17.25 Uhr
er, Bus, 11.10 Uhr
ihr, Zug, 18.40 Uhr

6. Put the sentences into the negative form and add the adjectives in the correct form.

Beispiel: Jens ist ein (nervös) Spatz. → Jens ist kein nervöser Spatz.

Jochen ist (komisch).
Die Mauer ist (offen).
Zwei Stunden sind eine (lang) Zeit.
Berlin ist eine (klein) Stadt.
Der (klein) Salat ist gut.
Das ist ein (gut) Beispiel!
Martin hat ein (alt) Haus.
Martins Haus ist (alt).

Nur einen Tag später läutet es an der Tür. Das höre ich nicht oft, denn Ines und Beate haben einen Schlüssel und Besuch kommt selten zu uns.
Ich bin wieder allein mit Jochen und er geht sofort zur Tür. Er öffnet: Dort steht eine Frau. Sie ist groß und etwa so alt wie Jochen.
Ich sehe sofort: Jochen kennt die Frau.
Wer ist sie?
Woher kommt sie?
Woher kennt Jochen sie?
Warum ist er so nervös?
Was will sie hier?
Ich gebe zu, dass ich neugierig bin.

später	later
der Schlüssel, Schlüssel	key
der Besuch, Be-suche	visit; *here:* visitor
selten	rarely
stehen, du stehst	to stand
etwa	about, roughly, approximately
zugeben, du gibst zu	to admit
dass	that *(„I admit that I am curious")*

„Guten Abend, Jochen."

„Ja, hallo Angelika. Willkommen."

Angelika geht an Jochen vorbei in die Wohnung.

Sie hängt ihren langen Mantel an die Garderobe, aber sie zieht ihre schwarzen Schuhe nicht aus.

„Hier wohnst du also."

„Ja. Seit 14 Jahren."

„Viel Platz habt ihr ja nicht."

„Ja, was denkst denn du? Hier ist unser Wohnzimmer, dort die Küche. Das Zimmer von Beate ist hinten links, und das Schlafzimmer von Ines und mir rechts."

„Hast du auch ein Arbeitszimmer?"

„Nein, ich brauche kein Arbeitszimmer."

„Und deine Frau?"

„Sie braucht auch kein Arbeitszimmer."

„Ich meine: Wo ist sie? Warum kann ich dich heute zu Hause besuchen? Zum ersten Mal seit zwanzig Jahren?"

„Naja, sie ist ... sie ist in der Arbeit. Und Beate hat heute eine Probe mit dem Theater in der Schule."

„Ach was. Und in zwanzig Jahren waren nie Arbeit und Theater?"

„Angelika, Beate war klein ... und da ..."

„Mir ist es ja egal. Aber ich verstehe nicht, warum deine Frau nicht wissen darf, wer ich bin."

„Angelika ..."

„Jaja, ich weiß schon. Männer – haben einfach keinen Mut."

„Angelika ..."

Jochen versucht, das Thema zu wechseln.

„Kann ich dir etwas zu trinken anbieten? Oder auch etwas zu essen? Wir haben noch Soljanka von gestern. Ich kann sie warm machen."

„Gerne. Vielen Dank."

„Ich bringe auch noch etwas Brot. Willst du ein Bier? Das schmeckt wirklich gut."

„Ja, danke."

Jochen geht in die Küche und öffnet den Kühlschrank. Er nimmt einen großen Topf heraus und stellt ihn auf den Herd. Dann schneidet er das Brot auf.

Angelika kommt auch in die Küche. Sie sieht auf die Wand. Dort hängt ein rundes Bild.

„Ist das Beate?"

„Ja, das war zu Weihnachten. Bei den Großeltern."

willkommen	welcome
die Wohnung, Wohnungen	apartment
hängen, du hängst	to hang
der Mantel, Mäntel	coat
die Garderobe, Garderoben	wardrobe
der Schuh, Schuhe	shoe
das Zimmer, Zimmer	room
hinten	back
links	(on the) left
das Schlafzimmer, Schlafzimmer	bedroom
rechts	(on the) right
das Arbeitszimmer, Arbeitszimmer	(home) office, study
besuchen, du besuchst	to visit
zum ersten Mal	for the first time
die Probe, Proben	rehearsal
das Theater, Theater	theater
der Mut	courage
das Thema, Themen	topic
wechseln, du wechselst	to change; to switch; to replace
anbieten, du bietest an	to offer
die Soljanka	*soup from East Europe, popular in East Germany*

„Sie ist schon groß."

„Ja, sie ist ja auch schon 13."

Angelika sagt nichts mehr. Sie warten beide, bis die Suppe warm ist.

„So, Angelika, jetzt können wir essen."

„Wunderbar. Und danach reden wir. Warum willst du mich plötzlich wiedersehen? Darf meine Tochter jetzt vielleicht endlich wissen, dass sie eine Schwester hat?"

„Angelika ..."

vielen Dank	thanks a lot
(das) Bier	beer
schmecken, du schmeckst	to taste
wirklich	really
der Kühlschrank, Kühlschränke	fridge
der Topf, Töpfe	pot
stellen, du stellst	to put, to set, to place
der Herd, Herde	stove
schneiden, du schneidest	to cut
aufschneiden, du schneidest auf	to cut (in slices)
die Wand, Wände	wall (*within a building*)
rund	round
das Bild, Bilder	picture
Weihnachten (always plural)	Christmas
zu Weihnachten	at Christmas
beide	both
die Suppe, Suppen	soup
wunderbar	wonderful
wiedersehen, du siehst wieder	to see again

Verbs ending in -*ln*

There are a few verbs that have an infinitive ending in **-ln** instead of **-en**. Don't panic, conjugating them is easy. Compare with a classic verb (**sagen**):

ich wechsle	ich sage
du wechselst	du sagst
er/sie/es wechselt	er sagt
wir wechseln	wir sagen
ihr wechselt	ihr sagt
sie wechseln	sie sagen

The endings are exactly the same. The only difference is that we drop one **e** in the first person singular (**ich wechsle**) as well as first and third person plural (**wir / sie wechseln**). Actually, you could even say this **e**, but then you would sound extremely old-fashioned – and you don't want that, do you?

Sentence building for *real* pros

In chapters 3 and 7, I told you that the verb in a German sentence comes at the *second position*, and if there are more than two verbs, the remaining verb(s) come at the *last position*. Let's do some fancy stuff – we'll be combining a few sentences.

> **Das** höre **ich nicht oft, denn Ines und Beate** haben
> **einen Schlüssel und Besuch** kommt **selten zu uns.**

We have three verbs (**höre**, **haben**, **kommt**). They are at the second position *within their sentence*, because technically we have *three sentences*:

1. **Das** höre **ich nicht oft.**
2. **Denn Ines und Beate** haben **einen Schlüssel.**
3. **Und Besuch** kommt **selten zu uns.**

Ok? Same here:

> **Sie** hängt **ihren langen Mantel an die Garderobe, aber**
> **sie** zieht **ihre schwarzen Schuhe nicht** aus.

Here we have two sentences:

1. **Sie** hängt **ihren langen Mantel an die Garderobe.**
2. **Aber sie** zieht **ihre schwarzen Schuhe nicht** aus.

Notice that **aber** is at position no. 0 (**aber** is not really a part of the sentence).

Now look at the following sentence:

> **Sie** warten **beide, bis die Suppe warm** ist.

Again, we have two sentences here:

1. **Sie** warten **beide.**
2. **Bis die Suppe warm** ist.

When you look at the second sentence, an alarm bell should be ringing in your head. You have noticed it, haven't you? In the second sentence there is only one verb (**ist**), and it is *not* at the second position. We can argue that **bis** is not part of the sentence, but **die Suppe** definitely is (yes, you are right, **die Suppe** is the subject) – and then we would expect the verb, but it's not there. The reason for this is that the sentence **bis die Suppe warm ist** is a so-called *subordinate clause*. Subordinate clauses don't stand by themselves, since they are meaningless alone. They are *integrated into a main clause*. And in subordinate clauses, *all verbs are at the last position*.

Subordinate clauses always start with one of those words that are not part of the sentence (here: **bis**). You might call them *connecting words*, but the correct grammatical term is *conjunction* (*Konjunktion* in German – just in case you want to impress your German teacher). The major problem here is that there are two kinds of conjunctions: those that start a main clause (**und**, **sondern**, **aber**, **denn** and **oder***) and those that start a subordinate clause (all the others, e.g. **bis**, **obwohl**, **dass** and also the question words **warum**, **was** etc.).

So when you see a German sentence, you should be able to *analyze* it correctly. But *forming* German sentences might be a challenge for you if you struggle with memorizing the conjunctions that start a main clause. If you don't manage to do that, you will get things wrong.

*You can remember them with the **USADO** rule:

U	S	A	D	O
n	o	b	e	d
d	n	e	n	e
	d	r	n	r
	e			
	r			
	n			

And if all of this is too complicated, stick to this:

> German verbs have two, *and only two*, possible positions in a sentence: *second* and *last*.

Main clause:

not a *complete* verb, just the *prefix* of a *separable verb*; still a *verb*. Somehow. See chapter 9.

Subordinate clause:

There is actually another problem, which I did not want to mention in this chapter because I did not want to frighten you: Since subordinate clauses always are parts of a main clause, the train image here is not 100% correct. To be exact, the "subordinate clause train" is in a "main clause train" and occupies a special seat there (usually the last or the first). But in practice this is not really important.

Colors

Colors are good examples of adjectives.
Try to guess the colors before looking at the English translation.

gelb	rot	blau	grün	schwarz	weiß	grau	orange [oransch]	braun
yellow	red	blue	green	black	white	grey	orange	brown

Once you have learned the colors, do it the other way round: Cover the German words and try to guess them until you remember them.

Meersburg, Baden-Württemberg

Möbel
Furniture

Learn the new words and find the matching picture on the next page. As soon as you manage to memorize them, walk through your apartment, point at the furniture and say the German word for it (including the article and the plural form) aloud*. Once you have done that a few times, say sentences with the color: e.g. **Der Tisch ist braun.**

der Fernseher, Fernseher	TV
der Tisch, Tische	table
die Lampe, Lampen	lamp
das Regal, Regale	shelf
der Herd, Herde	stove
die Tür, Türen	door
die Spüle, Spülen	sink
die Kaffeemaschine, Kaffeemaschinen	coffee machine
der Kühlschrank, Kühlschränke	fridge
das Fenster, Fenster	window
der Schrank, Schränke	closet; cupboard
der Stuhl, Stühle	chair
der Computer, Computer	computer

*Yes, your spouse or flatmate will call you a weirdo, but, I mean – do you *want* to learn German, or not?

1. Find the number that matches the color.

Beispiel: Nummer sechs ist schwarz.

2. Which color do these things have? Use the definite article.

Beispiel: Das Fenster ist schwarz.

3. Answer the questions.

Warum läutet es nicht oft an der Tür?
Wie sieht Angelika aus?
Wie lange wohnt Jochen hier?
Wie viele Zimmer hat die Wohnung?
Was darf Ines nicht wissen?
Was essen und trinken Angelika und Jochen?

4. Try to answer the following questions. There is no "right" or "wrong" here – just mention your ideas about how the story will continue.

Wer ist Angelika?
Woher kommt sie?
Woher kennt Jochen sie?
Warum ist er so nervös?
Was will sie hier?
Beispiel: Ich denke, sie ist ...

5. Insert the verbs in the correct form.

gehen – hängen – trinken – sprechen – schneiden – essen

Jochen ... in die Küche. Er ... Brot auf. Angelika und Jochen ... Suppe und ... Bier. Sie ... über Beate. Ein Foto von Beate ... an der Wand.

6. You have not understood the underlined words. Ask for them.

Zwischen 7.30 Uhr und 8.00 Uhr lese ich die Zeitung .
Ich fahre mit dem Zug nach Hamburg.
Ich sehe nicht oft fern.
Wir essen Brot mit Schinken.
Angelika besucht Jochen.
Ich ziehe meine Schuhe aus.
Ich nehme das Brot in die Hand.
Wir müssen hier warten.
Er ist 47 Jahre alt.
Ich komme aus Berlin.

Jochen stellt Bier in den Kühlschrank.
Du verstehst mich nicht.
Ines liegt im Bett.
Ich gebe dir ein Brötchen mit Käse.

7. Make sentences. The nouns should be used with the indefinite article (*ein/eine*). Be careful with the adjective endings. A few sentences have *Akkusativ* – you might want to get that right, too.

Beispiel: ich, kaufen wollen, grün, Tisch → Ich will einen grünen Tisch kaufen.

du, sehen können, braun, Schrank
hier, sein, alt, Stuhl
in der Küche, sein, klein, Fenster, offen
Jochen, haben, eng, Küche
er, kaufen müssen, klein, Kühlschrank
es, geben, hier, Garderobe?
meine Frau, brauchen, groß, Arbeitszimmer
Maria, haben, rot, Tüte
Jochen, sehen, in, klein, Spiegel
Angelika, machen, wollen, gut, Kuchen
Peter, essen, grün, Salat
du, bekommen, gut, Arbeit
hier, liegen, gelb, Karte
ich, ansehen, alt, Foto

8. Put the nouns in the plural. Then read the numbers and the nouns aloud.

Beispiel: 5, Spatz → fünf Spatzen

a) 15, Topf
b) 34, Kind
c) 92, Tüte
d) 27, Stuhl
e) 22, Fenster
f) 73, Karte
g) 17, Haus
h) 83, Tisch
i) 66, Torte
j) 18, Hose
k) 12, Apfel

9. *Optional exercise*: Link the two sentences with the conjunctions in brackets. Decide if you are creating a subordinate clause and change the sentence order accordingly.

(obwohl) Du sollst oft Deutsch sprechen. Du kannst noch nicht so viel Deutsch.
(aber) Ich komme aus Berlin. Ich wohne in Kiel.
(warum) Jens weiß nicht. Angelika kommt zu Besuch.
(denn) Ich bin enttäuscht. Der Salat ist nicht gut.
(obwohl) Matthias arbeitet 23 Stunden in der Woche. Er ist in Rente.
(denn) Du brauchst eine Hose. Die alte Hose ist zu eng.
(dass) Ich weiß. Jochen isst gerne Schinken.
(was) Ich weiß nicht. Was soll ich machen?
(und) Beate ist in der Schule. Ines arbeitet.
(dass) Ich will. Meine Kinder studieren.
(bis) Wir müssen warten. Der Bus kommt.

Vals, Schweiz (*Switzerland*)

Heute ist mein großer Tag.
Ich übe schon den ganzen Winter fliegen. Und jetzt kann ich es endlich!
Jakob weiß, dass ich schon seit vielen Wochen nach West-Berlin fliegen will.
Ich war aber nie sicher, ob das nicht zu weit ist. Ich kann schon seit Dezem-
ber ein bisschen fliegen: vom Balkon auf die Straße und zurück, auf ein Fens-
ter, zum nächsten Haus ... aber nach West-Berlin – das war mir zu weit.
Doch Jakob sagt, dass ich irgendwann mit den langen Reisen anfangen
muss. Heute Nachmittag will er mich abholen und mit mir zu „seinem" Café
fliegen. Ich putze noch meine Federn; klar, dass ich ein bisschen nervös bin.

der Winter, Winter	winter
den ganzen Winter	all winter
sicher	sure, certain
ob	if
Dezember	December
vom = von dem	from the
der Balkon, Balkone	balcony
nächste(r)/(s)	next
doch	*here*: but
irgendwann	sometime, at some point
die Reise, Reisen	trip
anfangen, du fängst an	to start
abholen, du holst ab	to collect, to pick up
putzen, du putzt*	to clean
die Feder, Federn	feather

* We don't have an **-s** ending here. It would just be
too much since the **z** is pronounced like **ts** anyway.

Und da ist er schon! Mit einem eleganten Schwung landet Jakob auf der kleinen Uhr über dem Tisch auf unserem Balkon.

„Hallo Jens. Alles klar?"

„Hallo Jakob. Ja. Es kann losgehen!"

„Also dann!"

Und schon startet er wieder. Ich folge ihm so schnell ich kann. Wir fliegen durch die Straße, quer über eine Kreuzung und durch einen Park. Dann biegen wir links ab und fliegen an einem kleinen Fluss oder Bach entlang. Hier ist es ganz ruhig, es gibt keine Menschen. Nach ungefähr 500 Metern biegen wir rechts ab, in eine kleine, enge Gasse.

Ich muss eigentlich total erschöpft sein. Aber ich bin so aufgeregt, dass ich es nicht merke.

Die Gasse ist zu Ende. Jetzt fliegen wir noch einmal durch einen Park. Ich denke, dass hier früher die Mauer war. Aber man sieht sie nicht mehr. Dann landet Jakob auf einem Tisch vor einem großen, alten Haus. Das muss das Café sein. Obwohl heute ein schöner Tag ist, ist es noch nicht so warm. Also

elegant	elegant
der Schwung, Schwünge	momentum; *here*: swing
die Uhr, Uhren	clock
losgehen, es geht los	to start, to begin (*an event, an action*)
Es kann losgehen.	I'm ready. / We are ready.
starten, du startest	*here*: to take off
folgen, du folgst (+ *Dativ*), z.B. du folgst mir	to follow
quer	across, crossways
quer über	across
die Kreuzung, Kreuzungen	intersection, crossroads
der Park, Parks	park
abbiegen, du biegst ab	to turn (*into a street, especially when driving – or flying*)

links abbiegen, du biegst links ab	to turn left
der Fluss, Flüsse	river
der Bach, Bäche	brook, stream
entlang	along(side)
an (+ *Dativ*) entlang	along ...
ungefähr	about, roughly
der Meter, Meter	meter
die Gasse, Gassen	alley
erschöpft	exhausted
das Ende, Enden	end
zu Ende	finished, over, done
früher	earlier; *here*: in the past
man	one; *see grammar explanation*
draußen	outside
hüpfen, du hüpfst	to jump, to hop
klauen, du klaust	(*informal*) to steal, to snitch
die Kirsche, Kirschen	cherry
der Junge, Jungen	boy
herunterfallen, du fällst herunter	to fall down
etwas fällt dir herunter	you drop something
mögen (*forms: see grammar explanation*)	to like
Streusel (*plural*)	crumble (*on a cake*)
suchen, du suchst	to look for

sitzen nicht so viele Menschen an den Tischen draußen. Aber Jakob hüpft sofort zu einem Tisch und klaut eine Kirsche, die einem kleinen Jungen heruntergefallen ist.

„Ich mag Kirschen. Du auch?", fragt er mich.

„Nein, ich mag lieber Streusel." Ich suche Streusel – hier, in einem Café, muss es doch Streusel geben! Und tatsächlich: Zwei Tische weiter verliert eine dicke alte Dame gerade fünf, sechs Streusel, als sie sich eine Portion Streuselkuchen in den Mund schiebt. Sofort bin ich bei ihr.

„Oh, du kleiner süßer Spatz!", ruft sie. Toll! Die Leute mögen mich, obwohl ich ihnen das Essen klaue.

Wir suchen weiter. Natürlich nehmen wir nicht nur Streusel und Kirschen, sondern fast alles, was wir bekommen.

Nach einer Stunde bin ich total satt. Da kommt eine Frau, ungefähr 50 Jahre alt, und holt die letzten Teller, Tassen und Gläser von den Tischen. Danach geht sie wieder ins Café und schließt die Tür zu.

„Feierabend!", sagt Jakob. „Das Café ist jetzt zu. Willst du noch bisschen unter den Linden sitzen?"

„Unter den Linden? Ist das nicht weit?"

„Nein, hier vor dem Café. Hier sind drei Linden. Hier sitze ich oft am Abend

es muss doch ... geben!	there has to be ... after all!
verlieren, du verlierst	to lose
dick	thick, stout
als	*here*: when
die Portion, Portionen	portion
der Streuselkuchen, Streuselkuchen	*cake with crumble*
der Mund, Münder	mouth
schieben, du schiebst	to push, to stuff
oh	oh
süß	sweet; *here*: cute
das Essen, Essen	food
sondern	but*
satt	full *(after having eaten enough)*
letzte(r)/(s)	last
der Teller, Teller	plate
die Tasse, Tassen	cup
schließen, du schließt	to close
zuschließen, du schließt zu	to lock
der Feierabend, Feierabende	after-work hours
Feierabend!	That's it for today! / Let's call it a day.
unter	under
die Linde	linden tree
unter den Linden	under the linden trees, *also*: *famous street in Berlin*

* For the difference in meaning between **aber** and **sondern** see page 163.

und schaue, was passiert."

„Ach so. Ich muss an die Straße 'Unter den Linden' denken."

„Was ist eine Straße?"

„Na so ein Ding, wo die Autos fahren."

„Was sind Autos?"

Ich muss seufzen. Jakob weiß wirklich wenig über die Menschen und ihre Welt.

„Ein Auto – schau, hier ist ein Auto."

Gerade fährt ein blauer Mercedes vor dem Café vorbei. Ich zeige ihn Jakob.

„Ach, das ist ein Auto. Die sind ganz schön gefährlich, oder?"

„Ja klar! Man kann sterben, wenn man einen Unfall mit einem Auto hat. Da muss man wirklich aufpassen."

Jakob antwortet nicht. Ich glaube, dass er es nicht so mag, wenn ich ihm etwas erkläre. Aber er will trotzdem immer alles wissen.

Da öffnet jemand das Fenster über uns. Es ist die Frau aus dem Café. Sie arbeitet hier und scheinbar wohnt sie auch hier. Sie sieht auf die Linden, auf die Straße ... und dann öffnet jemand das Fenster schräg gegenüber von ihr. Eine andere Frau sieht hinaus – ich kenne auch diese Frau!

„Jakob", flüstere ich ganz aufgeregt. Das ist natürlich Unsinn, denn die Frau kann mich ja nicht verstehen, aber ich flüstere automatisch.

„Die Frau dort am Fenster – mit den schwarzen Haaren – ich weiß, wer das ist!"

schauen, du schaust	to look
passieren, es passiert	to happen
das Ding, Dinge	thing
so ein Ding	such a thing
seufzen, du seufzt	to sigh
ich muss seufzen	I can't help but sigh
der Mercedes	*German car brand*
gefährlich	dangerous
der Unfall, Unfälle	accident
aufpassen, du passt auf	to pay attention
erklären, du erklärst	to explain
trotzdem	all the same, still, nevertheless
scheinbar	apparently
schräg	slanting; diagonal
gegenüber + *Dativ*	across from
schräg gegenüber	diagonally opposite
hinaus	out
diese, dieser, dieses*	this
flüstern, du flüsterst	to whisper
der Unsinn *(no plural)*	nonsense
automatisch	automatic(ally)
das Haar, Haare	hair

Write a **food journal** for the current week. If you don't know the German expressions for certain food, look them up in a dictionary. Write in whole sentences. For example:

Zum Frühstück esse ich ...
Zum Mittagessen esse ich ...
Zum Abendessen esse ich ...

The good, the bad and the ugly – part 2
The good (but difficult) case – *Dativ*

Why German has a Dativ and what we use it for

I know that many German learners might want to throw rotten tomatoes at me, but I have to confess: I actually *like* Dativ.

Let me show you the beauty there is in this case. When I use it for an indirect object (see chapter 7), I actually want to say that someone benefits from what I am doing, which is why I call *Dativ* the "good case". An example:

> **Beate gibt mir die CD.**

We have a subject (Beate) and two objects (me and the CD). The CD is in *Akkusativ* because it is the direct object, but **mir** is in Dativ because it is the indirect object. I benefit from Beate's action: I get the CD. So in German, we have a special case for describing that we are giving something to someone. Beautiful, isn't it?

There are a few verbs that can only have an indirect object (i.e. a *Dativ* object). For example **folgen** (*to follow*) and **helfen** (*to help*):

> **Ich folge ihm.**
> **Ich helfe dir.**

This is actually quite logical: When I help you, then you benefit from my help – so we use *Dativ*.

We also use *Dativ* together with some prepositions. The most prominent one is **mit**. After **mit** we always use *Dativ*. Important prepositions with *Dativ* are:

> aus – bei – mit – nach – seit – von – zu

You can learn them by heart, but don't just learn the prepositionalone. Learn it together with some other word that makes sense, so that you will remember it more easily. For example:

> aus **dem Auto**
> bei **meiner Schwester**
> mit **meinem Freund**
> nach **dem Frühstück**
> seit **vielen Jahren**
> von **meiner Mutter**
> zu **meinem Vater**

1 indirect object

Er zeigt ihr die Stadt.

2 after certain prepositions

Sie fahren mit dem Zug.

How to make your own Dativ

Now you know how to use *Dativ*; but how do you change the pronouns, articles, adjectives, and nouns so that they appear in *Dativ*?

mit eine**m** alten Mann
mit eine**r** alten Frau
mit eine**m** alten Auto
mit alte**n** Männer**n** / Fraue**n** / Autos

mit de**m** alten Mann
mit de**r** alten Frau
mit de**m** alten Auto
mit de**n** alte**n** Männer**n** / Fraue**n** / Autos

Remember the endings with the *Mormon rule*:
M (o)*   for masculine
R   for feminine
M (o)*   for neuter
N   for plural
* The o is just there because **Mrmn** would be too difficult to pronounce.
More on the *Mormon rule* on page 245.

„Dativ plural is my friend, always has an -n at the end!"

Confusing? No, it's not. There are only three possible endings, and here is how to determine the right one:

- *Articles* get the following endings (no matter whether definite or indefitnite): m for masculine and neuter, r for feminine, n for plural
- *Nouns* change only in Dativ plural, and they get an -n (except for **Auto**, which is a foreign word, so that one doesn't get an -n).
- *Adjectives* get an -n in all situations.

So with the *Mormon rule* and the *Dativ plural is my friend rule* you will always know what to do.

You already know the forms for personal pronouns from chapter 7, but let's just repeat them once more:

ich → mit mir
du → mit dir
er → mit ihm
sie → mit ihr
es → mit ihm
wir → mit uns
ihr → mit euch
sie → mit ihnen

Look how nicely the pronoun endings fit into the *Mormon rule*, under two assumptions:
1. **Ich** and **du** are considered to be feminine (who said grammar is chauvinist?), even for men.
2. **Uns** and **euch** are the same as in *Akkusativ*.

Got that? Ok. Now you can make your own *Dativ*!
(If you are a real grammar lover, you might be glad to hear that German still has another case: *Genitiv*. Stay tuned.)

Endings are usually not the big problem with *Dativ* and *Akkusativ*, as there are not that many. As long as you can remember the **Rese**, **Nese**, **Mormon** rules, you will be fine finding the right ending. The real problems are:
1.   Which gender is noun X (masculine, feminine, or neuter)?
2.   Which case (*Akkusativ*, *Dativ*) does preposition Y require?

For example, if you want to say ***after breakfast***, you need to know the gender of ***breakfast*** (**Frühstück**), and you need to know whether ***after*** (**nach**) requires *Dativ* or *Akkusativ*. How do you learn that? – Sorry, but I know only one way: Practice, practice.

You have to hear and say the expression **nach dem Frühstück** so often that it comes to your mind completely automatically. You may not even *think* whether this is *Dativ* or not – it should just slip out of your mind. Yes, you can do that, and no, it's not going to be easy.
In the short run, it's completely ok to make mistakes about that (I have said that a lot of times), but in the long run, you want to make sure you get declension (i.e. correct use of *Dativ* and *Akkusativ*) right.
Therefore, we have prepared what I call *Declension Bootcamp*, an online resource for practicing Dativ and Akkusativ so often that you are able to do it all without thinking. Check it out: www.skapago.eu/jensjakob/akkusativ-dativ

man – jemand

When we talk about people in general, we can use the subject **man**.

Man sieht die Mauer nicht mehr.

There is no really good English translation. You could say something like:

One cannot see the wall any longer.

Notice that **man** does not have to be a man. Everybody is included, both men and women.

Man is not the right choice if we are talking about a specific person but do not know who that person is. Instead, use **jemand** (*someone*).

Jemand öffnet das Fenster.
Someone opens the window.

It is not opened by people in general, but by one specific person (though we do not know who that is until we have seen him/her).

I like, I like, I like, I like
mögen / gerne / möchten / gefallen

In German we have a few pretty nice options to say that we like something.

1 **mögen**
ich mag
du magst
er mag, sie mag, es mag
wir mögen
ihr mögt
sie mögen

Looks like a modal verb, but it's just irregular. You can use it the same way as *to like* in English, but remember *Akkusativ*:

> `Jakob mag Kirschen.`
> `Ich mag dich.`

2 You would not use **mögen** to say that you *like to do* something. Here it's better to use **gerne**. It works like this:

> `Ich singe gerne. = I like to sing.`
> Literally it means „I sing gladly".

Remember that you always have to combine **gerne** with a verb (here: **singe**).

3 If you would *like to have* something, use **möchten**:

> `Ich möchte einen schwarzen Tee.`
> Don't hesitate to be polite by adding **gerne** and **bitte**:
> `Ich möchte gerne einen schwarzen Tee, bitte.`

4 Since you have learned *Dativ* now, I'll show you a tricky alternative for **mögen** – the verb **gefallen**. It basically means *to please* or *to appeal to*.
Since this pleasure benefits you, we will have to put you in *Dativ*!

> `Deutsche Grammatik gefällt mir.`
> *literally*: German grammar pleases me.
> If this is too complicated for you right now, simply say:
> `Ich mag deutsche Grammatik.`

There is a difference in meaning between **ich mag** and **mir gefällt**. Watch the video at: **www.skapago.eu/jensjakob/ichmag**

1. Beantworte die Fragen.

Warum fliegt Jens erst heute nach West-Berlin?

Wohin will Jakob mit Jens fliegen?

Warum ist Jens nicht erschöpft?

Warum sitzen nicht so viele Menschen draußen an den Tischen?

Mag Jakob lieber Streusel oder lieber Kirschen?

Was macht Jakob oft unter den Linden?

Warum sind Autos gefährlich?

2. Change the person in each of the following sentences.

Beispiel: Ich arbeite. (du) → Du arbeitest.

a) Martin liest die Zeitung. (wir)

b) Jens versucht zu fliegen. (ihr)

c) Hört er mich nicht? (du)

d) Jochen und Angelika gehen durch den Park. (ich)

e) Ich wache immer um 5.00 Uhr auf. (Sie)

f) Ich spreche Deutsch. (er)

g) Sie schläft bis 11.00 Uhr. (wir)

h) Verstehst du mich? (ihr)

i) Ich esse gerne Salat. (er)

j) Wir fahren mit der U-Bahn. (du)

k) Maria bekommt einen neuen Personalausweis. (ich)

l) Kannst du deiner Schwester helfen? (er)

m) Bist du schon in Rente? (Sie)

n) Ich arbeite als Lehrerin. (sie)

o) Zeigst du mir Berlin? (ihr)

p) Wir geben ihr das Geld. (er)

q) Ich habe nichts dagegen. (wir)

r) Warum erschrickt er? (du)

s) Das kann ich mir nicht vorstellen. (du)

t) Wann isst du abend? (wir)

u) Um 12.30 Uhr fangen wir an. (er)

v) Er mag mich. (ihr)

3. Describe Jochen's family.

Beate ist ... von Jochen.

Ines ist ... von Jochen.

Ines ist ... von Beate.

Jochen ist ... von Ines.

Jochen ist ... von Beate.

4. Insert the right pronoun.

a) Hier ist Jakob. Siehst du ...?

b) Ich habe eine Zeitung. Willst du ... lesen?

c) Weißt du, wo meine rote Hose ist? Ich kann ... nicht finden.

d) Wo sind Jens und Jakob? – ... sind vor dem Café.

e) Magst du Jens und Jakob? – Ja, ich mag ...

f) Lukas und Maria, soll ich ... helfen?

g) Daniel hat heute frei. Willst du mit ... Karten spielen?

h) Mein Bett ist rot. ... gefällt mir nicht.

i) Siehst du meinen Schlüssel? – Nein, ich sehe ... nicht.

j) Herr Schneider, kann ich mit ... sprechen?

k) Herr Schneider, ich kann ... nicht hören.

l) Wo ist die Garderobe? – ... ist dort links.

m) Hier sind deine schwarzen Schuhe. Willst du ... anziehen?

5. You're a generous person, aren't you? Tell everyone you are willing to help! Remember that after *helfen* you have to use Dativ.

Beispiel: (er) → Ich helfe ihm.

a) der alte Mann	e) die Lehrerin	i) wir	m) sie (*one person*)
b) meine kleinen Brüder	f) das Kind	j) du	n) die Kinder
c) eine junge Frau	g) Sie	k) es	o) meine Mutter
d) dein großer Bruder	h) Martin	l) ihr	p) ein kleines Kind

6. Put in *man* or *jemand*.

a) Das macht ... nicht.
b) ... kann mit dem Zug von Hamburg nach Berlin fahren.
c) ... singt im ersten Stock.
d) Am Abend kommt ... zu Besuch.
e) ... soll oft Salat essen – das ist gesund.
f) Moritz und Lena, kann ... von euch das Brot aufschneiden?

7. Put in the right form of *mögen*.

a) Wir ... keine Torte.	d) ... ihr Tee mit Zitrone?
b) ... Jakob Kirschen?	e) Ich ... Salat.
c) Frau Knauer, ... Sie Kaffee?	f) ... du Käse?

8. Do exercise 7 once more and put in the right form of *möchten*.

9. Write sentences with a form of *mögen / möchten / gerne (machen)/ gefallen*. Remember that not all forms will work, both gramatically and logically.

Beispiel: ich, Berlin → Ich mag Berlin. / Berlin gefällt mir.

a) Jochen, trinken, Bier	e) du, Tennis, spielen
b) Ines, Kuchen	f) Ines, ein Stück Kuchen
c) ich, deine Hose	g) wir, Musik von Falco
d) sie (*plural*), das Haus dort, nicht	h) sie (*one person*), Tee mit Honig

One more thing:

Have you repeated your vocabulary today?

Repeating new words is one of the most important activities of language learning. Why? Let's do some math.

An average native speaker uses between 10,000 and 15,000 words actively, and many more passively (i.e. she understands these words, but does

10000

not use them). If you manage to learn one new word every day, it will take you more than 30 years to learn a language like a native speaker. If you manage to learn ten new words a day, you will be there after three years.

Is that realistic? Probably not. First of all, you won't do this every day. You might be too busy or simply forget it. Secondly, my calculation means that you have to remember all of these words. Now that you've already had quite a lot of experience with learning German – how often do you have to repeat a word on average to remember it forever? Probably 3-5 times. This means that in order to keep up with a learning rate of 10 new words per day, you will have to repeat 30-50 words a day, 365 days a year.

So this is one of the simple reasons why people are unable to learn a language like native speakers within three years.

4000
# of words a fluent speaker of a foreign language can use

But I have good news for you. The thing is – you don't really have to know as many words as a native speaker in order to be fluent, much less to get around. 500 words will be sufficient for tourist level, 2000 if you'd like to have a decent working knowledge – but still, if you want to speak a language really well, you will need around 4000 words. So how can you achieve this goal?

You can only get there by working steadily, so make a habit of learning new words every single day. Pick a goal that's realistic for you, e.g. 3-5 new words per day, no more. Most people (me included) find it pretty hard to work on this every single day. It's so easy to take a

2000
# of words you will need to manage everyday life

500
# of words a tourist uses

break … and then, suddenly, you find yourself not having worked with your new words for a week or more. There are a few things you can do to make it easier: you can use a vocabulary trainer (www.skapago.eu/jensjakob/bonus). You can also ask your partner/child/flat mate to remind you every single day to repeat your words. Moreover, I highly recommend finding a time that is reserved for this activity. It could be ten minutes before breakfast, or the very first thing you do when you come home, or the last thing you do before you go to bed – whatever works best for you, but make sure it becomes a habit like brushing your teeth. Improve your efficiency by not allowing anybody to disturb you during these ten minutes (when your boss calls you on the phone, don't answer, call him back – make an exception only when there is a fire in your home).

How can you make this work effectively? One option is to write new words on flashcards: German on one side, your mother tongue on the other. Make sure to include the indefinite article and plural for nouns, past tense for verbs as well as any irregular forms. Write 3-5 new cards every day. Mix them up and try to repeat them. When repeating, don't look at the German side. That's too easy, isn't it? You don't want to understand only, you also want to know the German words actively. So look at the other side, try to figure out the solution, write it down, and then turn the card to check if you were right. If not, put the card aside. Repeat these difficult cards as many times as you need to in order to remember them.

3 years
8 months
3 weeks
5 days
time to achieve fluency if you learn 4 words every day

Then, repeat yesterday's cards, using the same system. Once a week, take all the cards from the previous week, and once a month, take any set of old cards.

And one last thing: whenever this starts frustrating you, stop for the day and continue the next day. Don't be too strict on yourself. After all, language learning should be fun, shouldn't it?

„Und wer ist das dort oben neben Waltraud?", fragt Jakob.

„Das ist Angelika!"

„Was? Das ist Angelika?"

„Ja! Was macht sie hier?"

„Sie arbeitet hier."

„Ach so?"

„Ja. Schon lange, glaube ich."

Angelika redet jetzt mit der anderen Frau.

„... und ich sage dir, Waltraud, Sabrina hat ja einen guten Job, aber anstrengend ist das ..."

„Ja, Angelika, aber unsere Arbeit ist auch anstrengend ..."

Und sie reden und reden und reden.

„Weißt du, wer die andere Frau ist?", frage ich Jakob.

„Ja, ich glaube schon. Sie heißt Waltraud und ist die Frau vom Chef in diesem Café. Ich glaube, sie und Angelika sind gute Freundinnen und kennen sich schon lange."

„Hör mal, Jakob. Du weißt doch, dass Angelika vor ein paar Wochen bei Jochen war. Ich glaube, sie hat ein Kind von Jochen!"

„Ein Kind von Jochen? Das geht doch gar nicht. Du sagst doch immer, es war diese Mauer zwischen West-Berlin und Ost-Berlin. Woher kennt Jochen Angelika also?"

„Gute Frage."

Ich überlege. Dann frage ich:

„Aber warum will Angelika, dass Jochen mit Beate über 'ihre Schwester' spricht?"

„Kann Angelika die Schwester von Beate sein?"

neben	next to
ach so	I see, really? (also ironical)
mit einer anderen	with another
Waltraud	female first name
Sabrina	female first name
der Job, Jobs	job
der Chef, Chefs	boss
diesem	this (Dativ)

„Unmöglich. Sie ist viel zu alt. Angelika ist so alt wie Jochen."

„Also hat Angelika eine Tochter, und diese Tochter ist Beates Schwester?"

„Dann ist Jochen der Vater. Und das geht nicht, weil hier die Mauer war."

„Ich verstehe es nicht. Aber sag mal, bist du nicht müde? Soll ich dich nach Hause bringen?"

Jakob hat Recht. Es war ein sehr langer Tag und ich will wirklich nach Hause fliegen.

„Ja, bitte, Jakob."

Als Beate von der Theaterprobe nach Hause kommt, geht sie sofort auf den Balkon. Und dort sieht sie – nichts!

„Mami! Jens ist nicht mehr da!"

Ines, Beates Mutter, kommt sofort.

„Tatsächlich, er ist weg. Naja, Beate, er ist jetzt schon groß. Er kann fliegen!"

„Ach Mami, das ist traurig!"

„Aber Beate, ein Spatz muss fliegen. Es ist doch nicht gut für ihn, wenn er immer hier auf dem Balkon bleiben muss."

In dem Moment landen zwei Spatzen auf dem Tisch hinter Ines und Beate.

„Ach Mami, schau mal – jetzt ist er doch wieder da! Und sogar mit einem Freund!"

„Na siehst du. Er ist so an Menschen gewöhnt, dass er wahrscheinlich immer wieder einmal auf den Balkon kommen wird. Und jetzt wollen wir essen, oder?"

unmöglich	impossible
weil	because
müde	tired
die Theaterprobe, -proben	rehearsal (in drama)
Mami	Mum
traurig	sad
bleiben, du bleibst	to remain, to stay
hinter	behind
Na siehst du.	See?
sich gewöhnen, du gewöhnst dich	to get used to
gewöhnt sein an	to be used to

werden

Werden is an irregular verb, but a pretty cool one, so you might learn it:

    ich werde
    du wirst
    er wird, sie wird, es wird
    wir werden
    ihr werdet
    sie werden

    ich bin geworden

Werden has three meanings:

    `Viele Spatzen werden nicht alt.`

`"Ich werde Professor!"`

1   We use **werden** to talk about a change. It's about the same as the English **to become / to get**:

    `Ich werde alt. = I'm getting old.`
    `Ich will Arzt werden. = I want to become a doctor.`

2   We can also use **werden** to express that something is going to happen in the future – just the same as the English **will**.

    `Er wird immer wieder auf den Balkon kommen.`
=   `Er kommt immer wieder auf den Balkon.`

As I told you earlier, you can express the future by using the present tense, as in the second sentence. However, if you want to stress that something is going to happen in the future, you can use a combination of **werden** + *infinitive*. In this example, using the present tense could be understood as if this was something Jens was doing regularly right now, so Ines uses **werden**.

3   Finally, we use it to express *passive voice*. You will learn more about it in the second book.

In the German language, there are a few crazy prepositions. The noun / pronoun / article / adjective after them can be either in *Dativ* or in *Akkusativ*, depending on ... well, what?
Look at the following example with **die Küche** (***the kitchen***):

> Wohin gehst du? Ich gehe in **die** Küche. *(Akkusativ)*
> Wo bist du? Ich bin in **der** Küche. *(Dativ)*

In other words, the case we choose depends on whether we are talking about a movement or about a state of being somewhere.

The prepositions that do this are:

Er geht auf de**n** Berg.

Wohin? → Akkusativ

Er ist auf de**m** Berg.

Wo? → Dativ

Sie **geht** auf **der** Straße.

We use *Akkusativ* mainly when we are talking about our destination, in the case of answering the question **wohin?** However, in the above example, the cow is walking, so moving toward something but *not* toward the road (**die Straße**). Quite the contrary, the cow *is* already on the road, so we are answering the question **wo?** and have to use *Dativ*. But for the picture with the young man to the left: He is walking *toward* the top of the mountain, so there we have to use *Akkusativ*.

Funny prepositions – part 2

Sometimes German can be a very efficient language. Look what we can do:

zu + de**m** = **zum**   **zu** + de**r** = **zur**
bei + de**m** = **beim**
in + de**m** = **im**   **in** + da**s** = **ins**
an + de**m** = **am**   **an** + da**s** = **ans**
von + de**m** = **vom**

Notice that we *can* do that, but we don't *have* to. You can say **Ich sitze an dem Fenster**, and it's not wrong.
But there is a slight difference in meaning: **an dem Fenster** sounds as if you wanted to stress the word **dem**. So you could translate:

> Ich sitze an *dem* Fenster.   I'm sitting at *this* window (*not the other one*).
> Ich sitze am Fenster.   I'm sitting at the window.

Funny prepositions – part 3

When we are going somewhere we usually just say **to** in English (**to New York**, **to aunt Mary**, **to the cinema**). Not so easy in German, unfortunately.

When you go somewhere:

- nach

Nach is for geographical names.

- in

In is for places. Remember the difference between **nach** and **in** with this example:

> Ich fahre in die Stadt.   BUT: Ich fahre nach Berlin.
> Ich gehe ins Restaurant.

- zu

Zu is for persons or when you are going to an institution, but not really *into* it.
Rememer: **zu** is always with *Dativ*, although it's about a movement:

> Ich gehe zu Beate. Ich gehe zur Polizei.

What's the difference between a restaurant and the police? With a restaurant we mean a place: It is a certain building and we go into it. When we talk about the police we think of the police as an institution. We might be talking to a police officer in the street, or go into a police station.

die Polizei the police
(no plural)

When you are somewhere:

- in

In is for geographical names *and* places. So:

> Ich bin in der Stadt. Ich bin in Berlin.
> Ich bin im Restaurant.

- bei

Bei is for persons and institutions:

> Ich bin bei Beate. Ich bin bei der Polizei.

Exception

> Ich gehe nach Hause. Ich bin zu Hause.

Just remember this one. It does not really make sense. Sorry about that.

To sum up:

Wohin **gehst du?**	Wo **bist du?**
in die Stadt	in der Stadt
nach Berlin	in Berlin
zu Beate, zur Polizei	bei Beate, bei der Polizei
nach Hause	zu Hause

Ich gehe zu Beate.

Ich bin bei Beate.

Beate ist in der Stadt.

Ich fahre in die Stadt.

Beate ist in Berlin.

Ich fahre nach Berlin.

Giving directions
and understanding them

When you are giving directions, remember to take into account this *moving / not moving* problem. When you are describing where something is, use the "funny prepositions" with *Dativ*. When you are describing where to go, use them with *Akkusativ*.

For describing tricky stuff (e.g. **at the second crossing**), make sure to check out the ordinal numbers first. They are described on page 132.

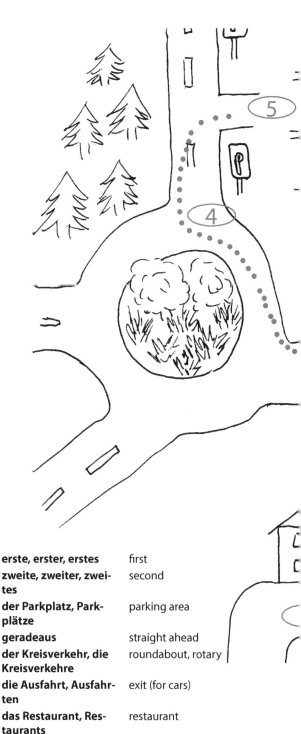

Entschuldigung, wo ist ...

... die Schule (3)?
Sie biegen an der ersten Kreuzung* links ab (2). An der zweiten Kreuzung** (7) sehen Sie rechts die Schule (3).

... der Parkplatz (5)?
Sie biegen an der ersten Kreuzung rechts ab (2). Dann fahren Sie geradeaus. Im Kreisverkehr nehmen Sie die erste Ausfahrt (4). Der Parktplatz ist dann rechts.

Now it's your turn:
- Wo ist das Restaurant (9)?
- Wie kommt man vom Parkplatz zum Park (10)?
- Wie kommt man vom Restaurant (9) zum Kino (8)?

erste, erster, erstes	first
zweite, zweiter, zweites	second
der Parkplatz, Parkplätze	parking area
geradeaus	straight ahead
der Kreisverkehr, die Kreisverkehre	roundabout, rotary
die Ausfahrt, Ausfahrten	exit (for cars)
das Restaurant, Restaurants	restaurant
das Kino, Kinos	cinema, movie theater

*Why *Dativ* here, since you are turning (**abbiegen**)? Because you are saying where this is happening. If you said that you moved *toward* the intersection, you would say: **ich gehe an die Kreuzung**. But here you are saying what I have to do when I am there, so you have to use *Dativ*.
Same here. What are you doing **an der zweiten Kreuzung? You are seeing the school. This means you are not describing a movement.

Saying the date – ordinal numbers

For saying the date, you will have to learn *ordinal numbers* (e.g. **first**, **second**, and so on).

All the blue ordinal numbers are irregular, so you will have to learn them by heart. Sorry about that! But with all the other ones, it is easier. All you do is take the *cardinal number* (i.e. the "normal" number, like **fünfzehn**) and add a **-te** ending. For numbers from 20 and beyond, add a **-ste** ending.

der / die / das ...

1. erste
2. **zweite**
3. dritte
4. **vierte**
5. **fünfte**
6. **sechste**
7. siebte
8. achte
9. **neunte**
10. **zehnte**
11. **elfte**
12. **zwölfte**
13. **dreizehnte**
14. **vierzehnte**
15. **fünfzehnte**
16. **sechzehnte**
17. **siebzehnte**
18. **achtzehnte**
19. **neunzehnte**
20. **zwanzigste**
21. **einundzwanzigste**
22. **zweiundzwanzigste**

100. **(ein)hundertste**
101. **(ein)hundertertste**
143. **(ein)hundertdreiundvierzigste**
200. **zweihundertste**
1000. **(ein)tausendste**
1015. **(ein)tausend(und)fünfzehnte**
5130. **fünftausendeinhundert(und)dreißigste**

1 000 000. **(ein)millionste**

Months *

Januar
Februar
März
April
Mai
Juni
Juli
August
September
Oktober
November
Dezember

*All months are masculine. When we say that something happens in a certain month, we say **im** + month (e.g. **im Mai**).

Ok, that was the first (and most difficult) step you have to take in order to say the date. The rest is easy. For the months you already know the names. When we write the months, we use three letter abbreviations (e.g. **Jan.** for **Januar**), and the years are said in cardinal numbers (e.g. 2016 **zweitausendsechzehn**). Years before 2000 are said in hundreds, e.g. 1981 **neunzehnhunderteinundachtzig** (not ~~tausendneunhunderteinundachtzig~~). So for example:

05. Okt. 2010   der fünfte Oktober zweitausendzehn

If you like challenges, you can also say the month as an ordinal number.

05.10.2010   der fünfte zehnte zweitausendzehn

When you want to say when something happened (or will happen), use **am** + *Akkusativ*:

am 05.10.2013   am fünften zehnten zweitausendzehn

Ah, I almost forgot: Ordinal numbers work like adjectives. In other words, *ReseNeseMormon* applies.

1. Answer the questions.

Wo sind Jens und Jakob?

Was sehen sie?

Wer ist Waltraud?

Wer – denkst du – ist Sabrina?

Woher – denkst du – kennt Jochen Angelika?

Warum kann Angelika nicht die Schwester von Beate sein?

Warum ist Beate traurig?

2. Find one sentence to each phrase you already know: Answer the questions – or find questions to the phrases.

Entschuldigung?

Ich habe nichts dagegen.

Feierabend!

Was ist los?

Wo warst du mitten in der Nacht?

Jetzt schon?

Das macht 15 Euro.

Es kann losgehen!

Immer noch?

Ich kann nicht mehr.

Na siehst du.

Gerade noch.

Übung macht den Meister.

Sag mal!

Ach so?

3. Use *Dativ* and possessive pronouns for the person listed.

Beispiel: er, Spatz, Wasser, geben → Er gibt seinem Spatzen Wasser.

a) wir, antworten, Freundinnen

b) ich, sollen, Chef, eine Antwort geben

c) Angelika, etwas sagen müssen, Freund

d) Jochen, kaufen, Tochter, eine Hose.

e) meine Kollegen, schmecken nicht, Müsli

f) du, geben, Beate, Hand

g) ihr, helfen, Großeltern

h) die CD, sein von, mein Sohn

i) sie, glauben nicht, Lehrern

4. What is the closest way to the next supermarket for you? Write it down. Then, try to describe it to a friend or your teacher without looking at the notes. (If you don't have a German speaking friend who will listen to you, describe it to your teddy bear.)

5. Read the following dates.

a) 01.08.1997   b) 12.12.1813   c) 14.02.2015   d) 17.09.2011

e) 03.07.2020   f) 05.06.2002   g) 09.04.1714   h) 02.06.2008

i) 06.07.2017   j) 30.03.1917   k) 19.05.2016   l) 15.12.1970

m) 10.01.1934   n) 04.11.2011   o) 12.03.2012   p) 08.03.2018
q) 07.10.1965   r) 31.10.1916   s) 16.05.2011   t) 18.09.1808
u) 20.08.2013   v) 13.01.2010   w) 11.04.2009   x) 21.03.1332
y) 25.11.2019

6. Choose one line from each column to make sentences with *werden* in the right form. First, say them out loud, then write them down.

Ihr		Kinderarzt
Du		auf dem Tisch tanzen
Sie *(several people)*		glücklich sein und singen
Er		sehen, wie die Kinder leben
Ich	werden	morgen lange frühstücken
Es		ein besseres Auto kaufen
Wir		bald mit der Schule beginnen
Sie		nie auf der Straße liegen
		plötzlich Schmerzen haben

7. Where do the words in these sentences belong? Make sentences with the "special" prepositions and put the verbs into the right form.

Beispiel:
vom: Die Schwester – sprechen – gerne – Vater
→ Die Schwester spricht gerne vom Vater.
a) zum: Der schnelle Bus – Theater – fahren – in elf Minuten
b) am: Immer – warten – er – Morgen – auf die anderen
c) beim: Sie – sein – heute – Arzt
d) im: Die Suppe – sein – Topf
e) zur: Kommen – du – morgen – Theaterprobe?
f) ans: Ich – denken – Frühstück.
g) ins: Wollen – ihr – am Nachmittag – mit mir – KaDeWe – gehen?
h) an: Das Restaurant – liegen – der Straße
i) auf: Sein – Brötchen – sein – wirklich – dem Tisch?
j) hinter: Der Parkplatz – liegen – dem Kino.
k) in: Was – stehen – der Zeitung?
l) neben: Merken – du – nicht – wer – dir – stehen?
m) über: Sie – sprechen – immer noch nicht – ihre Ängste.
n) unter: Was – machen – du – dem Tisch?
o) vor: der Theaterprobe – müssen – Beate – ihrer Mutter – helfen
p) zwischen: Jochen – wollen – immer – 7.00 Uhr und 7.45 Uhr – frühstücken

8. Find sentences for these words and write them down.
nach – in – zu – bei – wohin – wo

13

In this chapter I introduce *Perfekt*, a form for expressing the past. From now on the word lists will include the *Perfekt* form for each verb. For the verbs you already know you can find an overview of the forms on page 62 and 139.

du bist geflogen (*Perfekt of* **fliegen**)	you have flown
irgendein	some/any
du hast gesagt (*Perfekt of* **sagen**)	you have said
tun, du tust, du hast getan	to do
richtig	correct, here: justified
du hast gesehen (*Perfekt of* **sehen**)	you have seen
es ist passiert (*Perfekt of* **passieren**)	it has happened
fühlen, du fühlst, du hast gefühlt	to feel
das Gegenteil, Gegenteile	opposite
fit	fit, healthy
die Katze, Katzen	cat
die Krankheit, Krankheiten	illness
die Gefahr, Gefahren	danger

Berlin, 14. Juni 1995

Ich weiß nicht, warum ich gerade heute wieder einmal zu Ines, Jochen und Beate geflogen bin. Irgendein Gefühl hat mir gesagt, dass ich das heute tun soll und jetzt weiß ich, dass es genau richtig war. Ich habe die drei schon lange nicht mehr gesehen. So viel ist in der letzten Zeit passiert.
Ich bin jetzt schon sechs Jahre alt. Für einen Spatz ist das ganz schön alt. Das heißt – ich fühle mich nicht alt, im Gegenteil. Ich bin fit wie immer. Aber viele Spatzen werden nicht alt: Katzen, Autos, Krankheiten ... Es gibt viele Gefahren für uns.

Zum Glück hat bei mir bisher immer alles geklappt. Bei Jakob übrigens auch. Er ist ja schon ein verrückter Kerl. Ich habe ihn in letzter Zeit nicht so oft gesehen, denn er ist die ganze Zeit gereist. Manchmal allein, manchmal mit einer Frau, aber immer mit einer anderen – ich habe den Überblick schon lange verloren.

Ich verstehe ihn auch nicht ganz. Als ich mich vor drei Jahren in Else verliebt habe, war mir sofort klar, dass wir immer zusammen bleiben wollen. Unsere Kinder sind ja jetzt schon groß und bei Spatzen ist es nicht wie bei den Menschen – wir müssen nicht immer alles gemeinsam machen. Aber trotzdem bin ich oft mit Else zusammen.

Jedenfalls sitze ich also jetzt wieder einmal auf dem Balkon bei Ines, Jochen und Beate – und ich merke sofort, dass etwas nicht stimmt. Es ist ein warmer Sommertag und eine Tasse Tee steht auf dem Tisch. Außerdem ist das Fenster zu. Also ist jemand zu Hause, kocht sich Tee und macht das Fenster nicht auf. Warum?

Ich hüpfe den ganzen Balkon entlang, damit ich in die Küche und ins Wohnzimmer sehen kann. Und da: Auf dem Sofa im Wohnzimmer liegt Ines. Sie sieht sehr schlecht aus. In dem Moment läutet es. Sie steht auf – langsam und vorsichtig – und geht zur Tür. Ein großer Mann mit dunklen Haaren und ganz weißer Kleidung steht draußen. Er sagt:

„Hallo, Sie müssen Frau Knauer sein, so weiß, wie Sie aussehen! Hahaha! Sie haben mich angerufen? Ich bin Doktor Mathiesen."

Ines antwortet leise – ich kann nicht hören, was sie sagt. Dann gehen beide zurück zum Sofa.

„So, was fehlt Ihnen denn? Die Gesundheit, oder? Hahaha!", ruft der Mann.

bisher	so far, up to now
klappen, es klappt, es hat geklappt	to work (out), to go smoothly
der Kerl, Kerle	guy, fellow
reisen, du reist, du bist gereist	to travel
der Überblick	overview
du hast verloren (*Perfekt of* verlieren)	you have lost
Else	*female first name*

sich verlieben, du verliebst dich, du hast dich verliebt	to fall in love
zusammen	together
gemeinsam	mutual, *here*: together
stimmen, es stimmt, es hat gestimmt	to be right, to be correct
der Sommer	summer
der Sommertag, Sommertage	summer's day

außerdem	additionally, furthermore
kochen, du kochst, du hast gekocht	to cook, to make food
das Sofa, Sofas	couch, sofa
schlecht	bad
langsam	slow/slowly
vorsichtig	careful/carefully
dunkel, *plural*: dunkle	dark
Knauer	*surname*
aussehen, du siehst aus, du hast ausgesehen	to look (like), to appear
du hast angerufen (*Perfekt of* anrufen)	you have called *(on the phone)*
der Doktor, Doktoren	doctor; MD / PhD
Mathiesen	*surname*
leise	quiet(ly)
fehlen, du fehlst	to lack; to be missing
Was fehlt Ihnen denn?	What's up/ wrong with you?
die Gesundheit (*singular*)	health
der Koffer, Koffer	suitcase
herausholen, du holst heraus, du hast herausgeholt	to take out
das Instrument, Instrumente	instrument, tool; *here*: medical equipment
ausatmen, du atmest aus, du hast ausgeatmet	to exhale, to breathe out
legen, du legst, du hast gelegt	to put (down), to lay

Er muss Arzt sein. Er öffnet einen Koffer und holt ein paar Instrumente heraus.

„Machen Sie bitte den Mund auf ... ja ... gut ... und jetzt sagen Sie 'Aaaahh' ... ja ... und jetzt bitte einatmen ... und ausatmen ..."

Nach ein paar Minuten legt er seine Instrumente weg und fragt Ines:

„Wie lange haben Sie denn schon Fieber?"

„Seit gestern früh. Und immer fast 40 Grad!"

„Und sonst?"

„Naja, ich fühle mich krank ... Halsschmerzen, Husten, Schnupfen ... der Kopf tut mir weh, die Beine ..."

„Also, Frau Knauer, das ist ja alles ganz klar. Eine kleine Sommergrippe, nicht wahr? Ich stelle Ihnen ein Rezept aus, Tabletten gegen die Schmerzen – aber sonst können wir nicht viel machen. Abwarten und Tee trinken! Sie wissen ja, eine Grippe dauert ohne Arzt zwei Wochen und mit Arzt vierzehn Tage. Hahaha!"

das Fieber, Fieber	fever
früh	early
gestern früh	yesterday morning
40 Grad, Grade	40 degrees
krank	sick, ill
der Halsschmerz, Halsschmerzen	sore throat
der Husten	cough
der Schnupfen *(singular)*	(common) cold, runny nose
der Kopf, Köpfe	head
wehtun, es tut weh, es hat weh-getan (+ *Dativ*)	to ache, to hurt
das Bein, Beine	leg
die Sommergrip-pe, -grippen	summer flu
wahr	true, real
nicht wahr?	right? / isn't it?
das Rezept, Rezepte	recipe; *here:* prescription
ausstellen, du stellst aus, du hast ausgestellt	to exhibit, *here*: to issue, to write
ein Rezept aus-stellen	to write a pre-scription
die Tablette, Tabletten	tablet, pill
gegen	against
abwarten, du wartest ab	to wait for
Abwarten und Tee trinken.	Wait and see.
die Grippe, Grippen	flu
dauern, es dauert	to last
ohne	without

So ein Kindskopf. Hoffentlich wird er noch erwachsen! Ich bin froh, dass er Ines jetzt allein lässt. Sie muss ja ganz verrückt werden von seinem „hahaha". Aber kaum ist er fünf Minuten weg, geht die Tür schon wieder auf. Jochen steht im Wohnzimmer! Ines sagt sofort:

„Jochen, gut, dass du gekommen bist. Du musst zur Apotheke gehen. Beate ist noch nicht da, sie ist zu ihrer Theaterprobe gegangen. Hier, ich habe von dem Arzt ein Rezept bekommen."

Aber Jochen hat Ines gar nicht gehört. Er ruft:

„Ich bin Hotelier!"

„Was? Was ist los?", sagt Ines.

„Ich habe eine Pension in Warnemünde!"

„Wo? Was? Du willst nach Warnemünde fahren, wenn du in Pension bist?"

„Nein, ich habe eine Pension in Warnemünde!"

„Meine Güte, Jochen, ich habe Fieber ... ich verstehe nicht ... was erzählst du von einer Pension in Warnemünde? Du musst doch in die Apotheke ..."

„Also, meine Eltern. Du erinnerst dich doch noch an meine Eltern, oder?"

„Natürlich. Deine Eltern haben eine Pension in Warnemünde gehabt. Aber die Kommunisten haben ihnen doch die Pension weggenommen, damals, 1953 oder wann das war."

„Genau. Und jetzt bekomme ich sie!"

„Wie, du bekommst sie? Um Gottes Willen, hast du sie gekauft? Wir haben doch nicht genug Geld ... Beate studiert bald ..."

„Nein, Ines. Ich habe sie nicht gekauft. Ich brauche sie gar nicht kaufen! Ich habe sie gratis bekommen!"

„Gratis? Wieso denn das?"

„Weil alle Leute jetzt das wiederbekommen, was die Kommunisten ihnen weggenommen haben. So einfach ist das!"

„Ach. Und was willst du jetzt machen?"

„Was ich machen will? Nach Warnemünde fahren natürlich!"

der Kindskopf, Kindsköpfe	silly, childish person	du bist gekommen (*Perfekt of* kommen)	you have come
hoffentlich	hopefully	die Apotheke, Apotheken	pharmacy, drugstore
erwachsen	grown up		
Hoffentlich wird er noch erwachsen.	I hope he grows up!	du bist gegangen (*Perfekt if* gehen)	you have gone
froh	happy, glad	du hast gehört (*Perfekt of* hören)	you have heard
lassen, du lässt, du hast gelassen	to let, to leave		
kaum	barely		

der Hotelier, Hoteliers	hotel owner
die Pension, Pensionen	guest house, *also*: pension
Warnemünde	*coastal resort in northern Germany*
in Pension sein	to be retired
die Güte	quality, goodness
meine Güte!	oh my Goodness!
erzählen, du erzählst, du hast erzählt	to tell
sich erinnern, du erinnerst dich, du hast dich erinnert (an + *Akk.*)	to remember
du hast gehabt (*Perfekt of* haben)	you have had
der Kommunist, Kommunisten	communist
wegnehmen, du nimmst weg, du hast weggenommen	to take away
damals	back then
Um Gottes Willen	For God's sake!
du hast gekauft (*Perfekt of* kaufen)	you have bought
gratis	(for) free
wieso	why
wiederbekommen, du bekommst wieder, du hast wiederbekommen	to get back, to recover

Present perfect

This is the first chapter where present perfect (*Perfekt*) is used regularly. If you have not learned it, now is the time. Go back to chapter 6. You will find all *Perfekt* forms for verbs in chapters 1-6 on page 62 and for chapters 7-12 here:

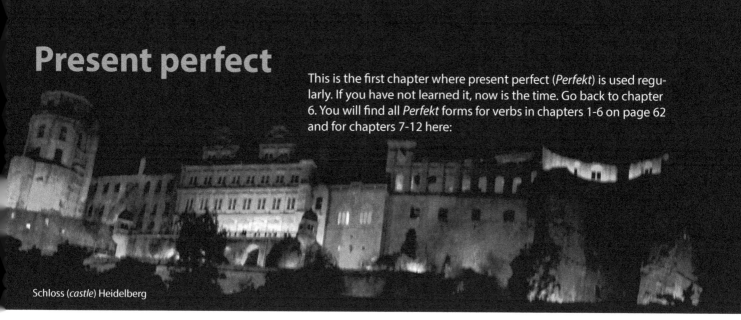

Schloss (*castle*) Heidelberg

anziehen	du hast angezogen	**losgehen**	du bist losgegangen
atmen	du hast geatmet	**mögen**	du hast gemocht
aufpassen	du hast aufgepasst	**motivieren**	du hast motiviert
aufschneiden	du hast aufgeschnitten	**passieren**	es ist passiert
bestellen	du hast bestellt	**putzen**	du hast geputzt
besuchen	du hast besucht	**sagen**	du hast gesagt
bleiben	du bist geblieben	**schauen**	du hast geschaut
bringen	du hast gebracht	**schieben**	du hast geschoben
duschen	du hast geduscht	**schließen**	du hast geschlossen
einatmen	du hast eingeatmet	**schmecken**	du hast geschmeckt
erklären	du hast erklärt	**schneiden**	du hast geschnitten
erschrecken	du bist erschrocken; du hast dich/mich erschreckt	**sehen**	du hast gesehen
flüstern	du hast geflüstert	**seufzen**	du hast geseufzt
folgen	du bist mir gefolgt	**spielen**	du hast gespielt
geben	du hast gegeben	**starten**	du hast gestartet
gewöhnen	du hast dich gewöhnt	**stehen**	du hast gestanden
hängen	du hast gehängt	**stellen**	du hast gestellt
heimfahren	du bist heimgefahren	**suchen**	du hast gesucht
herunterfallen	du bist heruntergefallen	**treffen**	du hast getroffen
hüpfen	du bist gehüpft	**überlegen**	du hast überlegt
kennen	du hast gekannt	**verlieren**	du hast verloren
klauen	du hast geklaut	**vorstellen**	du hast vorgestellt
lachen	du hast gelacht	**wechseln**	du hast gewechselt
laufen	du bist gelaufen	**zeigen**	du hast gezeigt
läuten	du hast geläutet	**ziehen**	du hast gezogen
lernen	du hast gelernt	**zugeben**	du hast zugegeben

Heute – morgen – heute Morgen

Morgen is a useful, but confusing word.

1   der Morgen

This refers to the time of the day from around 5am to around 9am. For the time between 9am and 12pm, say **der Vormittag**: In German we don't have just an afternoon – we also have a "beforenoon".
We can say for example:

Der Morgen war schön.	The morning was beautiful.
Am Morgen frühstücke ich.	In the morning I have breakfast.
früh am Morgen	early in the morning

2   morgens

... means the same as **am Morgen (*in the morning*)**.
> früh am Morgen = früh morgens
> Am Morgen frühstücke ich. = Morgens frühstücke ich.

Following the same pattern you can say **nachts** (= **in der Nacht**), **abends** (= **am Abend**), **nachmittags** (**am Nachmittag**), **vormittags** (= **am Vormittag**), **mittags** (= **am Mittag**).

3   morgen

... means **tomorrow**.
> Morgen fahre ich nach Berlin.
> = Tomorrow I'll go to Berlin.

Things get a little complicated when we want to say that something happened *this morning* or *yesterday morning* or will happen *tomorrow morning*. *This morning* is still easy:
> heute Morgen

We combine **heute** (*today*) and **Morgen** (*morning*). Easy, right? But maybe you can spot the problem now. When I want to say *tomorrow morning* in the same way, I'd have to say **morgen Morgen**. Since that sounds absolutely stupid, nobody does it. Instead, say: **morgen früh** *("tomorrow early")*. We do the same for *yesterday morning*: **gestern früh**. In the South of Germany and in Austria, we even avoid the confusing **heute Morgen** and say **heute früh**, too.

vorgestern:	gestern:	heute:	morgen:
Donnerstag	Freitag	Samstag	Sonntag

Morgens esse ich immer Müsli.

Aber heute Morgen habe ich keine Zeit: Ich trinke nur eine Tasse Kaffee.

Morgen ist Sonntag, da esse ich Kuchen.

Ein – irgendein

By adding **irgend-** to the indefinite article (**ein/eine**), you can say *any* or *some*:

ein Haus	a house
irgendein Haus	any house

Irgend- also works with question words. Then it means that we don't really know where / when / who / how …

irgendwo	anywhere
irgendwohin	anywhere (*direction*)
irgendwoher	from anywhere
irgendwann	anytime
irgendwer	anybody
irgendwie	somehow

For example:

Wo ist das Brot? – Es ist irgendwo in der Küche.
Wann kommt Jochen? – Irgendwann am Dienstag.
Ist irgendwer zu Hause?
Jochen kennt Angelika irgendwoher.
Wohin willst du fahren? – Irgendwohin.

Der Körper
The body

Cover the English translations and try to label my body parts correctly.

der Kopf, Köpfe	head
das Knie, Knie	knee
das Ohr, Ohren	ear
der Hals, Hälse	neck, throat
der Arm, Arme	arm
die Brust, Brüste	chest/breast
die Nase, Nasen	nose
der Mund, Münder	mouth
die Hand, Hände	hand
der Bauch, Bäuche	belly
der Magen, Mägen	stomach
der Fuß, Füße	foot
das Auge, Augen	eye
das Bein, Beine	leg
der Rücken, Rücken	back

Beim Arzt
At the doctor's

Before you look at the English translations, try to figure out what the doctor would say and what the patient would say.

Ich habe hier Schmerzen	It hurts here.
Ich habe Bauchschmerzen.	I have a pain in my stomach.
Ich habe Durchfall.	I have diarrhea.
Können Sie bitte Ihr Hemd ausziehen?	Could you take off your shirt, please?
Atmen Sie ein. / Atmen Sie aus.	Breathe in. / Breathe out.
Ich muss brechen.	I have to throw up.
Sie müssen Tabletten nehmen.	You have to take pills.
Bekomme ich das in der Apotheke ohne Rezept?	Can I buy that at the pharmacy without a prescription?
Sie haben Fieber.	You have a high temperature.
Sie müssen im Bett bleiben.	You have to stay in bed.
Müssen Sie oft husten?	Do you cough frequently?

1. Beantworte die Fragen.

Warum ist Jens heute zu Ines, Jochen und Beate geflogen?
Wie alt ist Jens jetzt?
Warum werden viele Spatzen nicht alt?
Warum hat Jens Jakob in letzter Zeit nicht so oft gesehen?
Wer ist Else?
Warum denkt Jens, dass etwas nicht stimmt?
Was ist mit Ines los?
Was soll sie machen?
Was erzählt Jochen?
Was ist 1953 mit der Pension von Jochens Eltern passiert?
Warum bekommt Jochen die Pension gratis?

2. Gegenteile – opposites. For each of the following words, think of an opposite which you have already learned. Then, use both the word and the opposite in a sentence.

Beispiel: leben – sterben → Gesunde Menschen leben lange und sterben oft später.

leben   kommen
lang   schließen
mit   sofort
nie   jeder/jede/jedes

3. Short words, often used ... Use each of these words in two different sentences. Only use words you already know (don't find new words in a dictionary).

ganz   nicht   etwas
sehr   nur   wenig
vielleicht   auch   hier
sonst   überhaupt   bald

4. Question words! You have not understood the underlined parts of the sentences. Ask for them and write down your question.

<u>Angelika</u> redet jetzt mit der anderen Frau.
<u>Sie und Angelika</u> kennen sich schon lange.
Es war ein sehr langer Tag und ich will wirklich <u>nach Hause</u> fliegen.
<u>Als Beate von der Theaterprobe nach Hause gekommen ist</u>, ist sie sofort auf den Balkon gegangen.
In dem Moment <u>landen</u> zwei Spatzen auf dem Tisch vor Ines und Beate.

5. Quick question: Do you remember all the forms of *werden*? Say them aloud twice.

6. Which modal verb fits best?

Robert _____ nicht Arzt werden, denn er _____ nicht sehen, wie Menschen sterben. Auch Lehrer _____ er nicht werden, denn dafür _____ er viel schreiben und
laut rufen, wenn die Kinder nicht hören _____. Das _____ er gar nicht.
Roberts Vater _____ ihm erklären, als was man noch arbeiten _____. Dann _____
Robert ihn alles fragen und er _____ ihm alles erklären.

7. Let all the numbers be twice as much.

Beispiel: Alex – sehen – zwei Spatzen. → Alex sieht vier Spatzen.
a) Die U-Bahn – fahren – in einer Minute.
b) Die Sommergrippe – dauern – eine Woche.
c) Ich – verstehen – 55 Wörter Deutsch.
d) Wir – liegen – sechs Stunden – im Bett
e) Der Arzt – aufschreiben – Lena – ein Rezept
f) Ich – erschrecken – meine Freundin – noch einmal morgen
g) Sie – sitzen – seit zwölf Minuten – im Café
h) Ihr – bekommen – jeden Tag – um fünf Uhr – Angst
i) Wer – zahlen – die drei Espresso und zwei Käsekuchen?
j) Können – du – für meine dreizehn Kollegen etwas kochen?

**8. Replace the underlined time expressions with *morgen / morgens / Morgen /
früh / vormittags / mittags / nachmittags / abends / nachts.***

*Beispiel: Am Donnerstag um 7.20 hat das Telefon geläutet. → Am Donnerstagmorgen
hat das Telefon geläutet.*
Heute ist Freitag – am Samstag besuche ich meine Eltern.
Vor dem Frühstück dusche ich.
Um 15.00 Uhr trinke ich Kaffee.
Heute habe ich keine Zeit, aber in 24 Stunden können wir uns treffen.
Wenn ich aufstehe, ist meine Frau schon in der Arbeit.
Um 19.30 Uhr kommt Peter zu Besuch.
Heute um 7.00 Uhr bin ich in die Stadt gefahren.
Gestern um 8.00 Uhr war ich in der Schule.
Heute ist Samstag: Da arbeite ich bis 19.00 Uhr. Aber ich kann am Sonntag bis
11.00 Uhr schlafen, weil ich da nicht arbeite.
Um 12.00 Uhr esse ich immer einen Salat.

Austrian Alps

die Neuigkeit, Neuigkeiten	news
größer	bigger
die Zeit, Zeiten	time
seit längerer Zeit	for some time
klein	small
kleiner	smaller
Veronika	*female first name*
das Brötchen, Brötchen	roll
das Fischbröt-chen, Fischbröt-chen	fish sandwich
das Eis	ice, *here*: ice cream
sodass	so that
das Meer, Meere	sea
baden, du badest, du hast gebadet	to bathe, take a bath, *here*: to swim
gefallen, du gefällst, du hast gefallen	to appeal; to like, be pleasing
hinfliegen, du fliegst hin, du bist hingeflogen	to fly to sth.
der Kilometer, Kilometer	kilometer
halt	just
ein paar	a few
Das dauert halt ein paar Tage.	It just takes a few days.
der Mensch, Menschen	human being, person

„Jakob! Gut, dass ich dich treffe. Es gibt Neuigkeiten!"

Wir sitzen wieder unter den Linden, wie seit so vielen Jahren. Egal, was passiert ist – wir sind älter geworden, die Linden noch größer, aber nach wie vor treffen wir uns hier. Heute war ich zum ersten Mal seit längerer Zeit bei den Knauers, und ich will Jakob natürlich alles erzählen.

Jakob hört mir lange zu, ohne etwas zu sagen. Erst als ich über Warnemünde spreche, sagt er:

„Warnemünde! Es ist schön dort. Warnemünde ist kleiner als Berlin. Ich war mit Veronika dort, im Sommer vor ein paar Jahren. Die Leute sitzen draußen, essen Fischbrötchen und Eis, sodass immer genug für uns Spatzen bleibt. Außerdem kannst du sogar im Meer baden, wenn du keine Angst hast. Also, mir gefällt Warnemünde. Flieg doch hin, jetzt wo Jochen dort ein Haus hat!"

„Hinfliegen? Bist du verrückt? Das sind ja mehr als 200 Kilometer!"

„Ja und? Das dauert halt ein paar Tage. Du hast doch Zeit. Du bist ja kein Mensch: Du musst nicht zur Arbeit oder in die Schule – oder was die Menschen sonst so den ganzen Tag machen."

„Das schon, aber so weit fliegen ... und ich weiß gar nicht, wo die Pension von Jochen ist."

„Was will er eigentlich mit der Pension machen? Er ist doch schon zu alt, um sie selber zu führen."

„Ich weiß nicht. Ines hat zuerst Angst gehabt, dass er für die Pension viel Geld bezahlt hat. Aber er hat sie ja gar nicht gekauft."

„Jaja, die Menschen immer mit ihrem Geld. Angelika spricht mit Waltraud auch dauernd über Geld: dass alles teurer wird, dass Sabrina mehr Geld braucht ... Wer ist eigentlich Sabrina?"

„Angelikas Tochter."

„Ach ja, die Tochter von Angelika und Jochen?"

„Na, ich weiß immer noch nicht, wer der Vater von Sabrina ist ... Jochen kann es ja eigentlich nicht sein, wegen der Mauer."

„Stimmt. Aber egal, jedenfalls brauchen die Menschen dauernd mehr Geld, als sie haben ... Immer wollen sie etwas kaufen: Kleider, Möbel, Autos ..."

„Autos ... Autos! Jakob, jetzt weiß ich, wie ich nach Warnemünde komme. Ich werde nicht fliegen – ich habe eine bessere Idee!"

Obwohl es erst sieben Uhr morgens ist, ist es in der Küche schon sehr warm: Die Sonne scheint direkt durch die Fenster. Jochen sitzt am Tisch und bereitet sich Proviant für die Reise nach Warnemünde vor: zwei Scheiben Brot mit viel Butter, Schinken und Käse, eine Dose Bier und eine Tafel Schokolade. Ines kommt herein.

„Das willst du heute essen? Nur Fett und Kalorien?"

„Nein, Ines. Ich fahre zum Supermarkt, um Salat zu kaufen."

„Na gut. Das ist wenigstens ein bisschen gesünder als deine Brote und die Schokolade."

„Jetzt muss ich los. Was ist mit dir, fährst du wirklich nicht mit?"

„Nein, ich bin noch viel zu schwach, um nach Warnemünde zu fahren. Außerdem will ich Beate nach ihrer Theaterprobe treffen. Einen schönen Tag dir! Und ruf an, wenn du in Warnemünde bist."

„Danke, dir auch."

Jochen geht die drei Treppen hinunter auf die Straße. Er biegt nach links ab zu einem kleinen Parkplatz, wo ein roter Opel parkt. Auf dem Opel sitzt ein Spatz. Jochen wundert sich, warum der Spatz nicht wegfliegt, als er das Auto aufsperrt.

Er legt den Rucksack mit den Broten und der Schokolade ins Auto und holt eine Landkarte heraus. Dann geht er um das Auto herum und steigt ein. Noch einmal sieht er auf das Dach des Autos: Der Spatz ist nicht mehr da.

Jetzt ist er doch weggeflogen, denkt Jochen. Er fährt los.

selber	oneself *(spoken German)*
führen, du führst, du hast geführt	to lead/guide, *here*: to administrate
bezahlen, du bezahlst, du hast bezahlt	to pay
dauernd	continually
teuer	expensive
teurer	more expensive
wegen	because of, due to, concerning
das Möbel, Möbel	furniture *(usually used in plural)*
die Idee, Ideen	idea
die Sonne, Sonnen	sun
scheinen, du scheinst, du hast geschienen	*here*: to shine, *also*: to seem, appear
direkt	straight, directly
vorbereiten, du bereitest vor, du hast vorbereitet	to prepare
der Proviant, Proviant	provisions
die Reise, Reisen	journey, trip
die Dose	can
die Tafel, Tafeln	(black)board
die Schokolade, Schokoladen	chocolate
die Tafel Schokolade	bar of chocolate
herein	in, into
hereinkommen, du kommst herein, du bist hereingekommen	to enter, come in
das Fett, Fette	fat

Nach fünfhundert Metern bleibt er am Supermarkt stehen. Er geht hinein und kauft ein: etwas Salat (wegen Ines), Erdnüsse, eine Zeitschrift, eine Zahnbürste, Seife. Soll er noch etwas Sonnencreme kaufen? Ja, vielleicht geht er in Warnemünde an den Strand.

An der Kasse muss er nicht warten – er zahlt, bekommt eine Tüte und packt seine Sachen ein. Dann geht er wieder zum Auto. Als er die Tüte mit den Einkäufen ins Auto legen will, erschrickt er: Unter dem Sitz hört er ein komisches Geräusch! Jochen ist ganz still und wartet. Aber er hört das Geräusch nicht noch einmal. Also legt er die Tüte hinein, setzt sich ins Auto und fährt los.

die Kalorie, Kalorien	calorie			**die Zeitschrift, Zeitschriften**	magazine, journal
der Supermarkt, Supermärkte	supermarket	**aufsperren, du sperrst auf, du hast aufgesperrt**	to unlock	**die Zahnbürste, Zahnbürsten**	toothbrush
wenigstens	at least	**der Rucksack, Rucksäcke**	backpack	**die Seife, Seifen**	soap
gesund	healthy	**die Landkarte, Landkarten**	map	**die Sonnencreme, Sonnencremes**	sunscreen
gesünder	healthier				
Was ist mit dir?	What about you?	**um etwas herumgehen, du gehst um etwas herum, du bist um etwas herumgegangen**	to walk around sth.	**der Strand, Strände**	beach
schwach	weak			**die Kasse, Kassen**	cash point, checkout
Einen schönen Tag dir!	Have a nice day!				
die Treppe, Treppen	stairs	**einsteigen, du steigst ein, du bist eingestiegen**	to get on sth., enter	**einpacken, du packst ein, du hast eingepackt**	to pack
hinunter	down				
der Opel, Opel	*German car brand*	**das Dach, Dächer**	roof	**die Sache, Sachen**	thing
parken, du parkst, du hast geparkt	to park	**hinein**	in, into	**der Einkauf, Einkäufe**	purchase, shopping
sich wundern, du wunderst dich, du hast dich gewundert	to marvel, wonder	**hineingehen, du gehst hinein, du bist hineingegangen**	to enter, to walk into	**der Sitz, Sitze**	seat
				das Geräusch, Geräusche	noise
				still	quiet
wegfliegen, du fliegst weg, du bist weggeflogen	to fly away	**die Erdnuss, Erdnüsse**	peanut	**sich setzen, du setzt dich, du hast dich gesetzt**	to take a seat

Between two verbs

I told you earlier that German sentences are pretty flexible, which means you can basically put anything anywhere – with a few exceptions:

1. The verb is always, always (*always*!) at the second place, or at the last place. (Forgot about that one? Check chapters 3 and 7.)
2. The subject is at place no. 1 or, when place no. 1 is occupied, at place no. 3.

Basically all the other stuff can take empty spaces inbetween, with a few rules you might remember:

- *Dativ* objects are placed before *Akkusativ* objects. However, if the *Akkusativ* object is a pronoun, it will come first.
  So: Ich kaufe   ein Eis.
  But: Ich kaufe es   .
- *Adverbials*: bits of information about circumstances (for example information about time, place, reason ... but also simple words that give the sentences another "color", like **nicht**, **gerne**), take the places that are left.

Let's check out a few sentence to see how this works in the real world:

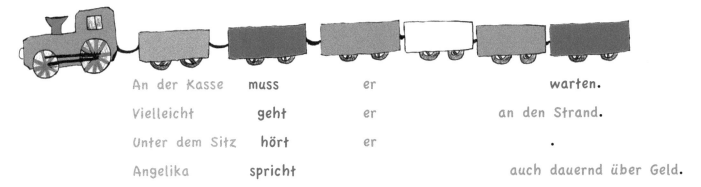

An der Kasse	muss	er		warten.
Vielleicht	geht	er		an den Strand.
Unter dem Sitz	hört	er		.
Angelika	spricht			auch dauernd über Geld.

A short note about style

Writing good German is not just about writing grammatically correct. You might have noticed that it can be pretty difficult to understand a sentence when there is a lot of information between two verbs (or between the verb and its separable prefix). German language style teachers recommend not to have more than about six words between two verbs. Otherwise, either try to make two sentence,s or try to put a long piece of information at the beginning so that there are fewer words between the verbs. I know, a lot of Germans are unfortunately ignoring this rule, but you should not!

Example: Ich will heute um 19.00 Uhr mit Veronika im Meer baden.
Better: Heute um 19.00 Uhr will ich mit Veronika im Meer baden.

Harder, better, faster, stronger

Comparing things is quite easy in German.

All we do is add an **-er** to the adjective. This form is called *comparative*.

> klein → kleiner
> Warnemünde ist kleiner als Berlin.

The *superlative* (the form stating some sort of record, e.g. **biggest**, **smallest**) is almost as easy as the *comparative*. We use the word **am** and the ending **-sten**.

> Warnemünde ist am kleinsten.
> Warnemünde is smallest.

Notice the word **am** – we don't have that in English. When the superlative stands alone (without the word it is describing), then we have to use the word **am** before the superlative form. However we can also use the superlative together with the word it is describing. Then we do not use **am**:

> Warnemünde ist der kleinste Stadtteil von Rostock.

Comparative and superlative forms are declined exactly in the same way as "normal" adjectives, according to the *Rese / Nese / Mormon* system.

> ein kleinerer Mann – eine kleinere Stadt – ein kleineres Kind
> der kleinste Mann – die kleinste Stadt – das kleinste Kind

Declining superlative forms is usually easy – we almost always use them in the definite form. Why? Well, there may be many **fast runners**, but only one of them is **the fastest**. Precisely because he is holding the record, he is not *any* runner, but a well-known one, so we use the *definite form*.

So far for the main rules. A few exceptions / additional rules you have to know:

1 Short adjectives that have an **a**, **o**, or **u** in them change this vowel to **ä**, **ö**, or **ü**:

> lang → länger
> seit längerer Zeit

2 Dropping or adding an **e**

A lot of adjectives have an ending **e**-*consonant* (e.g. **teuer**: **e-r**). Since we add another **-er** with the comparative ending, we would get a lot of **e**, and we try to avoid this. Therefore we drop one **e**:

> teurer
> Alles wird teurer.

In contrast to that, when putting adjectives ending in **-d**, **-t**, and some other consonants into superlative, we would get beautiful tongue twisters. Therefore we add one **e** to the superlative ending, getting an **-esten** ending:

kalt → am kältesten

3

Unfortunately there are some irregural adjectives, too. You will have to learn them by heart. Sorry about that! Up to now the only one you know is **gut**:

gut → besser → am besten

Notice that there is one thing that does *not* work when comparing, and that is a combination of **mehr** + *adjective*, the way we can say **more** + *adjectiv* in English.

This story is more interesting.
Diese Geschichte ist interessanter.

als and so ... wie

When there is a difference, use *comparative* and **als**:

Warnemünde ist kleiner als **Berlin.**

When there is no difference, then we use **so** and **wie**:

Jens ist so **klein** wie **Jakob.**

um + / ohne +

Um ... zu has about the same meaning as ***in order to*** in English:

Ich fahre zum Supermarkt, um Salat zu kaufen.
I will drive to the supermarket in order to buy salad.

Obviously this works only if both persons are the same. Imagine Jochen and Ines driving together, and Jochen wants to say that *he* will drive to the supermarket so that *Ines* can buy salad – then we cannot use **um ... zu**. Instead we use **damit** or **sodass** and a subordinate clause – just like in English:

Ich fahre zum Supermarkt, damit du Salat kaufen kannst.
Ich fahre zum Supermarkt, sodass du Salat kaufen kannst.
I will drive to the supermarket so that you can buy salad.

The difference in meaning between **damit** and **sodass** is tiny. **Damit** means that Jochen is driving to the supermarket *for the very purpose* of enabling Ines to buy salad. However, **sodass** means that since he will be driving anyway, she can buy salad there as a logical consequence.

We can use a similar construction, **ohne ... zu**, for saying ***without doing something***. Notice that here we use the *gerund* (***doing, eating, sleeping*** ...) in English, but the *infinitive* in German:

Jakob hört mir lange zu, ohne etwas zu sagen.
Jakob listens to me for a long time without saying something.

For the grammar nerds: the construction after **um** or **ohne** is not a complete sentence since it does not have a subject. We call this *erweiterter Infinitiv* (*expanded infinitive*).

Mindestens / wenigstens

They both are translated with **at least**, but the meaning is different. When you say **mindestens** you want to specify a certain number that is the absolute minimum of something. Basically you could translate **mindestens** with **... or more**:

> Er ist mindestens 50 Jahre alt.
> He is 50 years old (or more).

Wenigstens has the connotation that you are not really happy with the result, but **at least ...** for example:

> Das ist wenigstens gesünder als Schokolade.
> Jochen's food is not healthy, but at least the salad is a bit healthier than chocolate.

Remember: with **mindestens** you can add **oder mehr** (**or more**). You cannot do that with **wenigstens**.

Wenigstens **ist niemand verletzt.**
Aber das kostet mindestens **5000 €.**

Einkaufen (Shopping)

Which items can you purchase/which errands can you run at which shop? Match them with the right shop.
At what times are the shops open? How can you pay?

Write your own shopping list and repeat this exercise.

Beispiel: Brot kann man in der Bäckerei oder im Supermarkt kaufen. Die Bäckerei hat von Montag bis Freitag von 6 Uhr bs 17 Uhr und samstags bis 12 Uhr geöffnet. Man kann nur bar bezahlen.
Der Supermarkt ist von Montag bis Samstag von 7 Uhr bis 20 Uhr geöffnet. Man kann auch mit Kreditkarte bezahlen.

der Supermarkt, Supermärkte	supermarket
die Apotheke, Apotheken	drugstore, pharmacy
das Arzneimittel, Arzneimittel	drug/medicine
das Kaufhaus, Kaufhäuser	shopping center *(usually mostly for clothes)*
(die) Kosmetik *(only singular)*	cosmetics
der Kiosk, Kioske	kiosk, newsstand
die Zeitschrift / Zeitschriften	magazine/journal
das Geschäft, Geschäfte	shop
das Schuhgeschäft, Schuhgeschäfte	shoe store
der Schuh, Schuhe	shoe
die Tankstelle, Tankstellen	gas station
an der Tankstelle	at the gas station
(das) Benzin *(only singular)*	fuel
bar bezahlen / mit Kreditkarte bezahlen	to pay cash/with credit card
die Fahrkarte, Fahrkarten	ticket

Brot
Benzin
Zeitschriften
Schuhe
Zeitungen
Milch
Kosmetik
Arzneimittel
Essen
Kleidung
Kuchen
Fahrkarten
Käse

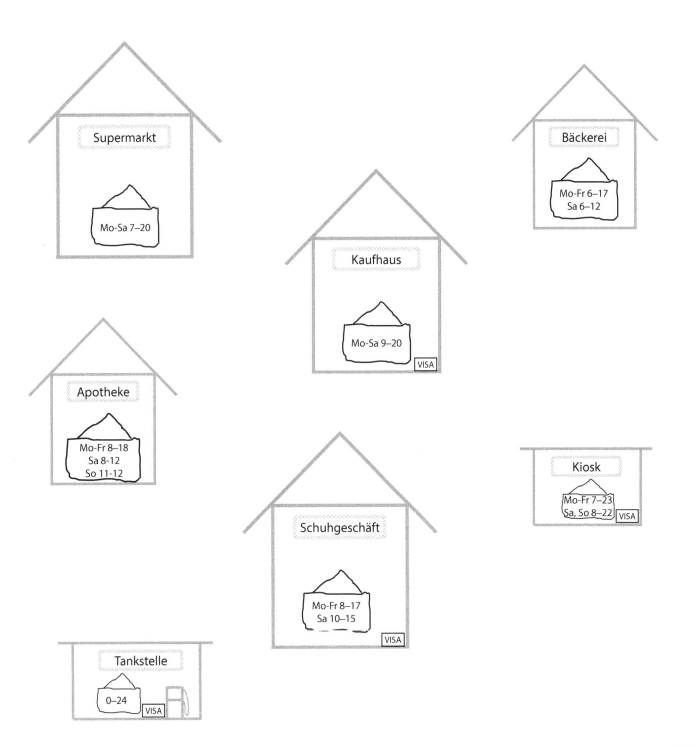

Supermarkt
Mo-Sa 7–20

Bäckerei
Mo-Fr 6–17
Sa 6–12

Kaufhaus
Mo-Sa 9–20
VISA

Apotheke
Mo-Fr 8–18
Sa 8-12
So 11-12

Kiosk
Mo-Fr 7–23
Sa, So 8–22
VISA

Schuhgeschäft
Mo-Fr 8–17
Sa 10–15
VISA

Tankstelle
0–24
VISA

1. Beantworte die Fragen.

Woher kennt Jakob Warnemünde?
Wie ist Warnemünde?
Warum will Jens nicht nach Warnemünde fliegen?
Warum brauchen die Menschen Geld?
Warum ist es in der Küche warm?
Was will Jochen essen?
Warum fährt Ines nicht nach Warnemünde?
Was kauft Jochen im Supermarkt?
Was passiert, als er wieder zum Auto geht?
Wie – denkst du – kommt Jens nach Warnemünde?

2. Wer ist wie groß?

Jochen – Beate – Jens – Ines – Andreas – Robert – Sophie – Klaus
Die größte Frau ist 1,79 m groß
Andreas ist drei Zentimeter größer als Sophie.
Am kleinsten ist ??? mit 15 cm.
Eine Frau ist 1,65 m groß, also 1 cm größer als Ines.
Klaus ist einen Zentimeter kleiner als die größe Frau.
Jochen und ein anderer Mann sind mit 1,78 m genau gleich groß.
Am größten ist Robert mit 1,89 m.
Sophie ist größer als Klaus.
Kleiner als Ines ist nur der Spatz.

der Meter, Meter	meter, *3.28 ft*
m	*abbreviation for meter*
der Zentimeter, Zentimeter	centimeter, *0.39 in*
cm	*abbreviation for centimeter*
gleich	equal(ly)

3. *Mindestens* oder *wenigstens*?

a) Andreas ist _____ 1,70 Meter groß.
b) Ines ist krank, aber sie hat _____ kein Fieber.
c) Es ist schon _____ 23.00 Uhr.
d) Warnemünde ist _____ 200 Kilometer von Berlin.
e) Die Apotheke ist _____ bis 18.00 Uhr offen.
f) Jochen hat nicht viel Zeit. _____ muss er an der Kasse nicht warten.

4. Wieviel kostet ... ?

Beispiel: 1 Apfel – 1,35 € → Wieviel kostet ein Apfel? – Ein Apfel kostet 1 Euro 35.
1 Brot – 2,75 €
1 Zeitung – 1,98 €
1 Käse – 3,20 €
1 Banane – 0,60 €
1 Paar Schuhe – 35,60 €
1 Zeitschrift – 9,80 €

5. Was ist teurer / billiger? (see exercise 4)

Beispiel: Brot / Banane → Ein Brot ist um 2,15 € teurer als eine Banane.

a) Zeitung / Zeitschrift
b) Paar Schuhe / Zeitschrift
c) Banane / Käse
d) Käse / Zeitung
e) Zeitschrift / Brot
f) Brot / Käse
g) Zeitung / Brot
h) Brot / Zeitschrift
i) Banane / Paar Schuhe
j) Zeitung / Banane

teuer	expensive
billig	cheap

6. The following sentences contain information about German / Austrian / Swiss cities, personalities etc. Check out these items on Wikipedia (the German version of course! Here is the link: https://de.wikipedia.org/). Then, put in the correct adjective in the correct form.

*Beispiel: groß / klein → München ist **kleiner** als Berlin.*

groß / klein: Berlin ist _____ als Hamburg.

schnell / langsam: ICE-Züge sind _____ als IC-Züge.

alt / jung: Angela Merkel ist _____ als Joachim Gauck.

groß / klein: Bayern ist _____ als Sachsen.

kalt / warm: Im November ist es in München _____ als in Hamburg.

ruhig / laut: Mecklenburg-Vorpommern ist _____ als Berlin.

eng / weit: Unter den Linden in Berlin ist _____ als die Friedrichstraße.

gefährlich / sicher: München ist _____ als Frankfurt.

lange / kurz: Die Donau ist _____ als der Rhein.

groß / klein: Der Flughafen Frankfurt ist _____ als der Flughafen Zürich.

alt / jung: Basel ist _____ als München.

7. Pick your personal favorites / records using superlatives:

Beispiel: Für mich ist ... (schön, Stadt Deutschlands) → Für mich ist Regensburg die schönste Stadt Deutschlands.

Mein (gut, Freund) heißt ...

Mein (lustig, Freund) heißt ...

Mein/e (alt, Bruder / Schwester) ist ... Jahre alt.

Das (schwierig, Problem) ist / war...

Mein (gemein, Lehrer) war ...

Meine (verrückt, Idee) ist ...

Mein (schön, Tag) war ...

Meine (weit, Reise) war nach ...

Mein (groß, Zimmer) ist ...

Mein (eng, Zimmer) ist ...

8. Make sentences with *um zu / ohne zu*.

Albert fährt nach Köln (studieren).
Jochen geht ins Café (Zeitung lesen).
Ich kann nicht arbeiten (frühstücken).
Ines fährt heim (Abendessen kochen).
Du wirst nicht Deutsch lernen (üben).

9. Make meaningful sentences. Remember the word order.

a) heute, mit Jochen über, ich, will, die Reise nach England, sprechen
b) am Samstag, muss, bei seiner Schwester, sein, Andreas
c) du, helfen, kannst, deiner Mutter, nicht, immer
d) ich, noch schnell, muss, duschen
e) verheiratet, meine Eltern, seit 1967, sind
f) ich, kann, zeigen, das Kino, dir
g) ich, kann, zeigen, es, dir
h) wir, bezahlen, können, nur, an der Kasse
i) warte, schon seit einer Stunde, ich, jetzt, auf dich

15

heiß	hot, warm
die Sauna, Saunas	sauna
zurückkommen, du kommst zurück, du bist zurückgekommen, ich kam zurück	to return, come back
legte (*Präteritum von* legen)	laid, put (down)
der Schreck, Schrecke	fright, shock
vor Schreck	with shock
piepsen, du piepst, du hast gepiepst	to cheep, pipe
verstand (*Präteritum von* verstehen)	understood
die Fahrt, Fahrten	journey, trip, drive
langweilig	boring
hörte (*Präteritum von* hören)	heard
der Motor, Motoren	motor, engine
sah (*Präteritum von* sehen)	saw
fühlte (*Präteritum von* fühlen)	felt
die Geschwindigkeit, Geschwindigkeiten	velocity, speed
wusste (*Präteritum von* wissen)	knew
fuhren (*Präteritum von* fahren)	drove
ankommen, du kommst an, du bist angekommen, ich kam an	to arrive

Es war ja keine schlechte Idee, in Jochens Auto nach Warnemünde zu fahren. Aber gefährlich war es auch: Ich war vielleicht zehn Minuten allein, als Jochen im Supermarkt war, aber das Auto wurde so heiß wie eine Sauna. Und als er zurückkam, legte er fast seine Einkäufe auf mich! Vor Schreck musste ich ganz automatisch piepsen, aber Jochen verstand zum Glück nicht, dass ich im Auto war.

Die Fahrt war langweilig, denn ich konnte nicht aus dem Fenster sehen. Ich hörte nur den Motor, sah Jochens Füße und fühlte die Geschwindigkeit ... doch ich wusste nicht, wie schnell wir fuhren.

Als wir ankamen, war ich total müde, aber ich musste vorsichtig sein: Ich musste unbedingt aus dem Auto kommen, sobald Jochen die Tür öffnete, denn im Auto wurde es sonst viel zu heiß. Zum Glück schaffte ich das auch: Jochen war noch nicht ganz aus dem Auto, da flog ich schon, so schnell ich konnte, durch die Tür und hoch auf einen Baum. Jochen war ziemlich überrascht, dass ein Spatz aus seinem Auto fliegt, aber das war mir egal.

Er ging dann vom Auto durch eine kleine Straße mit alten, schönen weißen Häusern, bis er vor einem langen grauen Haus stehen blieb: Das musste die Pension sein.

Ich setzte mich gegenüber auf das Dach der Touristinformation, um Jochen zu beobachten.

Jochen erinnert sich: Hier war er als Kind, bis 1953 seine Eltern die Pension verloren und er nach Berlin zog. Damals sah das Haus noch viel besser aus. Es hatte nicht diese graue Farbe, sondern war weiß mit blauen Rändern. Die Fenster waren sauber, es gab kleine Tische vor dem Haus ...

Jetzt ist alles grau. Eine Frau, etwa 40 Jahre alt, klein, etwas dick, mit einer blauen Schürze kommt aus dem Haus. Sie sieht Jochen kurz an, sagt leise „guten Tag" und will weitergehen, aber Jochen geht zu ihr und sagt: „Guten Tag, ich bin Jochen Knauer."

Da wird die Frau plötzlich aufmerksam. „Ach, Sie sind Herr Knauer! Schön, Sie kennen zu lernen. Weißgerber, ich bin die Verwalterin hier. Oder ich *war* die Verwalterin ... ich weiß ja nicht, wie es jetzt hier weitergeht, Herr Knauer, vielleicht wollen Sie die Pension ja verkaufen ..."

„Jetzt machen Sie sich keine Sorgen, Frau Weißgerber. Erst einmal sehen wir uns alles an, nicht wahr? Und dann überlegen wir uns in Ruhe, wie wir hier weitermachen."

Die beiden gehen ins Haus, Frau Weißgerber voran. Innen hat sich viel verändert: Die Möbel waren noch nicht da, als Jochen ein Kind war. Es riecht nicht besonders gut – nach Staub und Essen. Der Fußboden ist aus Holz, aber er ist ziemlich kaputt. Die Vorhänge sind grün-grau – man muss sie unbedingt waschen, oder besser gleich neue kaufen. Und am schlimmsten sind die Möbel: alt, aber nicht richtig alt, sondern nur kaputt und hässlich. Jochen öffnet einen Schrank, und sofort fällt die Tür heraus. Die Sofas sind unbequem, es ist unmöglich, einen sauberen Tisch zu finden, und die Stühle sehen auch nicht gut aus: Wahrscheinlich kann man auf ihnen nicht sicher sitzen.

sobald	when, as soon as
öffnete (*Präteritum von* öffnen)	opened
schaffen, du schaffst, du hast geschafft	to accomplish sth., manage sth.
flog (*Präteritum von* fliegen)	flew
hoch	high
der Baum, Bäume	tree
überrascht	surprised
ging (*Präteritum von* gehen)	went
das Haus, Häuser	house
blieb (*Präteritum von* bleiben)	stayed
setzte (*Präteritum von* setzen)	sat
die Touristeninformation, Touristeninformationen	tourist information
beobachten, du beobachtest, du hast beobachtet	to observe
zog (*Präteritum von* ziehen)	drew, *here:* moved
hatte (*Präteritum von* haben)	had
die Farbe, Farben	color
der Rand, Ränder	edge
sauber	clean
gab (*Präteritum von* geben)	gave
die Schürze, Schürzen	apron
kommen, du kommst, du bist gekommen, du kamst	to come
aufmerksam	attentive

„Wie viele Gäste kommen denn so, Frau Weißgerber?"
„Ach, seit der Wende nicht mehr so viele. Sie wissen, die neuen Hotels ... und die Leute können jetzt auch in den Westen fahren."
„Na, dann müssen wir mal sehen, dass die Leute aus dem Westen zu uns fahren! Hier an der Ostsee ist es doch viel schöner als an der Nordsee, wo das Meer immer genau dann weg ist, wenn man baden will ..."
„Ich weiß ja nicht, Herr Knauer, aber die Leute aus dem Westen wollen doch recht gute Zimmer ..."
„Dann müssen wir investieren! Wir brauchen neue Möbel, einen neuen Boden und schönere Dekoration. Das kann nicht so viel kosten."

History & Nature

- Why did Jochen's parents loose the guesthouse in 1953? Check out "Aktion Rose 1953" on the internet.
- Why does Jochen say about the North Sea: "Das Meer ist immer genau dann weg, wenn man baden will"?

der Herr, Herren	Mister				
Weißgerber	*surname*				
die Verwalterin, Verwalterinnen	custodian, administrastor (*female*)	**riechen, du riechst, du hast gerochen, ich roch**	to smell	**die Wende, Wenden**	turnaround, *here: revolution in East Germany in 1989*
der Verwalter, Verwalter	custodian, administrastor (*male*)	**der Staub**	dust	**das Hotel, Hotels**	hotel
		der Fußboden, Fußböden	floor	**der Westen**	the West, *here: former West Germany*
die Sorge, Sorgen	concern, worry	**das Holz, Hölzer**	wood		
erst elnmal	first (of all)	**kaputt**	broken		
die Ruhe	silence	**der Vorhang, Vorhänge**	curtain	**die Ostsee**	Baltic Sea
weitermachen, du machst weiter, du hast weitergemacht	to continue, proceed	**waschen, du wäschst, du hast gewaschen, ich wusch**	to wash, clean	**die Nordsee**	North Sea
				investieren, du investierst, du hast investiert	to invest
vorangehen, du gehst voran, du bist vorangegangen, ich ging	*here:* to go first	**neu**	new	**der Boden, Böden**	floor
		schlimm	bad	**die Dekoration, Dekorationen**	decoration
sich verändern, du veränderst dich, du hast dich verändert	to change	**hässlich**	ugly	**kosten, du kostest, du hast gekostet**	to cost
		unbequem	uncomfortable		
		der Gast, Gäste	guest		

„Oh, Herr Knauer, da bin ich nicht so sicher. Außerdem: Bitte vergessen Sie nicht, dass wir kaum Gewinn machen."

„So? Aber es kommen doch noch Gäste?"

„Ja, aber sie zahlen nicht so viel, und alles kostet immer mehr. Wir verdienen nicht so viel Geld."

„Ach naja, das wird jetzt alles ganz anders werden. Früher war das ja ein Volkseigener Betrieb, aber ich komme aus einer alten Hotelierfamilie, ich werde das schon schaffen!"

„Wenn Sie meinen, Herr Knauer ... Haben Sie denn Erfahrung in der Gastronomie?"

„Erfahrung? Nein. Ich bin Verwaltungsoberinspektor. Aber warum brauche ich Erfahrung? Das ist alles gar nicht so schwer: Die Zimmer schön einrichten, zu den Gästen nett sein, und dann läuft der Laden!"

Frau Weißgerber antwortet nicht.

vergessen, du vergisst, du hast vergessen, ich vergaß	to forget
der Gewinn, Gewinne	profit
verdienen, du verdienst, du hast verdient	to earn
volkseigen	publicly owned
der Betrieb, Betriebe	enterprise
der Volkseigene Betrieb	*state-owned enterprise in former East Germany*
die Hotelierfamilie, -familien	hotelier family
meinen, du meinst, du hast gemeint	to mean; to want to say
wenn Sie meinen	if you say so
die Erfahrung, Erfahrungen	experience
die Gastronomie	gastronomy, catering
der Verwaltungsoberinspektor, -inspektoren	chief inspector of administration
einrichten, du richtest ein, du hast eingerichtet	to furnish sth.
nett	nice, kind
der Laden, Läden	shop
der Laden läuft	business is going well

Modal verbs alone

In chapter 1, I told you that modal verbs don't stand alone. Look at what Jochen says:

> Jetzt muss ich los.

In spoken German, we can drop the second verb in a few situations when it is obvious what the second verb is, based on the context. Usually (but not always) the second verb (the one we drop) is **gehen** or **fahren**.

> Jetzt muss ich los(fahren).
> Willst du ins Kino (gehen)?
> Ich soll einkaufen (gehen).
> Ines kann nicht nach Warnemünde (fahren).

Some examples in which the second verb is not **gehen** or **fahren**:

> Beate kann ein bisschen Englisch (sprechen).
> Ich will einen Hund (haben).

But and *but*

We have two words for ***but***: **aber** and **sondern**. This is how to choose the right one:

Sondern corrects something you have said previously:

>Wir nehmen nicht nur Streusel und Kirschen, sondern alles, was wir bekommen.

wrong: ~~nur Streusel und Kirschen~~
correct: alles, was wir bekommen √

>Der Kaffee kostet nicht zwei Euro, sondern drei Euro.

wrong: ~~zwei Euro~~
correct: drei Euro √

>Ich habe keinen Bruder, sondern eine Schwester.

wrong: ~~ein Bruder~~
correct: eine Schwester √

We use **aber** when we are not correcting, i.e. when the previous statement is still correct:

>Jens schläft noch. Aber er ist nicht verletzt.

correct: nicht verletzt √
correct: schläft noch √

>Ich will frühstücken. Aber ich will zuerst Jens sehen.

correct: will zuerst Jens sehen √
correct: will frühstücken √

Having trouble remembering that?
Look:
nicht jung, sondern alt
nicht jung, aber gesund

Past tense reloaded: *Präteritum*

In German we have several ways of saying that something happened in the past, just as in English (**I went**, **I have gone**, **I had gone** ...). Now you might say, "I already know one German past tense, so why do I need another one?"

Basically I agree with you. For your spoken German, *Perfekt* is perfect. However Germans also use *Präteritum* a lot, so I want to show it to you because you are going to read and hear it all the time.

The tense you have already learned (*Perfekt*) corresponds to the English *present perfect*:

> I have spoken.
> Ich habe gesprochen.

The one I am talking about here (*Präteritum*) corresponds to the English *simple past*:

> I spoke.
> Ich sprach.

How to use *Präteritum*

The most important function to use *Präteritum* in written German is to tell a story that happened in the past. Almost all German novels are written in *Präteritum*, as are newspaper reports, travel blogs, and so on.

But you can also hear *Präteritum* in everyday, spoken German in the following situations:

- In the North of Germany people use *Präteritum* in spoken German a lot.
- Even in the South we use the *Präteritum* with **war**, which you have already learned in chapter 6.
- We also use *Präteritum* a lot in combination with modal verbs. So for example, if you want to put the phrase **ich muss Deutsch lernen** into past tense, you would rather put it into *Präteritum* then into *Perfekt*. Why? Because with *Perfekt* you have to add another verb, **haben**, to make the *Perfekt* form, so you would have three verbs in your sentence, and that doesn't sound very good.

> Ich musste Deutsch lernen. √
> ~~Ich habe Deutsch lernen gemusst.~~

What you should learn now – and what you should not

Considering what I have just said, learning the *Präteritum* only makes sense if you feel you are not getting overwhelmed with past tense forms yet. If you feel your *Perfekt* is going perfectly fine, go ahead and learn *Präteritum* as well. But if you don't feel safe with *Perfekt* yet, especially with your irregular verbs, my suggestion is as follows:

- Stick to *Perfekt*, except for phrases with **war** and combinations with modal verbs.

- If you have problems with an irregular verb, *Präteritum* with **war** / modal verb can help. For example if you want to say ***I went to the cinema***, but you don't remember the *Perfekt* form of **gehen**, then you can say:
  > Ich war im Kino.
  > Ich konnte ins Kino gehen. / Ich durfte ins Kino gehen.
  These last two options do not mean exactly the same as ***I went to the cinema***, but people will still understand what you want to say.

Unless you want to write (formally) about what happened in the past, you do not have to learn the *Präteritum* yet (if you do not feel for it). We will therefore only indicate *Präteritum* forms for *irregular verbs* in the word lists from now on. Also, *Präteritum* will be in the **ich** form in the word lists. Why? Because since *Präteritum* is mostly a written form, we do not use it in the **du** form very often.

How to make *Präteritum*

Let's start with the regular verbs:

> ich wohnte
> du wohntest
> er wohnte / sie wohnte / es wohnte
> wir wohnten
> ihr wohntet
> sie wohnten

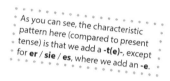
As you can see, the characteristic pattern here (compared to present tense) is that we add a **-t(e)-**, except for **er** / **sie** / **es**, where we add an **-e**.

This **-t-** adding gets us into trouble when there is already a **t** at the exact place where we want to add one, as in **arbeiten**. To solve that we add an extra **-e**:

> ich arbeitete
> du arbeitetest
> er arbeitete / sie arbeitete / es arbeitete
> wir arbeiteten
> ihr arbeitetet
> sie arbeiteten

Modal verbs follow the same pattern, just that some of them change their vowels:

> I know that **werden** is not a modal verb, strictly speaking, but in *Präteritum* it looks like one.

ich wollte	ich sollte	ich durfte	ich musste	ich konnte	ich mochte	ich wurde
du wolltest	du solltest	du durftest	du musstest	du konntest	du mochtest	du wurdest
er wollte	er sollte	er durfte	er musste	er konnte	er mochte	er wurde
sie wollte	sie sollte	sie durfte	sie musste	sie konnte	sie mochte	sie wurde
es wollte	es sollte	es durfte	es musste	es konnte	es mochte	es wurde
wir wollten	wir sollten	wir durften	wir mussten	wir konnten	wir mochten	wir wurden
ihr wolltet	ihr solltet	ihr durftet	ihr musstet	ihr konntet	ihr mochtet	ihr wurdet
sie wollten	sie sollten	sie durften	sie mussten	sie konnten	sie mochten	sie wurden

165

But from now on things start getting a bit ugly. The problem is that the irregular verbs have two different ways of being irregular. The not-so-irregular ones have the same endings as all the other ones, just that they change their root a bit. These not-so-irregular are usually regular in present tense.

> haben → ich ha**tte**, du ha**tt**est, er / sie / es ha**tte**, wir ha**tt**en, ihr ha**tt**et, sie ha**tt**en
> wissen → ich w**u**sste
> nennen → ich n**a**nnte
> rennen → ich r**a**nnte
> kennen → ich k**a**nnte
> brennen → ich br**a**nnte
> denken → ich d**ach**te
> bringen → ich br**ach**te

However the irregular-irregular verbs (called strong verbs) change their root *and* have different endings than the regular and the not-so-irregular verbs:

> ich spr**a**ch
> du spr**a**ch**st**
> er spr**a**ch / sie spr**a**ch / es spr**a**ch
> wir spr**a**ch**en**
> ihr spr**a**ch**t**
> sie spr**a**ch**en**

It's not as difficult as it might seem at first glance:
• no ending for **ich** and **er / sie / es**
• present tense endings anywhere else

If you have been following me attentively, you might have noticed that **war** also follows the same ending system as the strong verbs:

> ich war
> du war**st**
> er war / sie war / es war
> wir war**en**
> ihr war**t**
> sie war**en**

Now that you have seen the whole, horrible truth, feel free to jump back to **What you should learn now – and what you should not** and make a decision.
Don't overwhelm yourself. If you feel this is too much, you don't have to learn all the *Präteritum* forms now.

We use ...

in Northern Germany	more *Präteritum*
in Southern Germany	more *Perfekt*
in written German	more *Präteritum*
in spoken German	more *Perfekt*
with **war** and modal verbs	more *Präteritum*

Talking about things we don't even know: *es* and *das*

es

> Ich weiß nicht, wie es jetzt hier weitergeht.

... says Frau Weißgerber, but what does she mean with **es**?
That's the point – she doesn't really know. She might talk about the business in general, her job, her way of working, whatever ... so she says **es**. We use **es** when we want to talk about something that we cannot exactly define.

> Es war eine gute Idee, mit dem Auto nach Warmemünde zu fahren.

In this context we actually know what **es** stands for: **mit dem Auto nach Warnemünde zu fahren**. We use **es** here because we want to refer to a subordinate clause or infinitive phrase that is coming later (**mit dem Auto nach Warnemünde zu fahren**). By the way, we do the same in English:

> It was a good idea to go to Warnemünde by car.

> Im Auto wurde es viel zu heiß.

Here again we do not know exactly what will be too hot. The air? The car itself? Since we don't know, we use **es**. This use of **es** is typical for describing the weather, the time, or the atmosphere at a certain place:

> Es regnet.
> Es ist vier Uhr.
> Es ist schön in Warnemünde.
> In der Pension riecht es nicht gut.

Notice that the correct English translation for this kind of usage of **es** is not always *it*. Sometimes we would rather say *there is*:

> Es regnet viel in Warnemünde.   There is a lot of rain in Warnemünde.

> Es kommen doch noch Gäste.   There are still guests coming after all.

This is a tricky one. You could also say: **Gäste kommen doch noch**.
We are using this construction with **es** here because we are talking about something new, and we want a smooth transition. Jochen has been discussing profits with Frau Weißgerber, but now he wants to talk about guests. Using the sentence **Gäste kommen doch noch** would be a pretty sudden transmission, so Jochen starts his sentence with **es** to make clear that he will be talking about something new. You don't have to use this construction as it's a bit advanced, but now you know what it is used for.

In contrast to **es** we use **das** when we are referring to a thing we have mentioned before or we are pointing at:

Das ist schön.   This is nice.

Wir brauchen neue Möbel, einen neuen Boden und schönere Dekoration. Das kann nicht so viel kosten.

Here it is very clear what **das** stands for: new furniture, a new floor, and more beautiful decorations.

Das musste die Pension sein.   This must have been the guesthouse.

Again Jens has been describing what **das** is standing for: **ein langes graues Haus**.

Go through the following examples, find them in the text and check out what **das** is standing for.

Das war mir egal.
Zum Glück schaffte ich das auch.
Das wird jetzt alles ganz anders werden.
Früher war das ja ein Volkseigener Betrieb.
Ich werde das schon schaffen.
Das ist alles gar nicht so schwer.

To sum up: We use **es** to talk about things in general, things we are going to mention, while we use **das** to talk about things we have mentioned before. The difference is a bit like between **man** and **jemand**, which we use for people (see chapter 11). Notice that this usage of **es** and **das** is completely different from what these two words usually are for:

Das Kind hustet. Es ist krank.

- **das** as an article
- **es** as a pronoun.

Homemaking
Hausarbeit

Sie muss …
… putzen.
… die Katze füttern.
… mit dem Kind spielen.
… Tante Hilde anrufen.
… Kleider bügeln.
… mit dem Hund Gassi gehen.
… Wäsche waschen.
… die Treppe fegen.

Was muss sie machen?

füttern, du fütterst, du hast gefüttert, du füttertest	to feed
die Tante, Tanten	aunt
bügeln, du bügelst, du hast gebügelt, du bügeltest	to iron
der Hund, Hunde	dog
Gassi gehen (mit dem Hund)	to take the dog out
die Wäsche *(no plural)*	laundry
fegen, du fegst, du hast gefegt, du fegtest	to sweep

Was musst du heute machen? Wann? Was machst du gerne? Was nicht?

169

1. Beantworte die Fragen.

Warum war es für Jens gefährlich, im Auto nach Warnemünde zu fahren?
Warum war die Fahrt langweilig?
Was machte Jochen, als er in Warnemünde ankam?
Wer ist Frau Weißgerber?
Wie sieht die Pension aus?
Warum kommen nicht mehr so viele Gäste?
Was will Jochen tun?
Warum denkt Jochen, dass die Ostsee schöner ist als die Nordsee?
Denkst du, dass Jochen mit der Pension wieder Gewinn machen kann?

2. Write sentences about your surroundings: Where is what? Use the following words:

Beispiel: U-Bahn → In Wien fahre ich mit der U-Bahn zur Arbeit.

S-Bahn	geradeaus	links	das Theater	rechts
Schule	Parkplatz	die Stadt	der Arzt	der Park
die Wohnung	abbiegen	die Kreuzung	der Kreisverkehr	

When you have finished, try to tell your teacher / a friend / an imagined friend how to get to your next theater / school / car park / doctor / park / appartment. Do not look at the sentences you have written.

3. Was ist der Unterschied? Benutze (use) Komparativ und Superlativ und Adjektive (du kennst schon sehr viele!).

Beispiel: das Kind, der Erwachsene → Das Kind ist jünger als der Erwachsene.

a) Katze, Spatz   b) Zimmer, Haus   c) Stadt, Welt
d) 1945, 2016   e) mit dem Auto, zu Fuß   f) laufen, fernsehen
g) Sommer, Winter   h) Woche, Stunde   i) Deutsch, Englisch
j) Nacht, Tag   k) Berlin nach Moskau, Berlin nach New York
l) tanzen, singen

4. Durftest, musstest, konntest ...? Benutze Modalverben im Präteritum.

a) Kinder ... nicht so lange in der Sauna bleiben.
b) Du ... nicht allein nach West-Berlin.
c) Die Spatzen ... uns auch ohne Landkarte finden.
d) Ich ... dich eigentlich früher anrufen.
e) Wir ... euch keine Probleme machen.
f) Sie ... schon weg, bevor du da warst.
g) Wir ... als Kinder nie mitten in der Nacht allein draußen sein.
h) Meine Mutter ... drei Hosen kaufen, aber sie ... nur zwei finden.
i) Ich ... eigentlich nicht so laut Musik hören, weil mein Bruder lernen ....
j) Wir ... nicht anrufen, weil das Telefon kaputt war.
k) Ich ... keine Schokolade essen, aber ich ... nicht anders.

5. Auch in Fragen gibt es Modalverben im Präteritum ...

a) ... er im Kino oft husten?

b) Warum ... ihr bei der Kreuzung nicht links abbiegen?

c) ... oder ... du es mir nicht erzählen?

d) ... sie dich etwa nicht zum Kinderarzt bringen?

e) ... wir uns wirklich mit deinem Chef treffen?

f) Weißt du nicht, warum ich das Haus nicht verkaufen ...?

g) Warum ... du mit 16 Jahren nicht nach Wien fahren, obwohl dein Bruder mit 15 Jahren nach München fahren ...?

h) Ich verstehe dich – du ... es ja nicht vorher wissen.

6. *Aber* oder *sondern*?

a) Jochen will gerne neue Dekoration, ... der Betrieb hat kein Geld dafür.

b) Wenn man frühstückt, isst man besser keine Tafel Schokolade, ... Müsli.

c) Ich möchte bitte gerne das Fischbrötchen, ... die kleine Portion.

d) Er möchte sich nicht setzen, ... lieber wegfliegen.

e) Ich sitze nicht im Opel, ... auf dem Dach.

f) Du hast aufgesperrt, ... ich komme trotzdem nicht hinein.

g) Ich habe die Tür nicht geschlossen, ... geöffnet – wie du es wolltest!

h) Er hat nicht nur eine Zahnbürste, ... auch drei Sonnencremes eingepackt.

i) Die Sonne scheint, ... es ist kalt draußen.

j) Jens fliegt nicht hoch, ... tief.

k) Sie sieht nicht anders aus, ... sie hat sich verändert.

l) Sie sieht nicht nur anders aus, ... sie hat sich auch verändert.

7. Verbinde die Sätze mit *aber* oder *sondern*.

Du willst nicht in Ost-Berlin leben. Du willst in West-Berlin leben.

Ihr wollt nicht putzen. Ihr wollt ein sauberes Wohnzimmer.

Er will ihre Reise bezahlen. Er muss noch Geld dafür verdienen.

Wir fahren nie an die Ostsee. Wir fahren immer an die Nordsee.

Sie investieren nicht in eine neue Touristeninformation. Sie investieren in Hotels.

Morgens lese ich nie die Zeitung. Ich höre Musik.

8. The following sentences are gramatically correct although the second verb is missing. What suitable verb could be there?

Beispiel: Ich will nach Berlin. → Ich will nach Berlin fahren.

Ich will mit dir ins Kino. Kannst du morgen Abend?

Willst du noch Kaffee?

Du musst arbeiten! – Aber ich bin krank, ich kann nicht.

Dann musst du zum Arzt.

Maria muss morgen nach Frankfurt.

Darf ich heute ins Theater?

9. Organising house work: Put in *es*, *das*, *man* or *jemand*.

a) Maria, ich werde putzen. Oder willst du ... machen?

b) Nein, ich werde die Katze füttern und mit dem Kind spielen. ... ist interessanter als putzen.

c) Ich muss Tante Hilde anrufen. ... mache ich gerne.

d) Gut, dann bügle ich die Kleider und wasche danach die Wäsche. ... muss es ja machen.

e) ... kann doch erst bügeln, wenn ... die Wäsche schon gewaschen hat!

f) Ach so. Du hast Recht. ... ist gut, dass du mir ... erklärst. Ach, und ... muss noch mit dem Hund Gassi gehen.

g) ... mache ich, wenn ich die Treppe gefegt habe.

h) Sehr gut. Dann haben wir ... geschafft, oder?

10. Describe your family members. Compare them with adjectives (e.g. who is younger than who, who is the oldest / tallest ...).

16

der Lärm (*no plural*)	noise
einschlafen, du schläfst ein, du bist eingeschlafen, ich schlief ein	to fall asleep
jemanden wecken, du weckst, du hast geweckt,	to wake somebody up
die Gruppe, Gruppen	group
irgendwo	somewhere
herkommen, du kommst her, du bist hergekommen, ich kam her	to come here
Sie müssen von irgendwo anders herkommen.	They must come from somewhere else.
die Schwierigkeit, Schwierigkeiten	trouble
stecken, du steckst, du bist gesteckt	to stick; *here*: to be in
in Schwierigkeiten stecken	to be in trouble

Ich wache plötzlich auf, weil es großen Lärm gibt. Ich bin sehr müde, und einen Moment lang verstehe ich noch nicht, wo ich bin: Ich denke, dass ich immer noch in Warnemünde bin. Aber dann sehe ich die Linden und das Café, und da erinnere ich mich: Ich bin ja gestern wieder mit Jochen nach Berlin gefahren. Er hat sich alles genau angesehen, noch ein wenig mit Frau Weißgerber gesprochen, und dann ist er wieder nach Hause gefahren. Jakob, der natürlich sehr neugierig war, wollte alles wissen, aber ich war viel zu müde, um ihm etwas zu erzählen. Ich bin sofort eingeschlafen und habe auch tief geschlafen – bis jetzt.

Der Lärm, der mich geweckt hat, kommt von einer großen Gruppe Spatzen. So viele Spatzen habe ich noch nie im Café gesehen, glaube ich. Sie sehen auch nicht aus wie Berliner Spatzen. Sie müssen von irgendwo anders herkommen.

Und dann sehe ich Jakob, der offenbar in Schwierigkeiten steckt. Neben ihm sitzt eine Spätzin, ein bisschen verlegen, und ihm gegenüber hüpft ein junger, gut trainierter Spatz hin und her. Der Spatz, mit dem er spricht – oder besser: mit dem er streitet – ist sehr aufgeregt. Ich denke, dass Jakob ein bisschen Hilfe brauchen kann, und fliege deshalb zu ihm.

Nachdem ich den Streit zwischen Jakob und dem anderen Spatz eine Minute angehört habe, verstehe ich sofort das Problem, das Jakob hat: Die Spätzin, die jetzt kein Wort sagt, ist die Freundin von dem sportlichen Spatz, mit dem Jakob streitet. Und Jakob hat offenbar mit ihr geflirtet – gar nichts Ernstes, sagt er, und ich glaube ihm das auch. Aber der andere Spatz ist trotzdem nicht begeistert. Jetzt dreht er sich von Jakob weg und schimpft mit seiner Freundin in einer Sprache, die ich nicht verstehe.

Ich nutze die Gelegenheit und nehme Jakob zur Seite.

„Was hast du denn wieder für einen Unsinn gemacht? Immer das Gleiche mit dir. Ich empfehle dir, dass du dich bei den beiden entschuldigst. Und zwar schnell."

„Ach, es war doch gar nichts! Ich habe mich nur mit Alessandra ein bisschen nett unterhalten. Und dieser Italiener macht gleich so ein Drama aus der Sache."

„Also erstens finde ich, dass du nicht besonders nett zu Alessandras Freund warst. Warum sprichst du nur mit ihr und nicht auch mit ihm? Natürlich muss er denken, dass du nur mit ihr flirten willst. Und zweitens – du sollst nicht so respektlos über Spatzen aus einem anderen Land sprechen. Du weißt gar nicht, wie das ist, wenn du in einem Land lebst, in dem du das Gefühl hast, nicht dazuzugehören. Ich weiß, was ich da sage – für mich ist es auch nicht leicht gewesen, mit Spatzen zu leben, weil ich bei Menschen groß geworden bin. Was glaubst du, wie man sich fühlt, wenn alle lachen, nur weil man etwas nicht so gut versteht wie alle anderen! Und wie oft die Berliner Spatzen hier glauben, ich bin arrogant, nur weil ich viel über Menschen weiß. Sie lassen mich manchmal fühlen, dass ich keiner von ihnen bin. Aber ich bin ein Berliner! Wie müssen sich erst die Italiener hier fühlen?"

Jakob antwortet nicht. Er ist nicht begeistert. Wahrscheinlich schämt er sich ein bisschen wegen den Dingen, die ich gesagt habe. Er fliegt weg von mir. Aber dann putzt er sich die Flügel; das macht er immer, wenn er überlegt. Das ist ein gutes Zeichen. Tatsächlich: Zwei Minuten später sehe ich, dass er Alessandra und ihren Freund zu ein paar Kirschen eingeladen hat, die er vorher gefunden hat. Er muss es ernst meinen, denn von seinen heiß geliebten Kirschen gibt Jakob sonst fast nie etwas her. Ich bin beruhigt. Endlich kann ich mir überlegen, was ich heute eigentlich zum Frühstück essen will. Ich sehe auf die Tische, auf denen das Frühstück für die Gäste steht, und überlege, wo ich etwas finden kann, das mir schmeckt. Aber da vergesse

die Spätzin, Spätzinnen	female sparrow
verlegen sein	to be/feel embarrassed
trainieren, du trainierst, du hast trainiert	to train
gut trainiert sein	to be well trained
streiten, du streitest, du hast gestritten, ich stritt	to argue, quarrel
die Hilfe, Hilfen	help, aid
deshalb	therefore, hence
nachdem	after
der Streit (no plural)	argument, discussion
anhören, du hörst an, du hast angehört	to listen to, hear sb./sth.
sportlich	sporty
flirten, du flirtest, du hast geflirtet	to flirt
ernst	serious
sich wegdrehen, du drehst dich weg, du hast dich weggedreht	to turn away
schimpfen, du schimpfst, du hast geschimpft	to rant, insult, badmouth
die Sprache, Sprachen	language
nutzen, du nutzt, du hast genutzt	to utilize, to use
die Gelegenheit, Gelegenheiten	opportunity
die Gelegenheit nutzen	to take the opportunity

ich das Frühstück schon wieder: An dem kleinen Tisch rechts neben dem Eingang, den man vom Café aus nicht sehen kann, sitzt Jochen. Was er hier wohl will? Er kommt doch nie ins Café, und dann erst recht nicht an einem Tag, an dem Angelika frei hat!

Ich bin ein Berliner!

nach / nachdem

We have two ways of translating *after*: **nach** and **nachdem**. The difference is that after **nachdem** we always have a subordinate clause and after **nach** we only have an object (no verb):

Nach der Arbeit spiele ich Tennis.
Nachdem ich gearbeitet habe, spiele ich Tennis.

die Seite, Selten	side / page	**zwar**	indeed, admittedly, to be sure
jemanden zur Seite nehmen	to take someone aside	**..., und zwar schnell.**	..., and fast.
das Gleiche, Gleichen	the same	**Alessandra**	*Italian female first name*
empfehlen, du empfiehlst, du hast empfohlen, ich empfahl	to recommend	**sich unterhalten, du unterhältst dich, du hast dich unterhalten, ich unterhielt mich**	to chat, talk
sich entschuldigen, du entschuldigst dich, du hast dich entschuldigt	to apologize	**der Italiener, Italiener**	Italian

das Drama, Dramen	drama
ein Drama aus einer Sache machen	to make a big deal about sth.
respektlos	disrespectful
dazugehören, du gehörst dazu, du hast dazugehört	to belong to (*here*: to be accepted as part of a group)
leicht	*here*: easy
arrogant	arrogant
sich schämen, du schämst dich, du hast dich geschämt	to be embarrassed, feel abashed
das Zeichen, Zeichen	sign
einladen, du lädst ein, du hast eingeladen, ich lud ein	to invite
geliebt	beloved
heiß geliebt	much beloved
hergeben, du gibst her, du hast hergegeben, ich gab her	to give away
beruhigt	reassured
denen	those (*see grammar explanation*)
der Eingang, Eingänge	entrance
wohl	probably
Was er hier wohl will?	(I'd love to know) what he might want to do here.
erst recht	all the more, more than ever
erst recht nicht	less than ever

Den Tisch, an dem Jochen sitzt, kann man tatsächlich nur von der Straße aus sehen. Jochen hat ihn ganz bewusst gewählt, denn er will nicht, dass Waltraud ihn sehen kann. Von Klaus weiß er, dass Waltraud nicht auf der Terrasse arbeitet, sondern nur im Haus. Aber am besten ist es, wenn sie ihn überhaupt nicht sieht. Denn sie soll nicht wissen, warum Jochen ins Café gekommen ist.

„Guten Tag, was darf's denn sein?" Eine junge Kellnerin steht an Jochens Tisch.

„Einen Kaffee und ein Glas Cognac bitte", sagt er und wundert sich selbst, warum er schon am Vormittag Cognac bestellt. Naja, jetzt ist es zu spät.

„Ich habe einen Termin mit Klaus Behrendt. Können Sie ihm bitte sagen, dass ich da bin? Jochen Knauer ist mein Name."

„Gerne, ich werde es Herrn Behrendt ausrichten", sagt die junge Kellnerin und geht zurück ins Haus. Nach kurzer Zeit kommt ein Mann um die sechzig an Jochens Tisch. Er geht leicht und schnell, wie ein Mensch geht, der sein ganzes Leben lang Sport gemacht und sich viel bewegt hat. Auf dem Kopf trägt er eine Baseballmütze, auf der „Berlin-Marathon 1992" steht.

„Hallo Jochen. Schön, dich wieder zu sehen. Ich hoffe, du bist mit dem Service in meinem Café zufrieden?"

„Dankeschön, der Kaffee und der Cognac sind wunderbar, und die junge Frau, die hier bedient, ist sehr nett. Vielen Dank, dass du dir Zeit für mich nimmst."

„Gerne, Jochen. Ich bin froh, wenn ich dir helfen kann. Dann erklär mir doch bitte einmal das Problem, mit dem du nicht zurechtkommst."

selbst	myself / yourself / himself …				
sich selbst wundern	*here:* to be surprised (of himself)				
der Vormittag, Vormittage	late morning				
spät	late				
zu spät	too late				
der Termin, Termine	appointment				
Behrendt	*surname*				
jemandem etwas ausrichten, du richtest aus, du hast ausgerichtet	to tell sb. sth., to leave someone a message				
nach kurzer Zeit	after a while				
der Sport	sport				
sich bewegen, du bewegst dich, du hast dich bewegt	to move				
etwas tragen, du trägst, du hast getragen, ich trug	to carry, *here:* to wear sth.				
die Baseballmütze, Baseballmützen	baseball cap				
der Berlin-Marathon	*annual marathon held in Berlin*				
hoffen, du hoffst, du hast gehofft	to hope				
der Service	service				
bedienen, du bedienst, du hast bedient	to serve				
zurechtkommen, du kommst zurecht	to manage, get along				

von der Straße aus	from the street	dürfen, du darfst, du hast gedurft, ich durfte	to be allowed to, may
bewusst	aware, conscious	darf's	*stands for:* darf es
wählen, du wählst, du hast gewählt	to choose	Was darf's denn sein?	*here:* What may I bring you?
bewusst wählen	to choose consciously	die Kellnerin, Kellnerinnen	waitress
die Terrasse, Terrassen	terrace	der Kellner, Kellner	waiter
am besten	best	der Cognac	Cognac

Linking sentences together

When we describe people (or things), it often makes sense to link two sentences together:

> **Jakob** wollte alles wissen. **Er** war natürlich sehr neugierig.
> → **Jakob**, **der** natürlich sehr neugierig war, wollte alles wissen.

In English we can use **who** (or **which**) and **that** to do this:

> **Jakob**, **who** was very curious, wanted ...
> **The** child **that** was standing behind me started ...

In German we use the definite article (**der**, **die**, **das**) to do that. Sounds simple, but unfortunately it is not: We have to pick the article carefully according to the gender and number of the person (or thing) we are describing, and we also have to think of *Akkusativ* and *Dativ*. So look at a few more examples:

> **Der** Lärm, **der** mich geweckt hat, kommt von einer großen Gruppe.

This example is easy – we will use **der** as a connecting word (*relative pronoun* is what these words are called, by the way). Let's change this sentence a bit to see the different genders and numbers:

> **Die** Frau, **die** mich geweckt hat ...
> **Das** Telefon, **das** mich geweckt hat ...
> **Die** Telefone / Frauen / ..., **die** mich geweckt haben ...

Easy, right? But now look at the following sentence:

> **Der** Spatz, **mit dem** er spricht, ist sehr aufgeregt.

Why **dem** and not **der**? Well, we are describing **der Spatz**, but in the second sentence this **Spatz** must be in *Dativ* because it comes after **mit**. Look what happens when I split the sentences again:

> **Der** Spatz ist sehr aufgeregt. Er spricht **mit dem** Spatz.

... and now you can see why I am using **dem** and not **der**.
So whenever you are completely confused about which form to use, split the sentences. Then it will be simple for you to find the correct form.

There is a small exception (as always in German grammar). The connecting word for Dativ plural is **denen**, not **den**.

> Hier sind **die** Tische, **auf denen** das Frühstück für die Gäste steht.

Split the sentence:

> Hier sind **die** Tische. **Auf den** Tischen steht das Frühstück für die Gäste.

So unfortunately you will have to remember this exception.

One last thing: In English you can often drop the relative pronoun (the connecting word). In German you can never do this:

> **The** coffee (**that**) I have ordered is good.
> **Der** Kaffee, **den** ich bestellt habe, ist gut.

> *All this won't help you if you still have trouble with Dativ and Akkusativ in general. So if this is the case, now might be a good occasion to repeat it. Go back to chapter 7, 8, and 11. You can also check out our declension bootcamp which you can find at www.skapago.eu/jensjakob/akkusativ-dativ.*

When long can be short:
A few notes about time

Einen Moment lang means *during a moment's time*. As you can see, **lang** (which basically means *long*) does not really have to be a long time. This expression is quite useful if you want to say how long you did something / are doing something / will be doing something, but remember the *Akkusativ*.

> Ich muss fünf Minuten lang warten.
> Ein Jahr lang lerne ich schon Deutsch.
> Einen Monat lang werde ich in Österreich leben.

If you want to say that something is going to happen in the future and you want to say how much time it will take until it happens, use **in** with *Dativ*:

> In einer Woche fahre ich nach Erlangen.
> In zwei Minuten fährt die S-Bahn.
> In einem Monat beginnt die Schule.

The opposite for saying how long ago something happened is **vor** with *Dativ*:

> Vor einer Woche bin ich nach Erlangen gefahren.
> Vor zwei Minuten ist die S-Bahn gefahren.
> Vor einem Monat hat die Schule begonnen.

The difference between **vor** and **seit** is that **seit** is referring to an event that started a while ago and is continuing:

> Seit einer Woche bin ich in Erlangen. (Ich bin immer noch in Erlangen.)
> Seit zwei Minuten fahre ich mit der S-Bahn. (Ich fahre immer noch.)
> Seit einem Monat bin ich in der Schule. (Ich bin immer noch dort.)

When you describe that something happens / happened within a certain month, use **im** (standing for **in dem**):

> Im Januar ist es kalt.
> Im August habe ich Urlaub.
> Im Oktober war ich in Hamburg.

For times of the day, use **am** (standing for **an dem**) or an ending with **-s**. You know this pattern from chapter 13 ("heute Morgen")

> Am Abend / abends gehe ich ins Kino.
> Am Nachmittag / nachmittags muss ich arbeiten.
> Am Vormittag / vormittags war ich einkaufen.

Was weißt du über Deutschland, Österreich und die Schweiz?

1. Was gehört *nicht* zu Österreich?
a) Osttirol
b) Südtirol
c) Nordtirol

2. Welche Stadt ist gleichzeitig ein deutsches Bundesland?
a) Köln
b) Bremen
c) München

3. Wie lange war das Saarland französisch?
a) bis 1933
b) bis 1957
c) bis 1989

4. Wieviele deutsche Jobs hängen direkt oder indirekt von der Automobilindustrie ab?
a) Jeder siebte Deutsche arbeitet für einen Autohersteller.
b) Fast 800.000 Menschen arbeiten in Deutschland in der Automobilindustrie.
c) Die Zahl ist gar nicht so hoch. Es gibt zum Beispiel fünfmal mehr Friseurinnen und Friseure.

5. Welches Bundesland ist eine Enklave in einem anderen Bundesland?
a) Hamburg
b) Berlin
c) Hessen

das Bundesland, Bundesländer	federal state (in Germany and Austria)
Köln	Cologne, city in Germany
Bremen	city in Germany
München	Munich, city in Germany
Saarland	state in Germany
wie viele	how many
abhängen (von), du hängst ab, du hast abgehangen, ich hing ab	here: to depend on
indirekt	indirect(ly)
die Industrie, Industrien	manufacturing, industry
die Automobilindustrie, -industrien	car manufacturing
der Autohersteller, -hersteller	car manufacturer
die Zahl, Zahlen	number
der Frisör, Frisöre	hairdresser
die Enklave, Enklaven	enclave
Hamburg	city in Germany
Hessen	state in Germany

Osttirol	East-Tyrol; political district
Südtirol	South-Tyrol
Nordtirol	North-Tyrol
welche/welcher/welches	which
gleichzeitig	at the same time, simultaneous(ly)

179

6. Was stimmt *nicht*?
a) Die Melodie zur deutschen Nationalhymne kommt aus Österreich.
b) Der Text zur deutschen Nationalhymne kommt von einer englischen Insel.
c) Die deutsche Nationalhymne ist auch die Nationalhymne in Österreich.

7. Was ist die Hauptstadt der Schweiz?
a) Die Schweiz hat zwei Hauptstädte, Zürich und Bern.
b) Zürich war bis 1991 Hauptstadt, seitdem ist es Genf.
c) Die Schweiz hat keine offizielle Hauptstadt. Aber die Regierung ist in Bern. Deshalb ist Bern eine Art heimliche Hauptstadt.

8. Wo wird Deutsch *nicht* gesprochen (als offizielle Sprache)?
a) Italien
b) Belgien
c) Tschechien

9. Was haben die Brüder Grimm *nicht* geschrieben?
a) ein Kochbuch
b) ein Märchenbuch
c) ein Wörterbuch

10. Welche deutsche Republik hat den gleichen Namen wie eine Hunderasse?
a) Weimarer Republik, 1918-1933
b) Bonner Republik, 1948-1990
c) Berliner Republik, seit 1990

11. Von wo nach wo geht der kürzeste internationale Linienflug?
a) von St. Gallen-Altenrhein nach Friedrichshafen
b) von Wien nach Bratislava
c) von Köln nach Straßburg

12. Bertha Benz war die erste Frau, die in Deutschland mit dem Auto gefahren ist. Wo hat sie getankt?
a) in einem Gasthaus
b) in einer Apotheke
c) auf einem Bauernhof

13. Seit wann dürfen Frauen überall in der Schweiz wählen?
a) seit 1919
b) seit 1946
c) seit 1990

die Melodie, Melodien	melody
die Nationalhymne, -hymnen	national anthem
der Text, Texte	text
die Insel, Inseln	island
die Hauptstadt, -städte	capital city
seitdem	since then, ever since
offiziell	official(ly)
die Regierung, Regierungen	government
die Art, Arten	kind (of)
heimlich	secret
die Brüder Grimm	brothers Grimm (*surname*)
das Kochbuch, Kochbücher	cookbook
das Märchen, Märchen	fairy tale
das Märchenbuch, Märchenbücher	storybook
das Wörterbuch, Wörterbücher	dictionary
die Republik, Republiken	republic
der Name, Namen	name
die Rasse, Rassen	race, breed
die Hunderasse, Hunderassen	dog breed
international	international
der Flug, Flüge	flight
die Linie, Linien	line
der Linienflug, die Linienflüge	scheduled flight

14. Warum heißt Audi Audi?

a) Die Audi-Fabrik wurde in Sachsen eröffnet. Im sächsischen Dialekt wird das Wort „Auto" wie „Audi" ausgesprochen.

b) Es ist eine Abkürzung für den Mann, der Audi gegründet hat: August Diesel.

c) Der Gründer August Horch hat seine erste Autofirma verkauft. Die Rechte am Namen „Horch" blieben bei dieser Firma. Der Name „Horch" ist identisch mit dem Imperativ für **horchen**. Daher wählte August Horch für seine neue Firma die lateinische Übersetzung dafür – *audi* (von audio).

15. Wieviel Prozent von Österreich sind Berge?

a) Mehr als 62% der Fläche von Österreich sind Gebirge.

b) 34% der Fläche sind Berge. Seen machen sogar 40% der Fläche aus.

c) Die Alpen machen nur 12% der Fläche aus (weniger als die Fläche von Wien).

16. Welche Aussage über den Pro-Kopf-Konsum von Wein und Bier ist richtig?

a) In Deutschland wird weltweit am meisten Bier pro Jahr und Kopf getrunken.

b) Im Vatikan ist der Weinkonsum pro Jahr und Kopf mehr als doppelt so hoch wie in Österreich.

c) Die Schweiz ist der größte Weinproduzent in Europa.

Benz	*surname*
tanken, du tankst, du hast getankt	to refuel
das Gasthaus, die Gasthäuser	restaurant/inn
der Bauernhof, Bauernhöfe	farm
die Fabrik, Fabriken	factory
eröffnen, du eröffnest, du hast eröffnet	to open up/start off
sächsisch	Saxon
der Dialekt, Dialekte	dialect
aussprechen, du sprichst aus, du hast ausgesprochen, ich sprach aus	to pronounce / to say something out loud

die Abkürzung, Abkürzungen	abbreviation
der Gründer, Gründer	founder
August Diesel	*name*
August Horch	*name*
identisch	identical
der Imperativ, Imperative	imperative
horchen, du horchst, du hast gehorcht	to listen, hark
daher	therefore, hence
lateinisch	Latin
die Übersetzung, Übersetzungen	translation
das Prozent, Prozente	percent
der Berg, Berge	mountain
die Fläche, Flächen	area
das Gebirge, Gebirge	mountain range
der See, Seen	lake
die Alpen (only plural)	Alps
gesamt	overall, total
die Aussage, Aussagen	statement
pro Kopf	per capita
der Konsum (only singular)	consumption
der Wein, Weine	wine
weltweit	worldwide
am meisten	most
der Vatikan	Vatican
doppelt	double, twice
Europa	Europe

1. Fragen zum Text

Warum wacht Jens auf?

Was hat Jochen gemacht, nachdem er mit Frau Weißgerber gesprochen hat?

Warum hat Jens Jakob gestern nichts erzählt?

Warum gibt es so viel Lärm?

Welches Problem hat Jakob?

Was empfiehlt ihm Jens?

Jens sagt, er weiß, was es bedeutet, nicht dazuzugehören. Was meint er damit?

Warum – denkst du – will Jochen nicht, dass Waltraud ihn sehen kann?

Über welche Dinge – denkst du – spricht er mit Klaus?

2. Benutze Relativpronomen (*der, die, das, dem, den* ...) und mache Fragen!

Beispiel: Der Kellner spricht fünf Sprachen.

→ *Ist das der Kellner, der fünf Sprachen spricht?*

a) Diese drei Kaffees habe ich für die Gäste an Tisch 17 gemacht

b) Das kleine Café liegt am Fluss.

c) Der Gast hat schon einen Tee bestellt.

d) Diese Torte schmeckt nach Apfel.

e) Die große Kellnerin flirtet mit den Gästen.

f) Der große, braune Hund darf nicht ins Restaurant.

g) Bei diesem Kellner hat Jochen bestellt.

h) Der Mann hat gerade mein Telefon geklaut.

i) Du musst drei junge Frauen am Bahnhof abholen.

j) Dieses Sofa kostet ungefähr 5000 €.

k) Mit diesem Mann ist Maria verheiratet.

l) Diese Arzneimittel müssen Sie nehmen.

m) Mit diesem Auge sehe ich schlecht.

n) Der Kiosk verkauft auch nachts Schokolade.

o) Diese Rechnung kannst du nicht bezahlen.

3. Welches Café oder Restaurant magst du? Wie sieht es aus? Was isst du dort gerne? Wieso magst du es so gerne?

4. Sag *nein*! Use *Imperativ* and *du* and negate the sentences using *nicht / kein*.

Beispiel: Sitzen – Boden → Setz dich nicht auf den Boden!

a) Heute – Freunde mit nach Hause bringen!

b) Sein – so traurig – den ganzen Tag!

c) Haben – Angst – vor der Polizei!

d) Anrufen – mich – wenn du so gemein bist!

e) Sich Sorgen machen – um Beate!

f) Hängen – den Mantel an die Garderobe!

g) Sein – so streng mit den Kindern!

h) Machen – Unsinn!

i) Denken – an deinen Kollegen!

j) Überlegen – zu viel!

k) Einpacken – zu viele Sachen!

5. Put in *lang / in / vor / seit / am / um* and nouns in the right case.

Maria und Andreas sitzen im Café. Es ist 15.30 Uhr. Sie warten auf Lukas.

Maria: Lukas wollte (15.00 Uhr) hier sein, oder? Jetzt warten wir (eine halbe Stunde)!

Andreas: Das verstehe ich auch nicht. Warum ruft er nicht an?

Maria: Vielleicht rufen wir ihn an! Hast du seine Nummer?

Andreas: Ja, er hat sie mir (zwei Wochen) gegeben. Ich rufe jetzt an, sonst sitzen wir (Abend) immer noch hier. ... Hallo Lukas! Wo bist du? Wir sind (eine halbe Stunde) ins Café gekommen, und jetzt warten wir (15.00 Uhr) auf dich.

Lukas: Was? Ich dachte, wir treffen uns erst (18.30 Uhr), also (drei Stunden)! Ich bin erst (fünf Minuten) heimgekommen. Jetzt muss ich mit der S-Bahn fahren. (Zwanzig Minuten) kann ich bei euch sein!

Andreas: Aber wir wollten doch Kaffee trinken! Das macht man (Nachmittag) und nicht am (Abend). – Naja. Wir warten auf dich. Aber nimm die richtige S-Bahn, ja? Sonst fährt die nächste erst wieder (eine halbe Stunde). Bis später!

Maria: Habe ich das richtig verstanden – Lukas kommt erst (eine halbe Stunde)?

Andreas: Ja. Du kennst ihn – er ist immer so. Gut, dass er wenigstens heute kommt und nicht erst (Mittwoch).

Maria: Weißt du noch damals, (Oktober), als wir ihn am Bahnhof abholen sollten? Wir haben (eine Stunde) gewartet, aber da war er schon (zwei Stunden) wieder in Berlin!

Andreas: Naja. Jetzt trinken wir erst einmal den Kaffee. Den hat die Kellnerin schon (20 Minuten) gebracht, er wird ja kalt. Und wenn Lukas kommt – vielleicht (eine Stunde), wer weiß – dann trinken wir noch einen Kaffee!

Maria: Genau. Ich kenne Lukas schon (drei Jahre). Es ist immer das Gleiche mit ihm. Übrigens, hast du ihm eigentlich gesagt, in welchem Café wir uns treffen?

Andreas: Oh ...

Have you fallen in love with grammar?

I know I sound like a cynic. Most people have hated grammar ever since school, and it gives them the creeps when they see tables or hear strange Latin expressions. Also, when people think of foreign languages they studied at school or university, they often say "we never learned to speak, we only did grammar".

Consequently, many language schools have almost abolished studying grammar. They might call this a "communicative approach", and they might compare this to how a child learns the mother tongue.

While I agree that grammar is unbelievably overestimated at traditional schools, I am also convinced that it is critically underestimated in many modern language courses. I strongly believe you should have a very good theoretical knowledge of the language you want to learn.

Now before you throw rotten tomatoes at me, let me first defend my view and then tell you how you can fall in love with grammar (yes, you can!).

Children have the ability to get it right without studying grammar, so how can that approach be wrong? Well firstly, you might not have as much time as a little child. A two-year old spends almost all day learning to talk. Secondly, children have a boundless capability of imitating, which deteriorates once you have learned your mother tongue. You will then compare everything to your mother tongue, so all structures of a new language appear to be wrong at first.

Therefore, if you want to learn a language fast, and use it correctly, do not avoid grammar. So how can you make the best of it?

1. Work on your attitude. Do you know people who have learned your mother tongue as a foreign language perfectly, who speak almost without any mistakes? How does that sound compared to those who never bothered about grammar? How would you like to speak German? Do you want to be admired by Germans?

2. Make sure you get the most important things right first. In German, this is everything that has to do with verbs, not *Dativ* and *Akkusativ*.

3. When you speak, do not think of grammar before you talk, but afterwards. Sounds weird? I have seen so many students who did not want to speak because they were afraid of mistakes. But you can learn from mistakes. Get help from teachers and friends – encourage them to correct you. Analyse what you have said: why was it wrong, and how did your friend/teacher say it? What rules did they apply? Do the same with texts – read through them after having written them.

4. Do not stress yourself out. Nobody is putting you to the test here. You have all the time you need to study grammar. If you do not understand a grammar issue today, put down your textbook. Go for a walk. Give it another try tomorrow.

In this book, we have tried to make explanations thorough, yet pleasant. However, if there is something you do not understand, or if you have a suggestion of how we could improve an explanation or exercise, please send an e-mail to jensjakob@skapago.eu

17

worum	what ... about
das Gespräch, Gespräche	conversation, discussion
einerseits	on the one hand
sich auskennen, du kennst dich aus, du hast dich ausge- kannt, ich kann- te mich aus	to know one's stuff *(see explana- tion)*
andererseits	on the other hand
leider	unfortunate- ly
das Folgende	the following
die Einrichtung, Einrichtungen	*here*: furnish- ing, set-up
der Kunde, Kunden	customer
nämlich	namely
das Papier, die Papiere	paper; *here*: personal documents
das Dokument, Dokumente	document
unterschrei- ben, du un- terschreibst, du hast unter- schrieben, ich unterschrieb	to sign
der Arbeitsver- trag, Arbeits- verträge	working contract
das Komische	the funny thing

„Also Jens, worum ist es in dem Gespräch zwischen Klaus und Jochen gegangen?"
Wie immer ist Jakob neugierig. Und er glaubt natürlich, dass ich alles genau
weiß – einerseits, weil ich mich mit den Menschen gut auskenne, und ande-
rerseits, weil ich heute Nachmittag zu Jochen nach Hause geflogen bin, denn
ich wollte wissen, worüber er zu Hause mit Ines und Beate spricht. Aber
leider verstehe ich auch nicht ganz, worum es in dem Gespräch eigentlich
gegangen ist. Ich sage:
„Was ich sicher weiß, ist Folgendes: Jochen hat Probleme mit seiner Pension
in Warnemünde. Die Einrichtung ist wohl ziemlich alt, und vielen Kunden
gefällt das nicht. Klaus soll Jochen helfen. Aber wie er das machen soll, das
habe ich auch nicht verstanden."
„Klaus soll Jochen helfen? Ja, wie kann er ihm denn helfen?"
„Ich weiß es nicht. Ich habe zuerst gedacht, Klaus soll vielleicht bei Jochen
arbeiten. Sie haben nämlich einige Papiere angesehen, und dann haben sie
ein Dokument unterschrieben. Ich denke, das war vielleicht ein Arbeitsvertrag. Das Komische ist aber, dass sie gar nicht über das gesprochen haben,

worüber man eigentlich redet, wenn es um Arbeit geht: Lohn, Arbeitszeit und so weiter. Sie haben immer wieder ein Wort benutzt, das ich nicht verstehe: Investitionen."

„Tja, was das bedeutet, weiß ich auch nicht", antwortet Jakob. „Kann es sein, dass Jochen Geld braucht?"

„Daran habe ich auch schon gedacht. Aber erstens, glaubst du, dass Klaus mehr Geld hat als Jochen, und zweitens, warum geht Jochen nicht zu einer Bank, wenn er Geld braucht? Das machen die Menschen doch sonst immer. Woher kennt er Klaus überhaupt?"

„Wahrscheinlich über Angelika."

„Glaubst du? Aber Angelika war heute gar nicht da."

„Das muss nichts bedeuten. Sie können ja telefoniert haben."

Ich esse ein Stück von meiner Pizza. Heute gibt es nämlich Pizza. Die italienischen Spatzen haben uns aus der Pizzeria gegenüber eine ganze Pizza geklaut. Sie wollten damit den Berliner Spatzen dafür danken, dass wir ihnen geholfen haben, einen Platz zum Schlafen und gute Plätze zum Essen zu finden. Wie sie es geschafft haben, dass sie die ganze Pizza geklaut haben – ich habe keine Ahnung. Jedenfalls waren wir natürlich alle recht begeistert. Jetzt sind sie alle miteinander feiern gegangen, zum Springbrunnen auf dem Erich-Kästner-Platz – aber Jakob war zu müde, er wollte nicht mit. Er hat mit dem Essen gewartet, bis ich wieder von Jochen zurückgekommen bin. Und dann musste ich ihm erst einmal erklären, dass Pizza typisch italienisch ist. Jakob hat vorher immer gedacht, Pizza ist typisch für Berlin, und er hat sich gewundert, warum uns die italienischen Spatzen ausgerechnet Pizza besorgen!

Jetzt sagt er:

„Was hat Jochen denn nun zu Hause gesagt?"

„Das war das Komischste. Zu Hause hat er mit keinem Wort erwähnt, dass er bei Klaus war. Er hat nur erklärt, dass er jetzt einen Plan für die Pension hat, und dass alle helfen müssen, Frau Weißgerber und Ines, und sogar Beate. Sie soll in den Ferien in Warnemünde arbeiten. Sie war gar nicht begeistert."

„Naja. Es ist ja eigentlich egal, was Jochen wollte. Wir werden es schon noch erfahren. Ach schau mal, die beiden Alten quatschen schon wieder über Gott und die Welt."

Die „beiden Alten" sind Waltraud und Angelika. Sie machen gerade wieder ihre Fenster auf und fangen an, sich zu unterhalten. Ich finde, Jakob ist ganz schön respektlos – aber so ist er eben. Ein typischer Berliner Spatz. Außerdem quatschen wir auch über Gott und die Welt, und die Allerjüngsten sind wir erst recht nicht mehr.

worüber	what about
der Lohn, Löhne	wage
die Arbeitszeit, Arbeitszeiten	working hours
benutzen, du benutzt, du hast benutzt	to use
die Investition, Investitionen	investment
tja	*interjection*: well
daran	at this
erstens	firstly
zweitens	secondly
die Bank, Bänke	bench, *here*: bank
telefonieren, du telefonierst, du hast telefoniert	to phone
die Pizza, Pizzen	pizza
italienisch	Italian
die Pizzeria, Pizzerias	pizza restaurant
danken, du dankst, du hast gedankt	to thank
keine Ahnung!	no idea!
miteinander	together
feiern, du feierst, du hast gefeiert	to celebrate
der Springbrunnen, Springbrunnen	water fountain
mitwollen, du willst mit *(spoken German)*	to want to join

„Na Angelika, wie war dein freier Tag?"

„Ach, ganz gut", antwortet Angelika und zündet sich eine Zigarette an. „Ich war einkaufen, dann noch schnell bei der Bank Geld abheben, und danach bin ich zu meiner Tochter Sabrina gefahren. Außerdem war ich gerade in der Pizzeria gegenüber. Ich wollte einen Tisch für Samstag reservieren. Stell dir vor, was da passiert ist! Da saß ein junges Paar an einem Tisch auf der Terrasse, und der Kellner hat ihnen zwei Pizzen gebracht. Plötzlich kamen zwanzig, dreißig Spatzen an den Tisch, setzten sich um einen Teller, nahmen die Pizza in die Schnäbel, hoben sie hoch und flogen weg! Das ganze geschah in weniger als fünfzehn Sekunden. Es war wie in Alfred Hitchcocks Film 'Die Vögel'."

„Das ist ja unglaublich!" Waltraud nimmt einen Schluck aus ihrer Teetasse, die auf einem kleinen Tisch neben dem Fenster steht.

„Und wie geht es Sabrina jetzt, wo sie nicht mehr mit Michael zusammen ist?", will Waltraud wissen.

„Oh je. Es geht ihr nicht besonders gut. Aber entschuldige, Michael ist doch ein Idiot. Erst bekommt Sabrina ein Kind von ihm, und dann

typisch	typical
ausgerechnet	of all things
besorgen, du besorgst, du hast besorgt	to obtain, to provide
nun	now
erwähnen, du erwähnst, du hast erwähnt	to mention
der Plan, Pläne	plan
die Ferien (Plural)	vacations, holidays
erfahren, du erfährst, du hast erfahren, ich erfuhr	to experience; to learn about something
quatschen, du quatschst, du hast gequatscht	to gab, to talk (rubbish)

ganz schön	pretty, quite, very
eben	*here*: just
über Gott und die Welt	about anything you can imagine, *about God and the world*
aller- *in*: **allerjüngsten**	very, all, *here*: the very youngest
anzünden, du zündest an, du hast angezündet	to light, to inflame
die Zigarette, Zigaretten	cigarette

einkaufen, du kaufst ein, du hast eingekauft	to shop
Geld abheben, du hebst ab, du hast abgehoben, ich hob ab	to withdraw money
reservieren, du reservierst, du hast reserviert	to reserve, to book
sich vorstellen, du stellst dir vor, du hast dir vorgestellt	to imagine
der Schnabel, Schnäbel	beak
hochheben, du hebst hoch, du hast hochgehoben, ich hob hoch	to lift up
geschehen, es geschieht, es ist geschehen, es geschah	to happen
wenig	little, few
die Sekunde, Sekunden	second
der Vogel, Vögel	bird
unglaublich	unbelievable
der Schluck, Schlucke	mouthful
die Teetasse, Teetassen	teacup
jetzt, wo	now that
Oh je!	oh dear!
der Idiot, Idioten	idiot

erklärt er ihr, dass er eigentlich schon verheiratet ist. Sie will jedenfalls nichts mehr mit ihm zu tun haben. Aber was muss sie auch in ihrem Alter so unvernünftig sein! Ich sage noch zu ihr, Sabrina, sage ich, pass auf, dass er dich auch heiratet ... Naja, die jungen Leute bekommen ja heute auch Kinder, ohne zu heiraten, und auf ihre Eltern wollen sie nicht hören. Ich muss ja zugeben, ich habe auch nie geheiratet ..."

„Außerdem ist das Heiraten auch keine Sicherheit. Jedes zweite Ehepaar lässt sich doch scheiden! Nein, wenn eine Frau heute Kinder will, muss sie auch einen Beruf haben, wenn du mich fragst. Sonst ist das viel zu gefährlich. Der Mann ist plötzlich weg, und was macht man dann? Zum Glück hat Sabrina auch eine gute Ausbildung."

„Das stimmt, und sie verdient ja auch ihr eigenes Geld. Leicht wird es trotzdem nicht."

„Nein, aber sie schafft das schon. Du hast es ja auch geschafft, 1961, und deine Situation war viel schwieriger."

Angelika antwortet nicht, und Waltraud denkt, dass sie über dieses Thema lieber nicht sprechen will. Darum sagt sie:

„Etwas anderes – ich habe schon seit Monaten nichts von Jochen gehört. Hast du eine Idee, was aus ihm geworden ist? Er hat doch diese Pension bekommen."

„Ich weiß auch nichts Neues. Er ruft ja so selten bei mir an. Ich weiß nicht einmal, ob er die Pension verkaufen will oder sonst etwas. – So, jetzt muss ich aber los. Ich sehe heute eine Dokumentation über Tiere auf Island im Fernsehen. Wenn du sie dir auch anschauen möchtest, dann komm zu mir rüber."

Und Angelika macht ihr Fenster zu.

Sich auskennen

Sich auskennen is one of those expressions you cannot translate 1:1 to English. It means that you know your way around in a certain field. It can be a physical field, e.g. a city (**Ich kenne mich in New York aus**). But it can also mean that you are an expert in an abstract field, subject etc.:

Jens kennt sich mit Menschen aus.
Andreas kennt sich mit Hunden aus.
Beate kennt sich mit Theater aus.

das Alter, Alter	age
unvernünftig	unreasonable
die Sicherheit, Sicherheiten	safety, reliability
das Ehepaar, Ehepaare	married couple
sich scheiden lassen, du lässt dich scheiden, du hast dich scheiden lassen, ich ließ mich scheiden	to divorce
der Beruf, Berufe	profession, job
die Ausbildung, Ausbildungen	training, education
eigen	own
die Situation, Situationen	situation
darum	therefore
der Monat, Monate	month
werden aus (+ Dativ)	to become of someone
das Neue	the new
die Dokumentation, Dokumentationen	documentary
das Tier, Tiere	animal
Island	Iceland
anschauen, du schaust an, du hast angeschaut	to look at, to watch
rüber (short form of: herüber)	over (here)

Wozu? – Dazu!

When we combine question words with prepositions, we have to change the question words when the persons they represent are in *Akkusativ* or *Dativ*:

> Für wen interessierst du dich? – Für Maria / Für sie.
> Mit wem fährst du nach Hamburg? – Mit Maria / Mit ihr.

When we talk about things, we have a different option. We can combine the preposition, e.g. **für** + **was** to **wofür**.

> mit was → womit
> zu was → wozu

... and so on.

When a preposistion starts with a vowel (**a**, **e**, **i**, ...) we add an **r** so that the pronunciation is a bit easier:

> in was → worin
> auf was → worauf
> an was →woran

... and so on.

The same way we can make words out of prepositions, e.g. **für** + **das/den/dem** to **dafür**.

> mit dem → damit
> zu dem → dazu
> mit was → damit

... and again with an **r** for words difficult to pronounce:

> in das → darin
> auf das → darauf
> an das → daran

... and so on.

So for example:

> Wofür interessierst du dich? – Für Musik / Dafür.
> Womit fährst du nach Hamburg? – Mit dem Zug / Damit.

You already know this system for directions:

> Woher kommst du? – Aus Frankreich. Vom Arzt.
> Wohin fährst du? – Ins Kino. Zu Maria. Nach Frankfurt.

Notice that we only use **woher** / **wohin** when talking about directions, so you cannot say e.g. ~~woraus kommst du?~~ .

But as I said, with people we cannot use these combination words:

> Für wen interessierst du dich? – Für Maria / Für sie. (not ~~dafür~~)
> Mit wem fährst du nach Hamburg? – Mit Maria / Mit ihr. (not ~~womit~~)

Recycling words

Sometimes you can use a word for several purposes. For example, we can make nouns out of verbs:

ein Platz zum Schlafen
Er hat mit dem Essen **gewartet**

We just take the infinitive and write it with a capital letter (which is very logical because we have turned the verb into a noun, and all nouns start with a capital letter). Note: all of these words are neuter:

das Essen, das Schlafen, das Gehen

We can do the same for adjectives. They will get their usual definite **-e** ending and a capital letter. That's all! Easy, right?

das Komische
das Schöne
das Gute ...

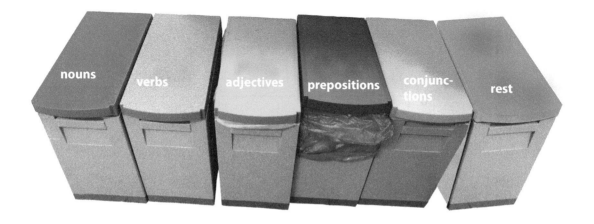

Nämlich – zwar

Most dictionaries translate **nämlich** with *namely*, but we use **nämlich** way more often in German than we use *namely* in English.

The classic reason to use **nämlich** is to *specify* (to give a name to – this is the origin of the word, both in English and in German):

> Ins Kino gehe ich mit zwei Freunden, nämlich mit Klaus und Martin.
> I'll go to the cinema with two friends, namely with Klaus and Martin.

But there is a different meaning of **nämlich**. It can also mean something like *because*. The meaning is not completely different from the original meaning. Still we are specifying, but here we are specifying why something is the case. Look at the following examples:

> Ich habe zuerst gedacht, Klaus soll vielleicht bei Jochen arbeiten. Sie haben nämlich einige Papiere angesehen.
> I first thought Klaus should work with Jochen. I thought so because they were looking through a few documents.

> Ich esse ein Stück von meiner Pizza. Heute gibt es nämlich Pizza.
> I am eating a piece of my pizza. Because today we are having pizza.

> Ich habe keine Zeit heute. Ich muss nämlich arbeiten.
> I don't have time today because I have to work.

Zwar is basically used to state a concession, meaning something like *although* or *still*. **Zwar** is not as strong as *although*, so I prefer to translate it with *still*. When used in this sense, any **zwar** will be followed by an **aber**:

> Ich bin zwar schon alt, aber immer noch gesund.
> Although I am old, I am healthy.
> I am old, but I am still healthy.

> Jens ist zwar ein Spatz, aber er versteht die Menschen gut.
> Although Jens is a sparrow he understands people well.
> Jens is a sparrow. Still, he understands people well.

However the combination **und zwar** means something completely different. It has the same meaning as the classic **nämlich**:

> Ins Kino gehe ich mit zwei Freunden, und zwar mit Klaus und Martin.

Arbeit (Work)

Read what the following people are saying about their work. Then answer the questions about your own work.

Waltraud

Manchmal stimmt es wirklich: Wer selbständig arbeitet, arbeitet selbst und ständig. Heute zum Beispiel war eine unserer Kellnerinnen krank und ihre Kollegen haben schon unglaublich viele Überstunden. Also musste ich aushelfen. Hektisch wird es besonders am Nachmittag, wenn viele Leute Kaffee trinken wollen. So ist das eben in einem Café. Aber in den letzten Jahren ist es auch morgens voller geworden: Die Leute kommen zum Frühstücken, wenn sie frei haben. Für uns ist das gut, weil wir damit gut verdienen, aber es macht auch viel Arbeit.

Die meisten Leute denken ja, dass wir Feierabend haben, wenn wir das Café um 18.00 Uhr schließen. Aber das stimmt natürlich nicht. Wir müssen erst einmal überall sauber machen, aufräumen, den nächsten Tag vorbereiten. Dann müssen wir die Verwaltung machen: einkaufen, die Buchhaltung vorbereiten und so weiter. Oft sitzen Klaus und ich abends noch mehrere Stunden im Büro. Unsere Konditoren und Bäcker fangen dann am nächsten Tag schon um 4.30 Uhr an, damit es frische Brötchen und Kuchen gibt, wenn das Café um 8.00 Uhr öffnet.

Aber ich mag meine Arbeit. Ich spreche gerne mit den Gästen. Ob ich mit 65 in Pension gehe? Bestimmt nicht. Rente bekomme ich sowieso nicht, aber Klaus und ich haben privat vorgesorgt – zum Glück.

selbstständig	independent; *here*: self-employed
ständig	all the time
die Überstunde, Überstunden	an hour of overtime
aushelfen, du hilfst aus, du hast ausgeholfen, ich half aus	to help out
aufräumen, du räumst auf, du hast aufgeräumt	to tidy up
die Verwaltung, Verwaltungen	administration, management
mehrere	several
der Konditor, Konditoren	pastry cook
der Bäcker, Bäcker	baker
frisch	fresh
bestimmt	certain, definite
sowieso	anyway, anyhow
privat	private
vorsorgen, du sorgst vor, du hast vorgesorgt	to provide (for something, *here*: for retirement)

Jochen

Sicherheit ist mir wichtig. Ich habe eine Familie und muss wissen, wieviel Gehalt ich am Ende des Monats bekomme. Nicht, dass am Ende des Geldes noch Monat übrig ist! Und ich muss ja auch für die Zukunft planen. Beate will studieren, das wird Geld kosten.

Zum Glück konnte ich nach der Wende meine Stelle als Verwaltungsoberinspektor behalten. Ich habe ein paar nette Kollegen, und die Kantine ist wirklich gut.

Ob die Arbeit interessant ist? Naja ... es geht so. Aber in ein paar Jahren gehe ich sowieso in Rente. Und außerdem bin ich ja jetzt Unternehmer. Das ist eine neue Herausforderung, auf die ich mich freue. Frau Weißgerber glaubt wohl, dass ich das nicht kann, weil ich mein Leben lang nur im Staatsdienst gearbeitet habe. So ein Unsinn. Was soll denn da so schwer sein? Vielleicht kann ich die nächsten Jahre in Teilzeit arbeiten, denn wenn ich Vollzeit arbeite, habe ich nicht so viel Zeit für die Pension. Ob das funktioniert, hängt davon ab, wieviel Gewinn die Pension machen wird. Denn natürlich bekomme ich weniger Lohn, wenn ich weniger arbeite.

das Gehalt, Gehälter	salary, wage
übrig sein	to be left over
die Zukunft	future
planen, du planst, du hast geplant	to plan
die Stelle, Stellen	job position
behalten, du behältst, du hast behalten, ich behielt	to keep
die Kantine, Kantinen	cantine
der Unternehmer, Unternehmer	entrepreneur
die Herausforderung, Herausforderungen	challenge
sich freuen, du freust dich, du hast dich gefreut	to be glad, to look forward to
der Staatsdienst	public service
die Teilzeit-Arbeit, *kurz*: Teilzeit	part-time work
funktionieren, du funktionierst, du hast funktioniert	to function; to operate

Jens

Natürlich muss ich arbeiten, aber ganz anders als die Menschen: Ich habe flexible Arbeitszeiten und keinen Chef ... Gut, selbstverständlich habe ich auch weder Gehalt noch Urlaub. Ich muss mich um alles selbst kümmern: zum Beispiel, dass ich genug Nahrung habe. Ich muss meine Federn selbst putzen und kann sie nicht in die Waschmaschine geben! Da machen es sich die Menschen ganz schön einfach. Außerdem muss ich jeden Abend einen warmen Platz finden, an dem ich sicher schlafen kann. Oft ist das alles ganz schön stressig. Aber ob ich mit den Menschen tauschen will? Nie im Leben!

flexibel	flexible
selbstverständlich	of course
weder – noch	neither – nor
der Urlaub, Urlaube	time off; holiday
sich kümmern, du kümmerst dich, du hast dich gekümmert	to look after
die Nahrung	nourishment
die Waschmaschine, Waschmaschinen	washing machine
stressig	stressful
tauschen, du tauschst, du hast getauscht	to change

Welchen Beruf hast du / willst du lernen? Warum?
Was gefällt dir an deinem Beruf? Was gefällt dir nicht so gut?
Was ist dein Traumberuf?
Warum?

Weddings and knowledge

Albert und Barbara wollen heiraten.
Setze *kennen*, *können* und *wissen* in der richtigen Form ein.

Albert: _____ du meinen Freund Anton?

Barbara: Nein, ich _____ nicht, wen du meinst.

Albert: _____ du nicht mehr, dass wir letzte Woche verzweifelt einen DJ für die Hochzeit gesucht haben? Ich _____ niemanden, der so gut Musik spielen _____ wie er.

Barbara: Ich _____ mich zwar nicht an ihn erinnern, aber wie viel kostet er als DJ? _____ du, ob er das schon einmal gemacht hat?

Albert: Ich _____ seinen normalen Preis nicht, aber wir _____ ihn einfach fragen. Ich _____, dass Julia und Martin 900 € für ihn bezahlt haben und sehr zufrieden mit ihm waren.

Barbara: Das _____ du doch nicht ernst meinen! Das _____ doch jeder, ein bisschen Musik spielen. Ich _____ sicher jemanden, der das billiger macht und gleich gut _____. 900€ – darüber _____ ich mich nur ärgern!

"Ein bisschen Musik spielen, das kann doch jeder!"

Albert: Du _____ doch gar nicht, was man da alles _____ muss. Ich _____ dich ja gar nicht so wütend.

Barbara: Ich bin nicht wütend, ich bin frustriert. Ich _____ nicht, dass Heiraten so teuer ist.

Albert: Ich _____ es aber nicht ändern, dass es so teuer ist. Sei nicht böse – du _____ mich, ich werde traurig und unsicher, wenn wir streiten.

Barbara: Und ein bisschen eifersüchtig _____ man auch werden, wenn du so verliebt bist in diesen Anton und seine Arbeit.

Albert: So schlecht gelaunt _____ ich dich gar nicht! Du _____ gerne einen anderen DJ finden und ihn bezahlen, wenn du einen _____, der lustig und gut ist.

Barbara: Ich _____ ja nicht einmal, wo ich suchen soll. Tut mir leid, dass ich so zickig und böse war.

Albert: Schon gut, ich _____ das. Manchmal _____ man nicht, was man gegen die schlechte Laune tun _____.

Barbara: Ich _____ die Antwort ... heiraten!

verzweifelt	desperate
der DJ, DJs	DJ
die Hochzeit, Hochzeiten	wedding
der Preis, Preise	price
sich ärgern, du ärgerst dich, du hast dich geärgert	to be / get annoyed
wütend	angry
frustriert	frustrated
traurig	sad
unsicher	insecure, not sure
eifersüchtig	jealous
schlecht gelaunt sein	to be in a bad mood
tut mir leid	I'm sorry
zickig	moody
böse	evil
schon gut	it's alright; never mind
die schlechte Laune, Launen	bad mood
heiraten, du heiratest, du hast geheiratet	to marry
wiederholen, du wiederholst, du hast wiederholt	to repeat
Sinn machen	to make sense

1. Fragen zum Text

Warum ist Jens zu Ines und Jochen geflogen?

Warum dachte Jens zuerst, dass Jochen und Klaus einen Arbeitsvertrag machen wollten?

Wie soll Klaus Jochen helfen?

Warum – denkst du – geht Jochen nicht zur Bank?

Warum gibt es heute Pizza?

Warum – denkst du – hat Jochen seiner Familie nicht erzählt, dass er sich mit Klaus getroffen hat?

Warum ist Beate nicht begeistert?

Wer ist Michael?

Was für ein Problem gibt es zwischen Michael und Sabrina?

Waltraud sagt: "Das Heiraten ist keine Sicherheit". Was meint sie damit?

Waltraud sagt zu Angelika: "Deine Situation war 1961 viel schwieriger." Was meint sie (vielleicht)?

2. Use *wo* + *preposition*. Ask for the underlined words.

Beispiel: Ich arbeite für <u>wenig Geld</u>. → Wofür arbeitest du?

a) Wir haben über <u>deinen Betrieb</u> gesprochen.

b) In meinem neuen Job geht es um <u>kaputte Kaffeemaschinen</u>.

c) Ich habe gar nicht an <u>den Termin heute Abend</u> gedacht.

d) Auf <u>den schnellen Bus</u> will ich nicht warten.

e) Ich war gerade bei <u>der Arbeit</u>, als das Telefon geläutet hat.

f) Butter wird aus <u>Milch</u> gemacht.

g) Ich bin gegen <u>einen zweiten Tisch in unserer Küche</u>.

h) Mein Bruder fährt morgen nach <u>Berlin</u>.

i) Du hast mich bei <u>der Arbeit</u> überrascht.

j) Er hat schon dreimal nach <u>der Apotheke</u> gefragt.

k) Unser neuer Kollege kommt aus <u>dem Westen</u>.

l) Ich arbeite viel mit <u>alten Häusern</u>.

3. Put in *wo, woher, womit, wofür, ...* Some verbs need a certain preposition – check in a dictionary.

a) Er hatte Angelikas Telefonnummer verloren, _____ er sich später ärgerte.

b) Kann sie denn erklären, _____ sie schon wieder ein neues Auto braucht?

c) Wieso wartest du nicht dort, _____ wir uns immer treffen?

d) Jens kann Jakob nicht erklären, _____ er weiß, dass Pizza italienisch ist.

e) Wir können euch nicht sagen, _____ die anderen sich so freuen.

f) Kann Jürgen wissen, _____ Jochen das Geld braucht?

g) Weißt du, _____ ganz Berlin meine Telefonnummer hat?

h) Weißt du schon, _____ du mich bezahlen wirst?

i) Ich habe keine Ahnung, _____ ich das Geld für dein Gehalt nehmen soll.

4. Setze die Wörter in Klammern in der richtigen Form (evt. Akkusativ, Dativ) ein. Manchmal brauchst du noch einen Artikel (ein, eine / der, die ...)!

Beispiel: Ich gehe zu _____ (mein, Arzt) → Ich gehe zu meinem Arzt.

Der Arzt fragt _____, was _____ fehlt. *(ich, ich)*

Ich zeige _____ *(Doktor, mein, linker Arm)*

Er weiß nicht, wie lange ich schon _____, _____ und _____ habe. *(Husten, Schnupfen, Halsschmerzen)*

Wenn du ausatmest, tut_____ dann die Brust weh? *(du)*

Hast du dich an _____ verletzt? *(Kopf)*

Nach _____ konnte sie kaum gehen und stehen. *(Sommergrippe)*

Die Ärztin gibt _____ ein _____ für ein _____, das ich in _____ hole. *(ich, Rezept, Arzneimittel, Apotheke)*

Obwohl wir _____ nehmen, abwarten und Tee trinken, dauert es lange, bis wir wieder in _____ gehen können. *(Tabletten, Schule)*

Sie hatten _____, aber ein bisschen _____ und Fieber. *(kein, Bauchschmerzen, Durchfall)*

Müsst ihr oft husten, wenn ihr _____ putzt? *(ihr, Auto)*

Bei Fieber sollte jeder in _____ bleiben. *(sein Bett)*

5. Idiomatic expressions with body parts: Match the following phrases with their suitable English explanation. Then, try to make at least one sentence with every phrase.

jemanden auf den Arm nehmen	to stand around without any purpose / stand in a queue waiting
sich die Augen aus dem Kopf weinen	to be fed up with something
mit beiden Beinen fest am Boden stehen	to be lumbered with someone/something
einen Fuß in der Tür haben	to claim someone has said something (s)he has not said
etwas oder jemanden am Hals haben	to have influence, not be able to be ignored
eine Hand wäscht die andere	to have a lot of stress
jemandem etwas in den Mund legen	let's help each other
die Nase voll haben	to make fun of someone
viel um die Ohren haben	to cry a lot
sich die Beine in den Bauch stehen	to be realistic

6. Was machst du wie oft? Finde ein passendes Verb und mache Sätze. Denke an Akkusativ und Dativ!

Beispiel: jeder Tag – Straßenbahn → Ich fahre jeden Tag mit der Straßenbahn.

dreimal am Tag – Seife

nie – Zug

sehr selten – Kreditkarte

selten – Auto

einmal in der Woche – Bus

vor jeder Reise – mein Rucksack

oft – U-Bahn

dreimal in der Woche – Sport
Sommer, jeder Nachmittag – Terrasse
Samstag – Freundin
Freitagabend – Kino
zweiter Samstag im Monat – meine ganze Wohnung
einmal, Monat – Rechnungen

7. *Nämlich* oder *zwar*? Wiederhole (*repeat*) gleichzeitig *haben* und *sein*.

a) Ich _____ _____ viel Geld, _____ aber nicht glücklich.

b) Sie _____ es nicht leicht; ihre Freundin _____ _____ gestern gestorben.

c) Er _____ _____ kein Auto mehr, es fehlt ihm aber nicht. Er _____ _____ einen U-Bahnhof direkt vor dem Haus.

d) Wir _____ unser Zimmer _____ geputzt, aber unsere Personalausweise _____ wir nicht gefunden. – Ich glaube, ihr _____ _____ gesucht, aber nicht genau genug. Eure Brüder _____ die Ausweise _____ nach zwei Minuten gefunden

8. Laura und Martina wollen diese Woche einmal ins Café, einmal in eine Bar und einmal ins Museum gehen. Wann haben beide Zeit UND wann hat das Café / das Museum / die Bar auch offen? Hilf ihnen, Termine zu finden.

> Café: jeden Tag 9.00-18.00 Uhr
> Bar: jeden Abend
> Museum: Mittwoch bis Samstag 8.00-16.00 Uhr

Martina kann abends eigentlich immer. Donnerstagmittags und am frühen Nachmittag arbeitet Laura mit einem Freund zusammen im Schuhgeschäft. Immer dienstags ist Martina in der Schule. Jeden Montag-, Mittwoch- und Freitagabend hat Laura Theaterprobe. Martina will sich früh am Morgen nicht gerne treffen, da sie schon wochenlang nachts nicht gut schläft. Laura findet Treffen spät abends schwierig, trifft sich aber gerne am frühen Abend mit Freunden. Am Donnerstagabend trifft Laura ihre Großeltern zum Abendessen. Am Samstag und am Sonntag schlafen beide den ganzen Morgen und Vormittag lang. Montagmittags und am Nachmittag donnerstags hilft Martina ihrem Bruder, weil er in eine neue Wohnung zieht.

Am Donnerstag telefoniert Laura mit Martina :

Laura: Sag mal, hast du morgen Zeit?

Martina: Ja, aber du kannst freitags doch nie?

Laura: Am Abend habe ich Theaterprobe, aber vormittags, am Mittag und nachmittags habe ich Zeit.

Martina: Morgen Nachmittag habe ich schon einen Termin und vormittags hat mich meine Tante eingeladen. Dann hätten wir mittags nur wenig Zeit. Hast du am Samstag Zeit?

Laura: Ja, aber nur abends. Wir wollten doch ins Museum. Hat das auch abends offen?

18

Berlin-Tiergarten, 12. April 2016

Ich kann gar nicht glauben, dass ich jetzt schon 26 Jahre alt bin. 26 Jahre!
Es ist ein schöner Tag – der erste schöne Tag des Jahres – und Jakob und ich
wollten eigentlich einen Ausflug in den Grunewald machen. Berlin ist ja
ganz nett, aber je älter wir werden, desto öfter müssen wir auch aufs Land.
Die Ruhe dort ist wichtig für uns. Es ist ja überhaupt erstaunlich, wie alt
wir geworden sind. Die meisten Spatzen werden leider nur ein paar Jahre
alt ... Ich frage mich selbst oft, warum gerade wir zwei so alt geworden sind.
Wahrscheinlich hat es etwas damit zu tun, dass ich bei Menschen aufge-
wachsen bin und so viel über Menschen weiß. Ich habe ganz früh gelernt,
wie gefährlich Autos sind, dass man sich vor Katzen schützen muss und so
weiter. Das alles hat dann später Jakob von mir gelernt – so wie ich von ihm
fliegen gelernt habe. Jakob macht sich zwar oft über mich und mein Wissen
über die Menschen lustig, aber es hat ihm schon oft das Leben gerettet.
Und so gehören wir heute zu den ältesten Spatzen der Welt. Ältere Spatzen

Tiergarten	zoo, *here: district and park in Berlin*
der Ausflug, Ausflüge	trip
Grunewald	*forest in Berlin*
je – desto (je früher, desto besser)	the – the (the earlier, the better)
erstaunlich	amazing
aufwachsen, du wächst auf, du bist aufgewachsen, ich wuchs auf	to grow up
schützen, du schützt, du hast geschützt (vor)	to protect (from)
retten, du rettest, du hast gerettet	to save (from)
zu etwas / jemandem gehören, du gehörst, du hast gehört	to belong to something / someone

als uns gibt es wohl nur bei den Menschen, in Zoos.

In unserem Alter ist es nicht ungewöhnlich, über den Tod nachzudenken. Habe ich Angst davor? Eigentlich nicht. Ich habe ein reiches Leben gehabt. Ich habe mehr erlebt als praktisch alle Vögel, die ich kenne. Irgendwann müssen wir alle akzeptieren, dass unsere Zeit auf der Welt begrenzt ist. Aber bis es so weit ist, will ich jeden Tag genießen.

Selbstverständlich habe ich immer noch viel Kontakt zur Familie Knauer; irgendwie ist es mir jetzt, wo ich alt bin, noch wichtiger als früher, mit ihnen in Verbindung zu bleiben, denn ich habe meine ganze Kindheit bei ihnen verbracht.

Aber was wird jetzt wohl aus ihnen werden?

Ich hätte ein schlechtes Gewissen, wenn ich in dieser für sie so schweren Zeit mit Jakob den Frühling im Grunewald genießen würde. Jakob war auch sofort einverstanden, dass wir nur in den Tiergarten fliegen, um nachmittags gleich wieder bei den Knauers sein zu können. Klar, wir können nicht viel tun. Aber ich will jetzt wenigstens bei ihnen sein.

Und es ist irgendwie komisch: Gerade heute geht mir dieses Gespräch zwischen Jochen und Klaus vor 20 Jahren nicht aus dem Kopf. Was wollte Jochen damals? Ich glaube, er hat seiner Familie nie davon erzählt. Jakob sagt: Das sind alles alte Geschichten, und wahrscheinlich war es nur irgendeine Kleinigkeit. Ich wäre sehr glücklich, wenn er Recht hätte. Denn ich habe ein schlechtes Gefühl, das ich mir nicht erklären kann. Warum erinnere ich mich ausgerechnet jetzt an dieses Gespräch vor so langer Zeit?

München, 12. April 2016

Die Glocke läutet.

Ein älterer Mann, ungefähr 75 Jahre alt, mit einem karierten Jackett und einer Cordhose kommt in den Laden. „Grüß Gott", sagt er zu Beate und sieht sich dann die Reiseführer gleich rechts neben der Tür an. Beate wartet einige Minuten, dann fragt sie den Mann:

„Kann ich Ihnen helfen?"

„Nein danke, ich will mich nur umsehen."

Umsehen. Alle wollen sich nur umsehen, aber niemand kauft etwas. Beate versteht selbst nicht ganz, warum das so ist. Hatten die Leute früher mehr Geld? Oder bestellen heute alle im Internet?

Tatsächlich: Der ältere Mann legt das Buch zurück, das er in die Hand genommen hat, geht zur Tür, lächelt Beate noch einmal zu und verschwindet.

der Zoo, Zoos	zoo
ungewöhnlich	unusual
der Tod, Tode	death
nachdenken, du denkst nach, du hast nachgedacht, ich dachte nach	to think about, to contemplate
reich	rich
erleben, du erlebst, du hast erlebt	to experience; to witness
praktisch	practical(ly)
akzeptieren, du akzeptierst, du hast akzeptiert	to accept
begrenzen, du begrenzt, du hast begrenzt	to limit
genießen, du genießt, du hast genossen, ich genoss	to enjoy
der Kontakt, Kontakte	contact
die Verbindung, Verbindungen	connection
die Kindheit, Kindheiten	childhood
verbringen, du verbringst, du hast verbracht, ich verbrachte	to spend (time)
zuhören, du hörst zu, du hast zugehört	to listen
ich hätte	I would have (see explanation)
das Gewissen	conscience
der Frühling	spring
würde	would (see explanation)

Beate kann eins und eins zusammenzählen: Diesen Job wird sie nicht mehr lange haben. Sie fragt sich schon lange, wie der Buchhändler, bei dem sie arbeitet, die Miete zahlen kann. München ist schließlich die teuerste Stadt Deutschlands und das Gärtnerplatzviertel ist wiederum eins der teuersten in München.

Aber Beate ist Zukunftssorgen gewöhnt. Sie sind ein Teil ihres Lebens geworden, seit sie ihr Studium der Germanistik und Theaterwissenschaften abgeschlossen hat.

Klar, das Studium war ein Kompromiss gewesen. Eigentlich wollte sie Schauspielerin werden, denn das Theater war ihre echte Leidenschaft. Aber die Aufnahmeprüfung für die Schauspielschule hat sie nicht geschafft und einen klassischen Beruf, in dem man viel Geld verdienen konnte, wollte sie auch nicht lernen. Also hat sie Germanistik und Theaterwissenschaften studiert, um ihren Träumen wenigstens ein bisschen zu folgen.

Schon während des Studiums musste sie unbezahlte Praktika machen und nicht überall hat sie etwas gelernt. Manchmal durfte sie wochen-

einverstanden sein	to agree
die Geschichte, Geschichten	story
die Kleinigkeit, Kleinigkeiten	trifle, detail
wäre	would be (see explanation)
die Glocke, Glocken	bell
kariert	checked (pattern)
das Jackett, Jacketts	(suit) coat
die Cordhose, Cordhosen	cord pants
der Reiseführer, Reiseführer	travel guide
das Internet	internet
das Buch, Bücher	book

lächeln, du lächelst, du hast gelächelt	to smile
verschwinden, du verschwindest, du bist verschwunden, ich verschwand	to disappear
eins und eins zusammenzählen	to figure out something, literally: put one and one together
der Buchhändler, Buchhändler	book seller
die Miete, Mieten	rent
schließlich	finally, here: after all
das Viertel, Viertel	quarter
Gärtnerplatzviertel	neighborhood in central Munich

wiederum	again; on the other hand
die Zukunftssorge, Zukunftssorgen	worries about the future
der Teil, Teile	part
das Leben, Leben	life
das Studium, Studien	studies
(die) Germanistik	German studies (literature, language, culture)
(die) Theaterwissenschaft, -wissenschaften	theater studies (literally: theater science)
abschließen, du schließt ab, du hast abgeschlossen, ich schloss ab	to finish; also: to lock (a door)
der Kompromiss, Kompromisse	compromise
die Schauspielerin, Schauspielerinnen	actress
echt	real, true, authentic
die Leidenschaft, Leidenschaften	passion
die Aufnahmeprüfung, Aufnahmeprüfungen	entrance examination
klassisch	classic(al)
der Traum, die Träume	dream
während	during / while
unbezahlt	not paid
das Praktikum, Praktika	internship
wochenlang	for weeks

lang nur Kaffee kochen und Dokumente kopieren.

Am Ende des Studiums ist zuerst alles gut gegangen. Sie fand eine Stelle als Lektorin in einem großen Verlag in Regensburg. Sie ist zwar etwas unsicher gewesen, denn sie wusste nicht, ob sie nach Bayern umziehen wollte. Aber die Stadt Regensburg hat ihr gut gefallen wegen ihrer mittelalterlichen kleinen Straßen und die Arbeit hat Spaß gemacht und war gut bezahlt.

Aber nach wenigen Jahren musste der Verlag schließen, weil sich seine Bücher nicht mehr gut verkauften. Beate verlor ihre Arbeit und eine feste Stelle hat sie seitdem nie wieder gefunden. Alles war immer befristet auf ein paar Monate, manche Aufträge waren freiberuflich, manche waren schlecht bezahlt. Vor acht Monaten hat sie dann die Stellenanzeige einer kleinen Buchhandlung in München gesehen und obwohl man für die Arbeit nicht besonders qualifiziert sein musste, hat sie sich beworben. Die Stelle ist auf ein Jahr befristet und Beate kann sich nicht vorstellen, dass sie nochmal verlängert wird. Außerdem kann man von dem niedrigen Lohn in München kaum leben. Manchmal denkt Beate, dass ihr Vater doch Recht hatte, als er immer sagte: „Es gibt zwei Arten von Berufen – solche, die Spaß machen, und solche, von denen man leben kann."

Aber vielleicht wird ja jetzt alles anders?

Beate schaut auf die Uhr: Noch zwanzig Minuten bis Ladenschluss. Dann wird sie direkt zum Hauptbahnhof gehen und eine Fahrkarte nach Berlin kaufen.

Selbstverständlich ist sie traurig. Aber sie ist auch ein bisschen glücklich, wenn sie an das denkt, was sie erwartet.

So … what is going to happen to Jens, Jakob, and the Knauer family?
If you want to find out – keep on learning German!
Jens and Jakob – Part 2 – will be available from 2018.
The ISBN will be 978-3-945174-08-1.
Stay tuned: www.skapago.eu/jensjakob/bonus

---

kopieren, du kopierst, du hast kopiert	to copy
der/die Lektor/in, Lektoren/-innen	editor; *also*: lecturer
der Verlag, Verlage	publishing house
Regensburg	*city in Bayern*

Bayern	Bavaria *(state in Germany)*
umziehen, du ziehst um, du bist umgezogen, ich zog um	*here*: to move *(to another house)*, *also*: sich umziehen = to change clothes
mittelalterlich	medieval
der Spaß, Späße	fun
fest	fixed
befristet	temporary
manch, mancher, manche, manches	some
der Auftrag, Aufträge	assignment, job
freiberuflich	freelance
die Stellenanzeige, Stellenanzeigen	job ad
die Buchhandlung, Buchhandlungen	book shop
qualifiziert	qualified
sich bewerben, du bewirbst dich, du hast dich beworben, ich bewarb mich	to apply
verlängern, du verlängerst, du hast verlängert	to extend, prolong
außer	except, unless, besides
niedrig	low
solch, solcher, solche, solches	such/such a
der Ladenschluss, Ladenschlüsse	closing time
der Hauptbahnhof, Hauptbahnhöfe	main (train) station

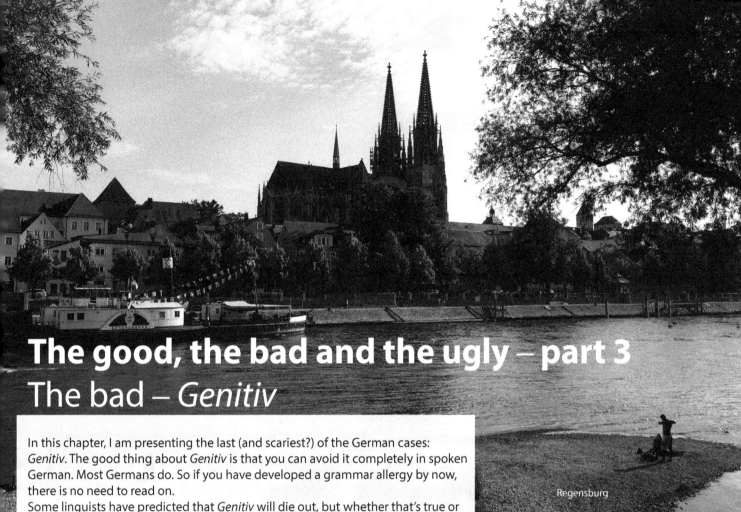

Regensburg

The good, the bad and the ugly – part 3
The bad – *Genitiv*

In this chapter, I am presenting the last (and scariest?) of the German cases: *Genitiv*. The good thing about *Genitiv* is that you can avoid it completely in spoken German. Most Germans do. So if you have developed a grammar allergy by now, there is no need to read on.

Some linguists have predicted that *Genitiv* will die out, but whether that's true or not, it will probably survive both you and me. In written German, *Genitiv* is still alive and kicking.

Genitiv is the case that shows that something belongs to you, and funny enough you even have this case in English (although you don't call it *Genitiv*):

>   Marias Auto
>   Maria's car

This **-s** ending (note that we don't write the apostrophe ' in German) is the *Genitiv* form. Super simple, nothing to worry about.

It gets a little trickier when we use Genitiv with a noun + article:

>   das Auto des Mannes
>   das Auto der Frau
>   das Auto des Kindes
>   das Auto der Männer / Frauen / Kinder

Now let's add an adjective:

```
das Auto des jungen Mannes
das Auto der jungen Frau
das Auto des jungen Kindes
das Auto der jungen Männer / Frauen / Kinder
```

So you can see that the adjective always gets an **-en** ending and never changes. That's easy. The really hard thing about *Genitiv* is that you also change the noun. Remember: we don't do that in other cases, except for "Dativ plural is my friend, always has an **-n** at the end". In *Genitiv* we change the masculine and neuter nouns (rarely feminine nouns), and it's usually an **-(e)s** ending. Since you do not have to use *Genitiv* actively yet, don't worry about these endings for now.

The pronouns have the same ending as the articles in the example above:

```
das Auto meines Mannes
das Auto meiner Frau
das Auto meines Kindes
das Auto meiner Männer / Frauen / Kinder
```

How to avoid Genitiv

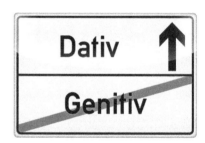

For names you can always use **von** + *Dativ*:

```
Marias Auto = das Auto von Maria
```

You can do the same with nouns / articles / pronouns, but remember *Dativ*:

```
das Auto von dem jungen Mann
```
... and so on.

This last form in particular is not very accepted in written German, simply because **des jungen Mannes** is shorter and thus more elegant. However, for a not-too-formal email using *Dativ* instead of *Genitiv* is perfectly fine.

Notice also that there are a few preposisions that require *Genitiv*. The most common one is **wegen**:

```
Wegen des Regens konnten wir nicht zu Fuß gehen.
```

Again, here it is quite common to replace *Genitiv* with *Dativ*:

```
Wegen dem Regen ...
```

Works in spoken German, but not perfectly nice in written German.

Things that never happen (yet you want to talk about): *Konditional*

"If I were a millionaire, I would live in Australia" ... Sentences like this are in a form called *conditional* (*Konditional* in German) since they are only realistic under certain conditions (here, only if I earn a million, otherwise I won't move to Australia). In English you use **would**, but in German we have two options, and in this book I will teach you the easier, yet less elegant version: *Konditional*. In the second book, you will learn the more complicated, though more elegant alternative: *Konjunktiv*.

Konditional works simply by using the verb **würden***:

ich würde	wir würden
du würdest	ihr würdet
er würde	sie würden
sie würde	
es würde	

> In ihrer Situation würde ich nicht allein sein wollen.

Actually Jens is not in her situation, so the whole sentence is conditional (or, actually, even unrealistic), so we make a sentence with **würden**.
That's it. Very easy. Notice that we can never make sentences with past tense in these situations, as we can do in English:

> If I married another man, what would you do?
> Wenn ich einen anderen Mann heiraten würde, was würdest du tun?

In this sentence, you can spot the problem with the *Konditional*: You get a lot of **würden** into the text, so it does not sound very beautiful. Therefore we generally prefer *Konjunktiv* in many situations. But since it's a bit tricky, I will teach you the *Konjunktiv* forms for just two verbs, which can get you very far:

sein → wären		**haben** → hätten	
ich wäre	wir wären	ich hätte	wir hätten
du wärst	ihr wärt	du hättest	ihr hättet
er wäre	sie wären	er hätte	sie hätten
sie wäre		sie hätte	
es wäre		es hätte	

> Wenn ich in Berlin wäre, würde ich jeden Tag Jens und Jakob treffen.
> If I were in Berlin I would meet Jens and Jakob every day.

Note how we can mix *Konjunktiv* and *Konditional* without any problem.

---

*Note for the bean counters: Actually **würden** is not a verb in its own right – it is the *Konjunktiv* form of **werden**.

Das Wetter (The weather)

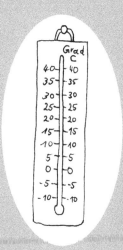

Temperatur = *Temperature*
We use Celsius:
Heute hat es 15 Grad.
Heute ist es 15 Grad warm.
We can say **minus 5 Grad** or **plus 5 Grad** to avoid misunderstandings:
-5° = minus 5 Grad
+5° = plus 5 Grad.

(die) Temperatur	temperature
(das) Grad	degree

Wind = *Wind*
In the table to the right, the different words for wind are shown from light to strong.

der Wind	wind
die Brise	breeze
der Sturm, Stürme	storm
der Orkan	hurricane, gale

Niederschlag = *Precipitation*
Most expressions are quite similar to English.

der Nieder-schlag, Nieder-schläge	precipitation
der Nebel	fog
der Regen	rain
der Nieselregen	drizzling rain
der Schauer	rain shower
der Schnee	snow
das Glatteis	glaze ice

Bewölkung = *Cloudiness*
Watch out for **heiter**. It actually means *cheerful*, but in weather context it means *almost clear*.

die Bewölkung	cloudiness
bewölkt	cloudy
leicht bewölkt	partly cloudy
heiter	(almost) clear
wolkig	quite cloudy
klar	clear
wolkenlos	cloudless

Months & important events

What a mess! Everything in the calendar is wrong. Can you put the events back into the months they belong to?

Januar	Sommerferien
Februar	Weihnachten
März	
April	Neujahr
Mai	Karneval (in Westdeutschland), Fasching (in Süddeutschland
Juni	
Juli	Ostern
August	3. August: Tag der Deutschen Einheit
September	
Oktober	Oktoberfest (in München)
November	Pfingsten
Dezember	Reformationstag

Remember: All months are masculine (e.g. **der April**). To say in which month something happens, we say **im** + month, e.g. **im April**.

Ausbildung (Education)

Jens und Jakob sprechen über Ausbildung. Setze die Wörter ein, die fehlen:

Arbeit	Ausbildung	erklärt
Grundschule	Gymnasium	Handwerkerin
Hauptschule	Lehre	Realschule
Rechnen	Schulpflicht	studieren
Universität	Universitätsabschluss	

Jakob: Jens, ich verstehe das nicht. Warum jammert Beate über ihren Job?

Jens: Naja, ihre __1__ ist nicht so optimal, weißt du.

Jakob: Was bedeutet das?

Jens: Sie hat Theaterwissenschaften und Germanistik studiert. Da ist es schwierig, einen Job zu bekommen.

Jakob: Komisch, Jens. Jetzt war Beate mehr als 20 Jahre in der Schale, und jetzt hat sie immer noch keinen vernünftigen Job?

Jens: Schule, Jakob. Nicht Schale. Ach, weißt du, wenn man lange in der Schule war, bedeutet das nicht, dass man auch eine gute __2__ bekommt.

Jakob: Warum gehen die Menschen dann hin, wenn es sowieso nichts bringt? Spaß macht es ihnen ja scheinbar nicht.

Jens: Ich weiß nicht recht. Manche Leute gehen, glaube ich, ganz gerne in die Schule. Außerdem muss man in Deutschland in die Schule gehen, wenn man zwischen 6 und 16 Jahre alt ist. Man nennt das __3__.

Jakob: Wirklich? Das ist ja furchtbar! Gut, dass ich ein Spatz bin. Und was lernt man dann so in einer Schule?

Jens: Alles Mögliche. Lesen, Schreiben, __4__, Englisch, andere Sprachen, Chemie, Physik ... ganz viele Sachen.

Jakob: Wie funktioniert denn das?

Jens: Naja, da gibt es viele Zimmer. In jedem Zimmer sitzen ein Lehrer und ganz viele Schüler, und der Lehrer __5__ ihnen dann die ganzen Sachen.

Jakob: Gibt es denn eigentlich verschiedene Schulen oder sind alle Schulen gleich?

Jens: Oh, es gibt ganz viele verschiedene Schulen. Und in Deutschland ist es auch noch in jedem Bundesland anders. Kinder gehen erst einmal auf die __6__, das dauert vier Jahre. Vorher gehen viele in den Kindergarten oder sogar in die KiTa.

Jakob: Und danach?

Jens: Danach können die Kinder in den meisten Bundesländern wählen, wohin sie gehen wollen: fünf Jahre auf die __7__, sechs Jahre auf die __8__ oder neun Jahre aufs __9__. Wenn man aufs Gymnasium geht, kann man nachher __10__

das Wort, Worte/Wörter	word
die Grundschule, Grundschulen	primary school
die Hauptschule, Hauptschulen	lower secondary school
die Universität, Universitäten	university
die Lehre, Lehren	science, theory, *here*: apprenticeship
das Gymnasium, Gymnasien	(academic) high school
die Schulpflicht (*singular*)	compulsory school attendance
der Universitätsabschluss, -abschlüsse	university degree
der Handwerker, Handwerker	craftsman
die Realschule, Realschulen	middle school
jammern, du jammerst, du hast gejammert	to complain, whine
optimal	optimal
die Schale, Schalen	bowl
vernünftig	reasonable
nennen, du nennst, du hast genannt, ich nannte	to name
alles Mögliche	all you can think of, "you name it"

Lehrer sind Menschen, die uns helfen, Probleme zu lösen, die wir ohne sie nicht hätten!

– deswegen wollen auch die meisten Eltern, dass ihre Kinder dorthin gehen.

Jakob: Du meinst, man kann an der _11_ studieren? So wie Beate?

Jens: Ja, aber es ist oft gar nicht so toll, wenn man einen _12_ hat. Das siehst du ja bei Beate. Sie hat jahrelang studiert und kann kaum von ihrer Arbeit leben. Wenn sie eine _13_ machen würde und _14_ wäre, dann würde sie viel mehr verdienen.

Jakob: Handwerker? Was ist das?

Jens: Alle Leute, die mit ihren Händen arbeiten: Schreiner, Klempner, KfZ-Mechaniker, Maler ... Diese Leute braucht man immer und viele von ihnen verdienen gar nicht so schlecht. In den großen Städten wie Berlin ist es heute schwierig, gute Handwerker zu bekommen.

Jakob: Warum wollen dann alle Leute an die Universität?

Jens: Was weiß ich. Manchmal ist es wirklich schwer, die Menschen zu verstehen. Sogar für mich.

Jakob: Die spinnen, die Menschen. Ich bin jedenfalls froh, dass ich ein Spatz bin.

Fragen:

- Wie lange bist du in die Schule gegangen?
- Bist du gerne in die Schule gegangen?
- Was hat dir in der Schule Spaß gemacht und was nicht?
- Was für eine Ausbildung hast du?
- Was für eine Ausbildung würdest du gerne haben?
- Hast du studiert?
- Was würdest du gerne studieren?
- Wie funktioniert das Schulsystem in deinem Land?
- Was sind Unterschiede zwischen dem Schulsystem in deinem Land und in Deutschland?

schreiben, du schreibst, du hast geschrieben, ich schrieb	to write
die Chemie (*singular*)	chemistry
die Physik (*singular*)	physics
der Lehrer, Lehrer	teacher
der Schüler, Schüler	student, pupil
verschieden	different
der Kindergarten, -gärten	kindergarten
die KiTa, KiTas (*short for*: Kindertagesstätte)	nursery, day care center
nachher	afterwards
deswegen	therefore, that's why
dorthin	there (*to a certain place*)
jahrelang	for years
würde	would (*see explanation*)
wäre (*Konjunktiv*)	would have (*see explanation*)
der Schreiner, Schreiner	carpenter
der Klempner, Klempner	plumber
der KFZ-Mechaniker, KFZ-Mechaniker	car mechanic
der Maler, Maler	painter
spinnen, du spinnst, du hast gesponnen, ich spann	to yarn, *here*: to be crazy

Jahreszeiten (Seasons)

Describe the typical weather in Germany and in your home country during the following seasons:

Frühling	spring
Sommer	summer
Herbst	fall
Winter	winter

Grammar tip: All seasons are masculine, and we use the following expressions:

im Frühling	in spring
diesen Frühling	this year's spring

Bank, Post, Polizei ...

Es ist 15.30 Uhr. Erna hat viel zu tun. Was soll sie zuerst machen? Kannst du ihr helfen?

a) Erna muss ein Buch zurückbringen, das sie in der Bibliothek ausgeliehen hat. Aber die Bibliothek macht heute um 16.00 zu.
b) Sie muss ein Paket auf der Post abholen. Aber sie kann das Paket nicht vor 17.00 holen. Sie muss auch Briefmarken kaufen, um zwei Briefe schreiben zu können.
c) Jemand hat ihr Fahrrad gestohlen und sie will bei der Polizei Anzeige erstatten.
d) Sie will auf der Bank ein Konto eröffnen. Die Bank schließt heute um 17.00 Uhr.
e) Ihr Nachbar hat sie gefragt, ob sie nicht sein Kind um 17.30 Uhr vom Kindergarten abholen kann.
f) Sie will eine Hose umtauschen, die sie gekauft hat. Sie ist nämlich zu eng, denn Erna hat seit Weihnachten 5 Kilo zugenommen. Sie will eine neue Hose kaufen, die passt. Das Geschäft schließt um 18.00 Uhr.
g) Sie will ihre Freundin Cornelia besuchen. Das kann sie machen, wann sie will – Cornelia ist immer zu Hause.

die Post	post (office)
zurückbringen, du bringst zurück, du hast zurückgebracht, ich brachte zurück	to bring back, to return
die Bibliothek, Bibliotheken	library
ausleihen, du leihst aus, du hast ausgeliehen, ich lieh aus	to borrow, to lend
das Paket, Pakete	package, parcel
die Briefmarke, Briefmarken	stamp
der Brief, Briefe	letter
das Fahrrad, Fahrräder	bicycle
stehlen, du stiehlst, du hast gestohlen, ich stahl	to steal
die Anzeige, Anzeigen	display, *here*: (criminal) complaint
erstatten, du erstattest, du hast erstattet	to refund, *here*: to report
Anzeige erstatten	to report an offence
das Konto, Konten	account
der Nachbar, Nachbarn	neighbor
umtauschen, du tauschst um, du hast umgetauscht	to (ex)change
das Kilo, Kilos	kilo(gram)
zunehmen, du nimmst zu, du hast zugenommen, ich nahm zu	to increase, *here*: to gain weight

Kleidung

die Mütze, Mützen	cap
die Bluse, Blusen	blouse
der BH, BHs	bra
die Jacke, Jacken	jacket
der Pullover, Pullover	pullover/ sweatshirt
das Hemd, Hemden	shirt
das T-Shirt, T-Shirts	T-shirt
der Handschuh, Handschuhe	glove/mitten
die Socke, Socken	sock
der Schuh, Schuhe	shoe
die Unterhose, Unterhosen	underpants
das Unterhemd, Unterhemden	undershirt

Beschreibe die Kleidung der Personen.
Describe the persons' clothes.

Beispiel: Die Frau trägt ein rosa T-Shirt, ...

1. Fragen zum Text

Was ist gefährlich für Spatzen?

Hat Jens Angst zu sterben?

Was – denkst du – ist bei den Knauers passiert?

Warum macht sich Jens Sorgen?

Wobei hätte er ein schlechtes Gewissen?

Was macht der Mann in Beates Laden?

Was hat Beate studiert? Warum hat sie es studiert?

Welche Zukunftssorgen hat Beate?

Wo lebt und arbeitet Beate heute?

Was bedeutet die Aussage von Jochen („Es gibt zwei Arten von Berufen ...")?

Was – denkst du – ist Beates Plan, wenn die Buchhandlung schließt?

2. Short words, often used ... Use each of these words in two different sentences. Use words from your word list!

jetzt	wirklich	denn	nichts
dann	heute	schlecht	ohne

3. Guess and look up what these three expressions mean:

Tomaten auf den Augen haben = ?

grün hinter den Ohren sein = ?

die Schnauze voll haben = ?

4. Kannst du einen Stadtplan von meiner Stadt machen?

Ich stehe beim Hauptbahnhof und schaue nach Norden, direkt zum Schuhgeschäft. Rechts neben dem Schuhgeschäft kann ich Milch, Brot, Wurst, Käse und viel mehr einkaufen. In der Straße links vom Bahnhof liegen vier Geschäfte, im zweiten von links ist der Arzt. Arzneimittel und Kosmetik bekommt man im Nordwesten der Stadt. Fahrkarten und Zeitschriften kaufe ich direkt südlich hinter dem Bahnhof, in einer Straße, die von Westen nach Osten drei Geschäfte hat. Tanken kann man in der gleichen Straße, in der das Schuhgeschäft und der Hauptbahnhof sind. Wenn man vom Hauptbahnhof nach Norden an zwei Geschäften vorbei und dann nach rechts (Osten) geht, kommt man zum Café. Die Apotheke und die Touristeninformation liegen in der gleichen Straße. In der südlichsten Straße kann man im Buchladen und im Kiosk einkaufen oder im Hotel schlafen. Zwischen dem Arzt und dem Buchladen liegt die Touristeninformation. Vom Hotel geradeaus nach Norden liegt das Kaufhaus. Südlich vom Kaufhaus kann man schlafen. Jeans, andere Kleidung und CDs kann man in einem Laden südlich vom Supermarkt kaufen.

```
                        Norden
                          ^
Westen        ←       Hauptbahnhof        →       Osten
                          v
                        Süden
```

5. Benutze _mindestens_ oder _wenigstens_.

Warst du _____ schon einmal am Strand? Nein, ich war aber dafür _____ fünfmal in Städten im Sommer. Für mich muss es _____ 34 Grad haben, dann genieße ich die Sonne richtig. Letztes Jahr kosteten alle Reisen, die mir gefielen, _____ 1500 €, also blieb ich zu Hause. Dort war es _____ auch die ganze Zeit schön. Ich fahre _____ zwanzig Mal im Jahr für den Beruf mit dem Zug durch Deutschland, deshalb will ich _____ einmal im Jahr privat weit weg fahren.

6. Change _Genitiv_ to _Dativ_.

Beispiel: die Idee eines Kindskopfes → die Idee von einem Kindskopf

die Grenze Deutschlands   das Bild der sauberen Küche

die Geräusche des Meeres   der Mut meines jungen Kollegen

das Eis des kleinen Jungen   der Personalausweis des Großvaters

die Probleme seines langweiligen Jobs das Arzneimittel unserer Großmutter

der Lärm der gut gelaunten Gruppe   der Hund eurer Tante

die Jugendlichen der großen Stadt   das Problem der billigen Wohnung

7. Make sentences. Mind the separable verbs.

Beispiel: Er, gestern, aufwachen, 6 Uhr → Er ist gestern um 6 Uhr aufgewacht.

Thomas, weitergehen

zugeben, er, dass er Unsinn gemacht hat?

müssen, wir, schon, aufstehen?

ich, ansehen, mir, die alten Fotos

du, anziehen sollen, Mantel, weil, kalt sein

Wann, du, ausziehen, aus deiner Wohnung?

können, du dir, vorstellen, in Berlin zu leben?

du, heimfahren, um 18 Uhr?

wir, fernsehen, nicht gerne

ich, essen, schon vor einer Stunde

Wann, wir, anfangen? – es, gleich losgehen

Können, du, abholen, die Kinder von der Schule?

Sie, abbiegen, an der dritten Kreuzung!

das Glas, sein, kaputt, weil, herunterfallen

Keine Angst: wir, aufpassen

Martin, holen, ein Bier, aus dem Kühlschrank

das, aussehen, nicht gut

mir, wehtun, das linke Auge

was, Theresa, machen? – Sie, vorbereiten, den Ausflug

einsteigen, du! Die S-Bahn, fahren, gleich.

Beate, hineingehen, ins Kaufhaus, vor 5 Minuten

wann, Beate, zurückkommen?

Du, sein, krank. Du, können, nicht weitermachen.

Alphabetic Word List

German	English	Ch.
abbiegen, du biegst ab, bist abgebogen, ich bog ab	to turn *(into a street, especially when driving - or flying)*	11
links/rechts abbiegen	to turn left/right	11
abendessen, du isst abend, du hast abendgegessen, ich aß abend	to have dinner	9
abends	in the evening	7
aber	but	1
abhängen (von), du hängst ab, du hast abgehangen, ich hing ab	to depend on	16
abholen, du holst ab, du hast abgeholt	to collect, pick up	11
Abkürzung, die, Abkürzungen	abbreviation	16
abschließen, du schließt ab, du hast abgeschlossen, ich schloss ab	to finish / *also:* to lock (a door)	18
abwarten, du wartest ab, du hast abgewartet	to wait for	13
Abwarten und Tee trinken.	wait and see	13
ach	oh	1
ach so	oh / I see / by the way	4
ach was	I mean, *here:* expression of correction	1
Ahnung: keine Ahnung!	no idea	17
akzeptieren, du akzeptierst, du hast akzeptiert	to accept	18
alle	all, everybody	5
allein	alone	2
aller- in: allerjüngsten	very, all, *here:* the very youngest	17
alles	everything	4
alles Mögliche	all you can think of, "you name it"	18
Alpen, die *(only plural)*	Alps	16
als	than / when	5
also	so, therefore	2
alt	old	7
älter	older	8
Alter, das, Alter	age	17
Alternative, die, Alternativen	alternative	2
am = an + dem	at the, by the, near the, on the	3
an + *Dat.* entlang	along ...	11
anbieten, du bietest an, du hast angeboten, ich bat an	to offer	10
andere, ein(e) andere(r/s)	another	6
mit einer anderen	with another	12
andererseits	on the other hand	17
ändern, du änderst, du hast geändert	to change	9
etwas ändert sich	something changes	9
anders	different	5
anfangen, du fängst an, du hast angefangen, ich fing an	to start, begin	11
Angst, die, Ängste	fear	5
Angste bekommen	to get scared, "to receive fear"	5
anhören, du hörst an, du hast angehört	to listen to, hear sb./sth.	16
ankommen, du kommst an, du bist angekommen, ich kam an	to arrive	15
anrufen, du rufst an, du hast angerufen, ich rief an	to ring, to call someone on the phone	9, 13
anschauen, du schaust an, du hast angeschaut	to look at, watch	17
anschließend	afterwards	9
ansehen, du siehst an, du hast angesehen, ich sah an	to look at sb./watch sth.	4
anstrengend	demanding, exhausting	4
Antwort, die, Antworten	answer	6
antworten, du antwortest, du hast geantwortet	to answer	1
Anzeige, die, Anzeigen	display / (criminal) complaint	18
Anzeige erstatten	to report an offence	18
anziehen, du ziehst an, du hast angezogen, ich zog an	to put on (clothes)	7
anzünden, du zündest an, du hast angezündet	to light, inflame	17
Apfel, der, Äpfel	apple	3
Apfelsaft, der, Apfelsäfte	apple juice	8
Apotheke, die, Apotheken	pharmacy, drugstore	13, 14
Bekomme ich das in der Apotheke ohne Rezept?	Can I buy that at the pharmacy without a prescription?	13
Arbeit, die, Arbeiten	work	8
arbeiten, du arbeitest, du hast gearbeitet	to work	5
Arbeitsvertrag, der, Arbeitsverträge	working contract	17
Arbeitszeit, die, Arbeitszeiten	working hours	17
Arbeitszimmer, das, Arbeitszimmer	(home) office, study	10
ärgern, sich ärgern, du ärgerst dich, du hast dich geärgert	to be/get annoyed	17
Arm, der, Arme	arm	13
arrogant	arrogant	16
Art, die, Arten	kind (of)	16
Arzneimittel, das, Arzneimittel	drug, medicine	14
Arzt, der, Ärzte	doctor	5
atmen, du atmest, du hast geatmet	to breathe	9
Atmen Sie ein. / Atmen Sie aus.	Breathe in / breathe out.	13
auch	also, too	2
auf	(up)on	1
auf und ab	up and down	9
aufgeregt	excited	6
aufmerksam	attentive	15
Aufnahmeprüfung, die, Aufnahmeprüfungen	entrance examination	18

aufpassen, du passt auf, du hast aufgepasst	to pay attention	11
aufräumen, du räumst auf, du hast aufgeräumt	to tidy up	17
aufschneiden, du schneidest auf, du hast aufgeschnitten, ich schnitt auf	to cut (in slices)	10
aufsperren, du sperrst auf, du hast aufgesperrt	to unlock	14
aufstehen, du stehst auf, du bist aufgestanden, ich stand auf	to get up, stand up	3
Auftrag, der, Aufträge	assignment, job	18
aufwachen, du wachst auf, du bist aufgewacht	to wake up	3
aufwachsen, du wächst auf, du bist aufgewachsen, ich wuchs auf	to grow up	18
Auge, das, Augen	eye	13
aus	from, out, of	1
ausatmen, du atmest aus, du hast ausgeatmet	to exhale, breathe out	13
Ausbildung, die, Ausbildungen	training, education	17
Ausfahrt, die, Ausfahrten	exit (for cars)	12
Ausflug, der, Ausflüge	trip	18
ausgerechnet	of all things	17
aushelfen, du hilfst aus, du hast ausgeholfen, ich half aus	to help somebody out	17
auskennen: sich auskennen, du kennst dich aus, du hast dich ausgekannt, ich kannte mich aus	to know one's stuff (see explanation)	17
ausleihen, du leihst aus, du hast ausgeliehen, ich lieh aus	to borrow, lend	18
ausrichten: jemandem etwas ausrichten, du richtest aus, du hast ausgerichtet	to tell sb. sth., leave someone a message	16
Aussage, die, Aussagen	statement	16
aussehen, du siehst aus, du hast ausgesehen, ich sah aus	to look (like), appear	13
außer	except, unless, besides	18
außerdem	additionally, furthermore	13

aussprechen, du sprichst aus, du hast ausgesprochen, ich sprach aus	to pronounce, to say something out loud	16
ausstellen, du stellst aus, du hast ausgestellt	to exhibit / to issue, write	13
ein Rezept ausstellen	to write a prescription	13
ausziehen, du ziehst aus, du hast ausgezogen, ich zog aus	to take off (clothes)	7
Auto, das, Autos	car	4
Autohersteller, der, -hersteller	car manufacturer	16
automatisch	automatic(ally)	11
Automobilindustrie, die, -industrien	car manufacturing	16
Bach, der, Bäche	brook, stream	11
Bäcker, der, Bäcker	baker	17
baden, du badest, du hast gebadet	to bathe, take a bath / to swim	14
Bahnhof, der, Bahnhöfe	train station	4
bald	soon	3
Balkon, der, Balkone	balcony	11
Banane, die, Bananen	banana	3
Bank, die, Banken	bench / bank	17
Baseballmütze, die, Baseballmützen	baseball cap	16
Bauch, der, Bäuche	belly	13
Ich habe Bauchschmerzen.	I have a pain in my stomach.	13
Bauernhof, der, Bauernhöfe	farm	16
Baum, der, Bäume	tree	15
Bayern	Bavaria (state in Germany)	18
bedeuten, du bedeutest, du hast bedeutet	to mean	1
bedienen, du bedienst, du hast bedient	to serve	16
befristet	temporary	18
begeistert	enthusiastic	5
beginnen, du beginnst, du hast begonnen, ich begann	to start, begin	3
begrenzen, du begrenzt, du hast begrenzt	to limit	18
behalten, du behältst, du hast behalten, ich behielt	to keep	17

beide	both	10
Bein, das, Beine	leg	13
Beispiel, das, Beispiele	example	4
zum Beispiel	for example	4
bekommen, du bekommst, du hast bekommen, ich bekam	to get, receive	5
benutzen, du benutzt, du hast benutzt	to use	17
Benzin, (das)	fuel	14
beobachten, du beobachtest, du hast beobachtet	to observe	15
Berg, der, Berge	mountain	16
Berlin	capital of Germany	1
Berlin-Marathon, der	annual marathon held in Berlin	16
Beruf, der, Berufe	profession, job	17
beruhigt	reassured	16
besonders	especially	8
besorgen, du besorgst, du hast besorgt	to obtain, provide	17
besser	better	3
beste(r/s), am besten	best	16
bestellen, du bestellst, du hast bestellt	to order	8
bestimmt	certain, definite	17
Besuch, der, Besuche	visit / visitor	10
besuchen, du besuchst, du hast besucht	to visit	10
Betrieb, der, Betriebe	enterprise	15
Bett, das, Betten	bed	9
Sie müssen im Bett bleiben.	You have to stay in bed.	13
ins Bett gehen	to go to bed	9
bewegen: sich bewegen, du bewegst dich, du hast dich bewegt	to move	16
bewerben: sich bewerben, du bewirbst dich, du hast dich beworben, ich bewarb mich	to apply	18
bewölkt	cloudy	18
Bewölkung, die	cloudiness	18
bewusst	aware, concious	16

German	English	Ch.
bewusst wählen	to choose conciously	16
bezahlen, du bezahlst, du hast bezahlt	to pay	14
bar bezahlen	to pay cash	14
mit Kreditkarte bezahlen	to pay with credit card	14
Bibliothek, die, Bibliotheken	library	18
Bier, (das)	beer	10
Bild, das, Bilder	picture	10
billig	cheap	14
bis	until	8
bisher	so far, up to now	13
bisschen	a little bit	4
bitte	please	6
blau	blue	10
bleiben, du bleibst, du bist geblieben, ich blieb	to remain, stay	12 15
Boden, der, Böden	floor	15
böse	bad, angry	17
brauchen, du brauchst, du hast gebraucht	to need	2
braun	brown	10
brechen, du brichst, du hast gebrochen, ich brach	to break, to throw up	13
Ich muss brechen.	I have to throw up.	13
Bremen	city in Germany	16
Brief, der, Briefe	letter	18
Briefmarke, die, Briefmarken	stamp	18
bringen, du bringst, du hast gebracht, ich brachte	to bring, get / serve	8
Brise, die, Brisen	breeze	18
Brot, das, Brote	bread	3
Brötchen, das, Brötchen	roll	14
Bruder, der, Brüder	brother	5
Brüder Grimm, die	The Brothers Grimm	16
Brust, die, Brüste	chest, breast	13
Buch, das, Bücher	book	18
Buchhändler, der, Buchhändler	book seller	18
Buchhandlung, die, Buchandlungen	book shop	18
bügeln, du bügelst, du hast gebügelt	to iron	15
Bundesland, das, Bundesländer	federal state (in Germany and Austria)	16
Büro, das, Büros	office	9
Bus, der, Busse	bus	4
Butter, (die), /	butter	3
Café, das, Cafés	café, coffee house	6
CD-Player, der, CD-Player	CD player	7
CD, die, CDs	CD	5
Chef, der, Chefs	boss	12
Chemie, (die)	chemistry	18
Cognac, (der)	Cognac	16
Comic, das/der, Comics	comic	5
Computer, der, Computer	computer	10
cool	cool	7
Cordhose, die, Cordhosen	cord pants	18
da	here	4
Dach, das, Dächer	roof	14
dafür	for this	8
dagegen	against it	8
Ich habe nichts dagegen.	I don't object.	8
daher	therefore, hence	16
damals	back then	13
Dame, die, Damen	lady	8
damit	with it, with this	9
danach	afterwards	1
daneben	aside, next to (it)	6
danke	thank you	4
danken, du dankst, du hast gedankt	to thank	17
dankeschön	thank you very much	6
dann	then	4
Danzig	city in Poland with a big German population till 1945	5
daran	at this	17
darf's	stands for darf es	16
darum	therefore	17
das	this / that	1
dass	that	10
dauern, es dauert, es hat gedauert	to last	13
Das dauert halt ein paar Tage.	It just takes a few days.	14
dauernd	continually	14
dazugehören, du gehörst dazu, du hast dazu gehört	to belong to / to be accepted as part of a group	16
dein	your	7
Dekoration, die, Dekorationen	decoration	15
denen	those (see grammar explanation)	16
denken, du denkst, du hast gedacht, ich dachte	to think	1
denn	because	3
deshalb	therefore, hence	16
deswegen	therefore, that's why	18
deutsch	German	1
Dezember	December	11
Dialekt, der, Dialekte	dialect	16
dick	thick, fat	11
Dienstag	Tuesday	9
diese, dieser, dieses	this	11
Ding, das, Dinge	thing	11
so ein Ding	such a thing	11
direkt	straight, directly	14
DJ, der, DJs	DJ	17
doch	yes, contradicting a negative question; but	3, 11
Doktor, der, Doktoren	doctor; MD / PhD	13
Dokument, das, Dokumente	document	17
Dokumentation, die, Domkumentationen	documentary	17
Donnerstag	Thursday	9
doppelt	double, twice	16
dort	there	4

dorthin	there, in this direction / to a certain place	6 18	
Dose, die, Dosen	can	14	
Drama, das, Dramen	drama	16	
ein Drama aus einer Sache machen	to make a big deal out of sth.	16	
draußen	outside	11	
dritte(r/s)	third	6	
drüben	beyond	4	
da drüben	over there	4	
du	you	1	
dunkel, *plural*: dunkle	dark	13	
durch	through	6	
Durchfall, (der)	diarrhea	14	
durchs	durch das = through the	9	
dürfen, du darfst, du hast gedurft, ich durfte	to be allowed to, may	2	
Was darf's denn sein?	*here:* What may I bring you?	16	
duschen, du duschst, du hast geduscht	to take a shower	9	
eben	just	17	
echt	real, true, authentic	18	
egal	whatever	5	
Ehepaar, das, Ehepaare	married couple	17	
Ei, das, Eier	egg	3	
eifersüchtig	jealous	17	
eigen	own	17	
eigentlich	actually	4	
einatmen, du atmest ein, du hast eingeatmet	to breathe in	9	
einerseits	on the one hand	17	
einfach	easy, simple	4	
Eingang, der, Eingänge	entrance	16	
einige	a few, some	9	
Einkauf, der, Einkäufe	purchase, shopping	14	
einkaufen, du kaufst ein, du hast eingekauft	to shop	17	
einladen, du lädst ein, du hast eingeladen, ich lud ein	to invite	16	

einpacken, du packst ein, du hast eingepackt	to pack	14	
einrichten, du richtest ein, du hast eingerichtet	to furnish sth.	15	
Einrichtung, die, Einrichtungen	furnishing, set-up	17	
eins und eins zusammenzählen	to figure out something, *literally*: put one and one together	18	
einschlafen, du schläfst ein, du bist eingeschlafen, ich schlief ein	to fall asleep	16	
einsteigen, du steigst ein, du bist eingestiegen, ich stieg ein	to get on sth., enter	14	
einverstanden sein	to agree	18	
Eis, das	ice cream / ice	14	
elegant	elegant	11	
Eltern, die *(only plural)*	parents	2	
empfehlen, du empfiehlst, du hast empfohlen, ich empfahl	to recommend	16	
Ende, das, Enden	end	11	
zu Ende	finished, over, done	11	
endlich	finally	6	
eng	tight, narrow	6	
zu eng	too tight	6	
englisch	English	1	
Enklave, die, Enklaven	enclave	16	
entlang	along(side)	11	
entschuldigen: sich entschuldigen, du entschuldigst dich, du hast dich entschuldigt	to apologize	16	
Entschuldigung, die, Entschuldigungen	excuse	8	
Entschuldigung!	excuse me!	8	
enttäuscht	disappointed	7	
er	he	1	
Erdnuss, die, Erdnüsse	peanut	14	
erfahren, du erfährst, du hast erfahren, ich erfuhr	to experience / to learn about something	17	
Erfahrung, die, Erfahrungen	experience	15	

erinnern: sich erinnern, du erinnerst dich, du hast dich erinnert	to remember	13	
erklären, du erklärst, du hast erklärt	to explain	11	
erleben, du erlebst, du hast erlebt	to experience / to witness	18	
ernst	serious	16	
eröffnen, du eröffnest, du hast eröffnet	to open up, start off	16	
erschöpft	exhausted	11	
erschrecken, du erschrickst, du bist erschrocken, ich erschrak	to get frightened	9	
erst	first, only	5	
erst recht	all the more, more than ever	16	
erst recht nicht	less than ever	16	
erstatten, du erstattest, du hast erstattet	to refund / to report	18	
erstaunlich	amazing	18	
erste, erster, erstes	first	12	
erstens	firstly	17	
erwachsen	grown up	13	
Hoffentlich wird er noch erwachsen.	I hope he grows up!	13	
erwähnen, du erwähnst, du hast erwähnt	to mention	17	
erzählen, du erzählst, du hast erzählt	to tell	13	
es	it	1	
es muss doch ... geben!	there has to be ... after all!	11	
Espresso, der, Espresso	espresso	8	
Essen, das, Essen	food	11	
essen, du isst, du hast gegessen, ich aß	to eat	2	
etwa	about, roughly, approximately	10	
etwas	something	1	
etwas anderes	something different	5	
Europa	Europe	16	
extra	extra	8	
Fabrik, die, Fabriken	factory	16	

fahren, du fährst, du bist gefahren, ich fuhr	to go, drive	4 15	
Fahrkarte, die, Fahrkarten	ticket	14	
Fahrrad, das, Fahrräder	bicycle	18	
Fahrt, die, Fahrten	journey, trip, drive	15	
Fall, der, Fälle	case	5	
auf jeden Fall	in any case	5	
Familie, die, Familien	family	5	
Farbe, die Farben	color	15	
fast	almost	8	
Feder, die, Federn	feather	11	
fegen, du fegst, du hast gefegt	to sweep	15	
fehlen, du fehlst, du hast gefehlt	to lack, be missing	13	
Was fehlt Ihnen denn?	What's up/wrong with you?	13	
Feierabend, der, Feier- abende	after-work hours	11	
Feierabend!	That's it for today! / Let's call it a day.	11	
feiern, du feierst, du hast gefeiert	to celebrate	17	
Fenster, das, Fenster	window	5	
Ferien, die (only plural)	vacation, holiday	17	
fernsehen, du siehst fern, du hast ferngesehen, ich sah fern	to watch TV	9	
Fernseher, der, Fernseher	TV	10	
fertig	ready, finished	3	
fest	fixed	18	
Fett, das, Fette	fat	14	
Fieber, (das)	fever	13	
Sie haben Fieber.	You have a high temperature.	13	
finden, du findest, du hast gefunden, ich fand	to find	6	
finden, ich finde	I believe, I think	8	
Fischbrötchen, das, Fisch- brötchen	fish sandwich	14	
fit	fit, healthy	13	
Fläche, die, Flächen	area	16	
flexibel	flexible	17	

fliegen, du fliegst, du bist geflogen, ich flog	to fly	4 15	
flirten, du flirtest, du hast geflirtet	to flirt	16	
Flug, der, Flüge	flight	16	
Flügel, der, Flügel	wing	4	
Fluss, der, Flüsse	river	11	
flüstern, du flüsterst, du hast geflüstert	to whisper	11	
folgen, du folgst, du hast/ bist gefolgt + Dativ	to follow	11	
Folgende, das	following	17	
Foto, das, Fotos	photo	8	
fragen, du fragst, du hast gefragt	to ask	1	
französisch	French	8	
Frau, die, Frauen	woman	8	
frei	free	8	
frei haben	to have time off	8	
freiberuflich	freelance	18	
Freitag	Friday	9	
fressen, du frisst, du hast gefressen, ich fraß	to eat (of an animal), guzzle	5	
freuen: sich freuen, du freust dich, du hast dich gefreut	to be glad, look forward to	17	
Freund, der, Freunde	friend	9	
Freundin, die, Freundinnen	(female) friend	9	
frisch	fresh	17	
Frisör, der, Frisöre	hairdresser	16	
froh	happy, glad	13	
früh	early	13	
früher	earlier / in the past	11	
Frühling, der	spring	18	
frühstücken, du früh- stückst, du hast gefrüh- stückt	to have breakfast	3	
frustriert	frustrated	17	
fühlen, du fühlst, du hast gefühlt	to feel	13 15	
führen, du führst, du hast geführt	to lead, guide / to administrate	14	
funktionieren, du funktio- nierst, du hast funktioniert	to function / to operate	17	

für	for	4	
furchtbar	terrible, terribly	9	
Fuß, der, Füße	foot	5	
zu Fuß	on foot	5	
Fußboden, der, Fußböden	floor	15	
füttern, du fütterst, du hast gefüttert	to feed	15	
ganz	completely, absolutely	1	
ganz schön	pretty, quite, very	17	
den ganzen Nachmittag	the whole after- noon	9	
gar nicht	not at all	3	
Gärtnerplatzviertel	neighborhood in central Munich	18	
Gasse, die, Gassen	alley	11	
Gassi gehen (mit dem Hund gehen)	to take the dog out	15	
Gast, der, Gäste	guest	15	
Gasthaus, das, Gasthäuser	restaurant, inn	16	
Gastronomie, die	gastronomy, catering	15	
geben, du gibst, du hast gegeben, ich gab	to give	8 15	
es gibt	there is/are	8	
Gebirge, das, Gebirge	mountain range	16	
geboren sein	to be born	5	
Gefahr, die, Gefahren	danger	13	
gefährlich	dangerous	11	
gefallen, du gefällst, du hast gefallen, ich gefiel	to appeal, be pleasing / to like	14	
Gefühl, das, Gefühle	feeling	5	
gegen	against	13	
Gegenteil, das, Gegenteile	opposite	13	
gegenüber + Dativ	across from	11	
schräg gegenüber	diagonally opposite	11	
Gehalt, das, Gehälter	salary, wage	17	
gehen, du gehst, du bist gegangen, ich ging	to go, walk	3	
gehören, du gehörst, du hast gehört + Dativ	to belong to	18	
gelb	yellow	10	

German	English	Ch.
Geld, das	money	7
Geld abheben, du hebst ab, du hast abgehoben, ich hob ab	to withdraw money	17
Gelegenheit, die, Gelegenheiten	opportunities	16
die Gelegenheit nutzen	to take the opportunity	16
geliebt	beloved	16
gemein	mean	7
gemeinsam	mutual / together	13
genau	exact(ly)	6
genießen, du genießt, du hast genossen, ich genoss	to enjoy	18
genug	enough	8
gerade	just, straight	4
gerade noch	That was a near miss.	4
geradeaus	straight ahead	12
Geräusch, das, Geräusche	noise	14
Gerderobe, die, Garderoben	wardrobe	10
Germanistik	German studies (literature, language, culture)	18
gerne	gladly / sure, of course	6
gestern früh	yesterday morning	13
gesamt	overall, total	16
Geschäft, das, Geschäfte	shop	6
geschehen, es geschieht, es ist geschehen, es geschah	to happen	17
Geschichte, die, Geschichten	story	18
geschlossen	closed	8
Geschwindigkeit, die, Geschwindigkeiten	velocity, speed	15
Gespräch, das, Gespräche	conversation, discussion	17
gestern	yesterday	3
gestresst	stressed	8
gesund	healthy	3 14
gesünder	healthier	14
Gesundheit, die	health	13
geteilt durch :	divided by :	6
getrennt	separately	8
Gewinn, der, Gewinne	profit	15
Gewissen, das, Gewissen	conscience	18
gewöhnen, sich gewöhnen; du gewöhnst dich, du hast dich gewöhnt	to get used to	12
gewöhnt sein an	to be used to	12
Glas, das, Gläser	glass	8
Glatteis, das	glaze ice	18
glauben, du glaubst, du hast geglaubt	to believe	4
gleich	equal / equally	14
Gleiche, das, Gleichen	the same	16
gleichzeitig	at the same time, simultaneous(ly)	16
Glocke, die, Glocken	bell	18
Glück, (das), /	happiness, luck	5
zum Glück	fortunately	5
glücklich	happy	1
Gott, der, Götter	God	13
über Gott und die Welt	about anything you can imagine, about God and the world	17
Um Gottes Willen!	For God's sake!	13
Grad, das, Grade	degree	18
40 Grad	40 degrees	13
gratis	(for) free	13
grau	grey	10
Grenze, die, Grenzen	border	6
Grippe, die, Grippen	flu	13
groß	big	1
größer	bigger	14
Großeltern, die (only plural)	grandparents	5
Großvater, der, Großväter	grandfather	5
grün	green	10
Gründer, der, Gründer	founder	16
Grundschule, die, Grundschulen	primary school	18
Grunewald	forest in Berlin	18
Gruppe, die, Gruppen	group	16
gucken, du guckst, du hast geguckt	to peek, to look	4
gut	good, well	4
Güte, die	quality / goodness	13
Meine Güte!	Oh my goodness!	13
Gymnasium, das, Gymnasien	(academic) high school	18
Haar, das, Haare	hair	11
haben, du hast, du hast gehabt, ich hatte	to have	1
halb	half	7
hallo	hello	1
Hals, der, Hälse	neck, throat	13
Halsschmerzen, die, Halsschmerzen	sore throat	13
halt	just	14
Hamburg	city in (Northern) Germany	5
Hand, die, Hände	hand	1
Handwerker, der, Handwerker	craftsman	18
hängen, du hängst, du bist gehangen, ich hing	to hang	10
hässlich	ugly	15
Hauptbahnhof, der, Hauptbahnhöfe	main (train) station	18
Hauptschule, die, Hauptschulen	lower seconday school	18
Hauptstadt, die, Hauptstädte	capital city	16
Haus, das, Häuser	house	7
zu Hause	at home	7
heim	home	9
heimfahren, du fährst heim, du bist heimgefahren, ich fuhr heim	to go home, drive home	9
heimlich	secret	16
heiraten, du heiratest, du hast geheiratet	to marry	17
heiß	hot, warm	15
heiß geliebt	much beloved	16
heißen, du heißt, du hast geheißen, ich hieß	to be called	1

heiter	(almost) clear	18
hektisch	hectic	8
helfen, du hilfst, du hast geholfen, ich half	to help	6
Hemd, das, Hemden	shirt	13
Können Sie bitte Ihr Hemd ausziehen?	Could you take off your shirt?	13
heraus	out	7
Herausforderung, die, Herausforderungen	challenge	17
herausholen, du holst heraus, du hast herausgeholt	to take out	13
Herbst, der	fall	18
Herd, der, Herde	stove	10
herein	in, into	14
hereinkommen, du kommst herein, du bist hereingekommen, ich kam herein	to enter, come in	14
hergeben, du gibst her, du hast hergegeben, ich gab her	to give away	16
herkommen, du kommst her, du bist hergekommen, ich kam her	to come here	16
Sie müssen von irgendwo anders herkommen.	They must come from somewhere else.	16
Herr, der, Herren	mister	15
herumgehen: um etwas herumgehen, du gehst herum, du bist herumgegangen, ich ging herum	to walk around sth.	14
herunterfallen, du fällst herunter, du bist heruntergefallen, ich fiel herunter	to fall down	11
etwas fällt dir herunter	you drop something	11
Hessen	*state in Germany*	16
heute	today	4
hier	here	2
Hilfe, die, Hilfen	help, aid	16
hin und her	back and forth	9
hinaus	out	11
hinein	in, into	14
hineingehen, du gehst hinein, du bist hineingegangen, ich ging hinein	to enter, walk into	14

hinfliegen, du fliegst hin, du bist hingeflogen, ich flog hin	to fly to sth.	14
hinten	back	10
hinter	behind	12
hinunter	down	14
hoch	high	15
hochheben, du hebst hoch, du hast hochgehoben, ich hob hoch	to lift up	17
Hochzeit, die, Hochzeiten	wedding	17
hoffen, du hoffst, du hast gehofft	to hope	16
hoffentlich	hopefully	13
Hoffentlich wird er noch erwachsen.	I hope he grows up!	13
holen, du holst, du hast geholt	to collect, *here*: to buy	5 7
Hölle, (die)	hell	8
die Hölle ist los	it's very busy	8
Holz, das, Hölzer	wood	15
Honig, (der)	honey	3
horchen, du horchst, du hast gehorcht	to listen, hark	16
hören, du hörst, du hast gehört	to hear	3
Hose, die, Hosen	trousers, pants	6
Hotel, das, Hotels	hotel	15
Hotelier, der, Hoteliers	hotel owner	13
Hotelierfamilie, die, -familien	hotelier family	15
Hund, der, Hunde	dog	15
Hunderasse, die, Hunderassen	dog breed	16
hüpfen, du hüpfst, du bist gehüpft	to jump, hop	11
Husten, der	cough	13
Müssen Sie oft husten?	Do you have to cough frequently?	13
ich	I	1
Idee, die, Ideen	idea	14
identisch	identical	16
Idiot, der, Idioten	idiot	17
Ihnen	to you (*formal*)	6

ihr	you (*several persons*)	1
ihr(e)	her, their	5
immer	always	3
immer noch	still	3
Imperativ, der, Imperative	imperative	16
in	in	1
indirekt	indirect(ly)	16
Industrie, die, Industrien	manufacturing, industry	16
ins = in das	into the	6
Insekt, das, Insekten	insect	8
Insel, die, Inseln	island	16
Instrument, das, Instrumente	instrument, tool / medical equipment	13
interessant	interesting	3
international	international	16
Internet, das	internet	18
investieren, du investierst, du hast investiert	to invest	15
Investition, die, Investitionen	investment	17
irgendein	some, any	13
irgendetwas	something	5
irgendwann	some time	11
irgendwie	somehow	7
irgendwo	somewhere	16
Island	Iceland	17
ist gleich =	equals =	6
Italiener, der, Italiener	Italian	16
italienisch	Italian	17
ja	yes; as you might know, I have to admit	2
Jackett, das, Jacketts	(suit) coat	18
Jahr, das, Jahre	year	5
jahrelang	for years	18
jaja	yes, yes	8
jammern, du jammerst, du hast gejammert	to complain, whine	18
je - desto (je früher, desto besser)	the - the (the earlier, the better)	18

Jeans, die, Jeans	jeans	7	**Kellnerin, die, Kellnerinnen**	waitress	16	**Kollege, der, Kollegen**	colleague	9
ein Paar Jeans	a pair of jeans	7	**kennen, du kennst, du hast gekannt, ich kannte**	to know	8	**Köln**	*city in Germany*	16
jede	each, every, any	5				**komisch**	strange	5
jedenfalls	in any case	7	**Kerl, der, Kerle**	guy, fellow	13	**Komische, das, /**	funny thing	17
jemand	somebody	4	**KFZ-Mechaniker, der, KFZ-Mechaniker**	car mechanic	18	**kommen, du kommst, du bist gekommen, ich kam**	to come	1
jetzt	now	3						
Jetzt schon?	Already (now)?	3	**Kiel**	*city in Northern Germany*	5	**Kommunist, der, Kommunisten**	communist	13
jetzt, wo	now that	17	**Kilo, das, Kilos**	kilo(gram)	18	**Kompromiss, der, Kompromisse**	compromise	18
Job, der, Jobs	job	12	**Kilometer, der, Kilometer**	kilometer	14			
Jogginghose, die, Jogginghosen	jogging pants	7	**Kind, das, Kinder**	child	5	**Konditor, der, Konditoren**	pastry cook	17
			Kinderarzt, der, Kinderärzte	pediatrician	5	**können, du kannst, du hast gekonnt, ich konnte**	to can, be able to	1
Joghurt, (der/das)	yoghurt	3	**Kindergarten, der, Kindergärten**	kindergarten	18			
Jugendliche, der/die, Jugendliche	teenager, adolescent	6	**Kindheit, die, Kindheiten**	childhood	18	nicht mehr können	to be exhausted, not to be able to continue	7
jung	young	1	**Kindskopf, der, Kindsköpfe**	silly, childish person	13			
Junge, der, Jungen	boy	11				**Konsum, der**	consumption	16
KaDeWe, das	Kaufhaus des Westens, *famous shopping center in West Berlin*	6	**Kino, das, Kinos**	cinema, movie theater	12	**Kontakt, der, Kontakte**	contact	18
						Konto, das, Konten	account	18
			Kiosk, der, Kioske	kiosk, newsstand	14	**Konzentration, (die)**	concentration	4
Kaffee, (der)	coffee	3	**Kirsche, die, Kirschen**	cherry	11	**Kopf, der, Köpfe**	head	13
Kaffeemaschine, die, Kaffeemaschinen	coffee machine	10	**KiTa, die, KiTas (short for Kindertagesstätte)**	nursery, day care center	18	pro Kopf	per capita	16
			klappen, es klappt, es hat geklappt	to work out (smoothly)	13	**kopieren, du kopierst, du hast kopiert**	to copy	18
Kalorie, die, Kalorien	calorie	14						
kalt	cold	1	**klar**	clear, right	6	**Kosmetik, (die)**	cosmetics	14
Kantine, die, Kantinen	cantine	17	alles klar	all right	6	**kosten, du kostest, du hast gekostet**	to cost	15
kaputt	broken	15	**Klasse, die, Klassen**	class	7			
kariert	checked (*pattern*)	18	in der Klasse	in the class	7	**krank**	sick, ill	13
Karte, die, Karten	card, menu	8	**klassisch**	classic(al)	18	**Krankheit, die, Krankheiten**	illness	13
Käse, (der)	cheese	3	**klauen, du klaust, du hast geklaut**	(*informal*) to steal, snitch	11	**Kreisverkehr, der, Kreisverkehre**	roundabout, rotary	12
Käsekuchen, der, Käsekuchen	cheescake	8						
			Kleider, die (only plural)	clothes	5	**Kreuzung, die, Kreuzungen**	intersection, crossroads	11
Kasse, die, Kassen	cash point, checkout	14	**Kleidung, die**	clothes	6			
			klein	small	7	**Küche, die, Küchen**	kitchen	3
Katze, die, Katzen	cat	13	**Kleinigkeit, die, Kleinigkeiten**	trifle, detail	18	**Kuchen, der, Kuchen**	cake	8
kaufen, du kaufst, du hast gekauft	to buy	6				**Kühlschrank, der, Kühlschränke**	fridge	10
			Klempner, der, Klempner	plumber	18			
Kaufhaus, das, Kaufhäuser	shopping center (*usually mostly for clothes*)	14	**Knie, das, Knie**	knee	13	**kümmern: sich kümmern, du kümmerst dich, du hast dich gekümmert**	to look after, take care of	17
			Kochbuch, das, Kochbücher	cookbook	16			
kaum	barely	13	**kochen, du kochst, du hast gekocht**	to cook	13	**Kunde, der, Kunden**	costumer	17
kein	no	4				**kurz**	short, briefly	1
Kellner, der, Kellner	waiter	16	**Koffer, der, Koffer**	suitcase	13	**lächeln, du lächelst, du hast gelächelt**	to smile	18

lachen, du lachst, du hast gelacht	to laugh	7
Laden, der, Läden	shop	15
der Laden läuft	business is going well	15
Ladenschluss, der, Ladenschlüsse	closing time	18
Lampe, die, Lampen	lamp	10
Land, das, Länder	country	1
landen, du landest, du bist gelandet	to land, *about a bird:* to alight	4
Landkarte, die, Landkarten	map	14
lang	long	8
lange	long	4
langsam	slow / slowly	13
langweilig	boring	15
Lärm, der	noise	16
lassen, du lässt, du hast gelassen, ich ließ	to let, leave	13
lateinisch	Latin	16
laufen, du läufst, du bist gelaufen, ich lief	to run	7
Laune, die, Launen	mood	8
gute Laune haben	to be in a good mood	8
schlechte Laune	bad mood	17
laut	loud, noisy	7
läuten, du läutest, du hast geläutet	to ring	9
leben (bei + *Dativ*), du lebst (bei), du hast (bei) gelebt	to live (together with)	1
Leben, das, Leben	life	18
legen, du legst, du hast gelegt, ich legte	to put (down), lay	13 15
Lehre, die, Lehren	science, theory, *here*: apprenticeship	18
Lehrer, der, Lehrer	teacher	18
Lehrerin, die, Lehrerinnen	female teacher	5
leicht	easy	16
Leid, das	suffering, agony	7
(Das) tut mir leid.	I'm sorry to hear that.	7
Leidenschaft, die, Leidenschaften	passion	18

leider	unfortunately	17
leise	quiet / quietly	13
Lektor/in, der/die, Lektoren/Lektorinnen	editor / lecturer	18
lernen, du lernst, du hast gelernt	to learn	7
lesen, du liest, du hast gelesen, ich laß	to read	3
letzter / letzte / letztes	last	11
Leute, die *(only plural)*	people	5
lieber	rather	3
liegen, du liegst, du bist gelegen, ich lag	to lie	1
Linde, die, Linden	linden tree	11
Linie, die, Linien	line	16
Linienflug, der, Linienflüge	scheduled flight	16
links	(on the) left	10
Lohn, der, Löhne	wage	17
los sein	literally: to be loose; *here:* to go on, to happen	8
die Hölle ist los	it's very busy	8
losgehen, du gehst los, du bist losgegangen, ich ging los	to start, go off *(an event, an action)*	11
Es kann losgehen.	I'm / We're ready.	11
loslaufen, du läufst los, du bist losgelaufen, ich lief los	to start running	4
lustig	funny	7
machen, du machst, du hast gemacht	to make, to do	2
Magen, der, Mägen	stomach	13
mal = einmal	once	7
mal x	times x	6
zum ersten Mal	for the first time	10
Maler, der, Maler	painter	18
Mama, die, Mamas	mom	3
Mami	*nickname for mum*	12
man	one	11
manch, mancher, manche, manches	some	18
manchmal	sometimes	4
Mann, der, Männer	man	8

Mantel, der Mäntel	coat	10
Märchen, das, Märchen	fairy tale	16
Märchenbuch, das, Märchenbücher	storybook	16
Marmelade, (die), Marmeladen	jam	3
Mauer, die, Mauern	wall	5
Meer, das, Meere	sea	14
mehr	more	4
mehrere	several	17
mein	my	3
meinen, du meinst, du hast gemeint	to mean / to want to say	15
wenn Sie meinen	if you say so	15
meist: am meisten	most	16
Meister, der, Meister	master, champion	7
Übung macht den Meister.	Practice makes perfect.	7
Melodie, die, Melodien	melody	16
Mensch, der, Menschen	human (being), people *(plural)*, person	1 14
Mercedes, der	*German car brand*	11
merken, du merkst, du hast gemerkt	to notice	3
Meter, der, Meter	meter, 3.28 ft.	11
meter, m	*abbreviation for meter*	14
Miete, die, Mieten	rent	18
Milch, (die)	milk	3
minus -	minus	6
Minute, die, Minuten	minute	5
miteinander	together	17
Mittag, der	noon	9
Mittagspause, die, Mittagspausen	lunch break	9
mittelalterlich	medieval	18
mitten	in the middle of	3
mitten	with	3
Mittwoch	Wednesday	9
mitwollen, du willst mit, du hast mitgewollt *(spoken German)*	to want to join	17

223

Möbel, das, Möbel	furniture (usually used in plural)	14
möchten, du möchtest, du hast gemocht, ich mochte	to want, would like (to have)	8
mögen, du magst, du hast gemocht, ich mochte	to like	11
Moment, der, Momente	moment	7
im Moment	at the moment	7
einen Moment lang	for a moment	8
Monat, der, Monate	month	17
Montag	Monday	9
Morgen, der	morning	3
Guten Morgen!	Good morning!	3
heute Morgen	this morning	4
morgens	in the (early) morning	7
motivieren, du motivierst, du hast motiviert	to motivate	7
Motor, der, Motoren	motor, engine	15
müde	tired	12
München	city in Germany	16
Mund, der, Münder	mouth	11
Musik, (die)	music	7
Müsli, (das)	cereal	3
müssen, du musst, du hast gemusst, ich musste	to have to, must	1
Mut, (der)	courage	10
Mutter, die, Mütter	mother	3
Na siehst du.	See?	12
nach Hause	home	5
nach kurzer Zeit	after a while	16
Nachbar, der, Nachbarn	neighbor	18
nachdem	after	16
nachdenken, du denkst nach, du hast nachgedacht, ich dachte nach	to think about, contemplate	18
nachher	afterwards	18
Nachmittag, der, Nachmittage	afternoon	5
nachmittags	in the afternoon	7
nächster, nächste, nächstes	next	11
Nacht, die, Nächte	night	3

mitten in der Nacht	in the middle of the night	3
nachts	at night	7
Nahrung, die	nourishment	17
naja	well	5
Name, der, Namen	name	16
nämlich	namely	17
Nase, die, Nasen	nose	13
Nationalhymne, die, -hymnen	national anthem	16
natürlich	of course, naturally	1
Nebel, der, /	fog	18
neben	next to	12
nehmen, du nimmst, du hast genommen, ich nahm	to take	1
nein	no	2
nennen, du nennst, du hast genannt, ich nannte	to name	18
nervös	nervous	9
nett	nice, kind	15
neu	new	15
Neue, das, Neuen	the new	17
neugierig	curious	5
Neuigkeit, die, Neuigkeiten	news	14
nicht	not	1
Nicht wahr?	Right?, Isn't it?	13
nichts	nothing	4
nie	never	8
Niederschlag, der, Niederschläge	precipitation	18
niedrig	low	18
niemand	nobody	7
Nieselregen, der	drizzling rain	18
noch	still	1
noch einmal	again, once more	1
nochmal	once again	8
Nordsee, die, /	North Sea	15
Nordtirol	North-Tyrol	16
normalerweise	normally	8
November	November	1
Nummer, die, Nummern	number	2

nun	now	17
nur	only	1
nur ganz kurz	just very shortly	8
nutzen, du nutzt, du hast genutzt	to use, utilize	16
ob	if	11
oben	above	4
dort oben	up there	4
obwohl	although / on the other hand	8
oder	or	5
offen	open	4
offenbar	obviously	9
offiziell	official(ly)	16
öffnen, du öffnest, du hast geöffnet	to open	4 / 15
oft	often	9
oh	oh	11
Oh je!	Oh dear!	17
ohne	without	13
Ohr, das, Ohren	ear	13
Opel, der	German car brand	14
optimal	optimal	18
orange	orange	10
Orkan, der, Orkane	hurricane, gale	18
Ost-	east(ern)	5
Ostsee, die	Baltic Sea	15
Osttirol	East-Tyrol; political district	16
Paar, das, Paare	pair	7
ein paar	a few	14
Paket, das, Pakete	package, parcel	18
Papa, der, Papas	dad	3
Papier, das, Papiere	paper / personal documents	17
Park, der, Parks	park	11
Parkplatz, der, Parkplätze	parking area, parking spot	12
passen, du passt, du hast gepasst	to suit, fit	6
passieren, es passiert, es ist passiert	to happen	11

Pause, die, Pausen	break	4	
Pension, die, Pensionen	guest house / pension	13	
in Pension sein	to be retired	13	
perfekt	perfect	6	
parken, du parkst, du hast geparkt	to park	14	
Personalausweis, der, Personalausweise	ID card	6	
Physik, die, /	physics	18	
piepsen, du piepst, du hast gepiepst	to cheep, pipe	15	
Pizza, die, Pizzen	pizza	17	
Pizzeria, die, Pizzerias	pizza restaurant	17	
Plan, der, Pläne	plan	17	
planen, du planst, du hast geplant	to plan	17	
Platz, der, Plätze	space, square	4	
plötzlich	suddenly	1	
plus +	plus	6	
Polen	Poland	5	
Polizei, die	the police	12	
Polizist, der, Polizisten	police officer	6	
Portion, die, Portionen	portion	11	
Post, die	post (office)	18	
Praktikum, das, Praktika	internship	18	
praktisch	practical(ly)	18	
Preis, der, Preise	price	17	
privat	private	17	
Probe, die, Proben	rehearsal	10	
probieren, du probierst, du hast probiert	to try	6	
Problem, das, Probleme	problem	4	
Proviant, der	provisions	14	
Prozent, das, Prozente	percent	16	
putzen, du putzt, du hast geputzt	to clean	11	
qualifiziert	qualified	18	
quatschen, du quatschst, du hast gequatscht	to gab, to talk (rubbish)	17	
quer	across, crossways	11	
quer über	across	11	

Rand, der, Ränder	edge	15	
Rasse, die, Rassen	race, breed	16	
raus	out (colloquial)	8	
reagieren, du reagierst, du hast reagiert	to react	3	
Realität, die, Realitäten	reality	8	
Realschule, die, Realschulen	middle school	18	
Rechnung, die, Rechnungen	bill	8	
Recht, (das), Rechte	the right	7	
Recht haben	to be right	7	
rechts	(on the) right	10	
reden, du redest, du hast geredet	to talk	5	
Regal, das, Regale	shelf	10	
Regen, (der)	rain	18	
Regensburg	city in Bavaria	18	
Regierung, die, Regierungen	government	16	
reich	rich	18	
Reise, die, Reisen	trip, journey	11	
Reiseführer, der, Reiseführer	travel guide	18	
reisen, du reist, du bist gereist	to travel	13	
Rente, die, Renten	pension	5	
in Rente sein	to be retired	5	
Republik, die, Republiken	republic	16	
reservieren, du reservierst, du hast reserviert	to reserve, book	17	
Respekt, (der)	respect	8	
respektlos	disrespectful	16	
Restaurant, das, Restaurants	resaurant	12	
retten, du rettest, du hast gerettet	to save (from)	18	
Rezept, das, Rezepte	recipe / prescription	13	
ein Rezept ausstellen	to write a prescription	13	

Bekomme ich das in der Apotheke ohne Rezept?	Can I buy that at the pharmacy without a prescription?	13	
richtig	correct, real	13	
riechen, du riechst, du hast gerochen, ich roch	to smell	15	
rot	red	10	
rüber (short form of herüber)	over (here)	17	
Rücken, der, Rücken	back	13	
Rucksack, der, Rucksäcke	backpack	14	
rufen, du rufst, du hast gerufen, ich rief	to call, to shout	1	
Ruhe, (die)	silence	15	
ruhig	calm	1	
rund	round	10	
S-Bahn, die, S-Bahnen	suburban train	4	
Saarland	state in Germany	16	
Sache, die, Sachen	thing	14	
Sachertorte, die, Sachertorten	classic chocolate cake from Vienna	8	
sächsisch	Saxon	16	
Saft, der, Säfte	juice	3	
sagen, du sagst, du hast gesagt	to say	9	
sag mal	by the way, tell me	7	
Salat, der, Salate	salad	8	
Samstag	Saturday	9	
satt	full (after having eaten enough)	11	
sauber	clean	15	
Sauna, die, Saunas	sauna	15	
schaffen, du schaffst, du hast geschafft	to accomplish sth., manage sth.	15	
Schale, die, Schalen	bowl	18	
schämen: sich schämen, du schämst dich, du hast dich geschämt	to be embarrassed, feel abashed	16	
schauen, du schaust, du hast geschaut	to look	11	
Schauer, der, Schauer	rain shower	18	
Schauspielerin, die, Schauspielerinnen	actress	18	

German	English	#
Scheibe, die, Scheiben	slice	3
scheiden: sich scheiden lassen, du lässt dich scheiden, du hast dich scheiden lassen, ich ließ mich scheiden	to divorce	17
scheinbar	apparently	11
scheinen, du scheinst, du hast geschienen, ich schien	to shine / to seem, appear	14
schieben, du schiebst, du hast geschoben, ich schob	to push, stuff	11
schimpfen, du schimpfst, du hast geschimpft	to rant, insult, badmouth	16
Schinken, (der)	ham	3
schlafen, du schläfst, du hast geschlafen, ich schlief	to sleep	1
Schlafzimmer, das, Schlafzimmer	bedroom	10
schlecht	bad	13
schlecht gelaunt sein	to be in a bad mood	17
schließen, du schließt, du hast geschlossen, ich schloss	to close	11
schließlich	finally / after all	18
schlimm	bad	15
Schluck, der, Schlucke	mouthful	17
Schlüssel, der, Schlüssel	key	10
schmecken, du schmeckst, du hast geschmeckt	to taste	10
Schmerz, der, Schmerzen	ache, pain	1
Ich habe hier Schmerzen.	It hurts here.	13
Schnabel, der, Schnäbel	beak	17
Schnee, (der)	snow	18
schneiden, du schneidest, du hast geschnitten, ich schnitt	to cut	10
schnell	fast	4
Schnupfen, (der)	(common) cold, runny nose	13
Schokolade, die, Schokoladen	chocolate	14
schön	nice, beautiful	9
schon	already	3
schon gut	it's alright, never mind	17
schräg	aslope / diagonal	11
schräg gegenüber	diagonally opposite	11
Schrank, der, Schränke	closet, cupboard	10
Schreck, (der)	fright, shock	15
vor Schreck	with shock	15
schreiben, du schreibst, du hast geschrieben, ich schrieb	to write	18
Schreiner, der, Schreiner	carpenter	18
Schuh, der, Schuhe	shoe	10
Schuhgeschäft, das, Schuhgeschäfte	shoe store	14
Schule, die, Schulen	school	3
zur Schule	to school	5
Schüler, der, Schüler	student, pupil	18
Schulpflicht, (die)	compulsory school attendance	18
Schürze, die, Schürzen	apron	15
schützen, du schützt, du hast geschützt (vor)	to protect (from)	18
schwach	weak	14
schwarz	black	8
schwer	heavy, difficult	8
es sich schwer machen	to give yourself a hard time	8
Schwester, die, Schwestern	sister	5
schwierig	difficult	4
Schwierigkeit, die, Schwierigkeiten	trouble, difficulty	16
in Schwierigkeiten stecken	to be in trouble	16
Schwung, der, Schwünge	swing / momentum	11
See, der, Seen	lake	16
sehen, du siehst, du hast gesehen, ich sah	to see	1
sehr	very	1
Seife, die, Seifen	soap	14
sein (irregular)	to be (see grammar explanation)	1
seit	since	3
seitdem	since then, ever since	16
Seite, die, Seiten	side / page	16
jemanden zur Seite nehmen	to take sb. aside	16
Sekunde, die, Sekunden	second	17
selber	oneself (spoken German)	14
selbstständig	independent / self-employed	17
selbstverständlich	of course	17
selten	rarely	10
Service, der, /	service	16
setzen: sich setzen, du setzt dich, du hast dich gesetzt	to take a seat	14
seufzen, du seufzt, du hast geseufzt	to sigh	11
ich muss seufzen	I can't help but sigh	11
sicher	sure, certain	11
Sicherheit, die, Sicherheiten	safety, reliability	17
sie	she / they	1
singen, du singst, du hast gesungen, ich sang	to sing	1
Sinn machen	to make sense	17
Situation, die, Situationen	situation	17
Sitz, der, Sitze	seat	14
sitzen, du sitzt, du bist gesessen, ich saß	to sit	3
so	so	1
so gut wie	as good as	7
sobald	when, as soon as	15
sodass	so that	14
Sofa, das, Sofas	couch, sofa	13
sofort	at once, immediatly	5
sogar	even	7
Sohn, der, Söhne	son	5
solch, solche(r/s)	such/such a	18
Soljanka, die	soup from East Europe, popular in Eastern Germany	10
sollen, du sollst, du hast gesollt	should	2
Sommer, der, Sommer	summer	13
Sommergrippe, die, -grippen	summer flu	13

German	English	
Sommertag, der, Sommertage	summer's day	13
sondern	but	11
Sonne, die, Sonnen	sun	14
Sonnencreme, die, Sonnencremes	sunblocker	14
Sonntag	Sunday	9
sonst	else	2
Sorge, die, Sorgen	concern, worry	15
sowieso	anyway, anyhow	17
Spaß, der, Späße	fun	18
spät	late	16
Spatz, der, Spatzen	sparrow	2
Spätzin, die, Spätzinnen	female sparrow	16
Spiegel, der, Spiegel	mirror	7
im Spiegel	in the mirror	7
sie sieht sich im Spiegel an	she looks at herself in the mirror	7
spielen, du spielst, du hast gespielt	to play	9
spinnen, du spinnst, du hast gesponnen, ich spann	to yarn / to be crazy	18
Sport, (der)	sport	16
sportlich	sporty	16
Sprache, die, Sprachen	language	16
sprechen, du sprichst, du hast gesprochen, ich sprach	to speak	1
Springbrunnen, der, Springbrunnen	water fountain	17
Spüle, die, Spülen	sink	10
Staatsdienst, der, Staatsdienste	publice service	17
Stadt, die, Städte	city, town	7
ständig	all the time	17
starten, du startest, du hast/bist gestartet	to take off	11
stattdessen	instead	7
Staub, (der)	dust	15
stecken, du steckst, du hast gesteckt	to stick / to be in	16
stehen, du stehst, du bist gestanden, ich stand	to stand	10
stehlen, du stiehlst, du hast gestohlen, ich stahl	to steal	18

German	English	
Stelle, die, Stellen	(job) position	17
stellen, du stellst, du hast gestellt	to put, set, place	10
Stellenanzeige, die, Stellenanzeigen	job ad	18
sterben, du stirbst, du bist gestorben, ich starb	to die	1
still	quiet	14
stimmen, es stimmt, es hat gestimmt	to be right, be correct	13
Stock, der, Stöcke	here: floor, level	6
im ersten Stock	on the second floor	6
stolz	proud	7
Strand, der, Strände	beach	14
Straße, die, Straßen	street, road	1
auf der Straße	in the street	1
Straßenbahn, die, Straßenbahnen	tram, streetcar	4
Streit, (der)	argument, discussion	16
streiten, du streitest, du hast gestritten, ich stritt	to argue, quarrel	16
streng	strict(ly)	4
stressig	stressful	17
Streusel (plural)	crumbles (on a cake)	11
Streuselkuchen, der, Streuselkuchen	cake with crumble	11
Stück, das, Stücke	piece	8
studieren, du studierst, du hast studiert	to study	5
Studium, das, Studien	studies	18
Stuhl, der, Stühle	chair	4
Stunde, die, Stunden	hour	9
Sturm, der, Stürme	storm	18
suchen, du suchst, du hast gesucht	to look for, search	11
Südtirol	South-Tyrol	16
Supermarkt, der, Supermärkte	supermarket	14
Suppe, die, Suppen	soup	10
süß	sweet, cute	11
Tablette, die, Tabletten	tablet, pill	13

German	English	
Sie müssen Tabletten nehmen.	You have to take pills.	13
Tafel, die, Tafeln	(black)board	14
Tafel Schokolade	bar of chocolate	14
Tag, der, Tage	day	6
Einen schönen Tag dir!	Have a nice day!	14
tanken, du tankst, du hast getankt	to refuel	16
Tankstelle, die Tankstellen	gas station	14
an der Tankstelle	at the gas station	14
Tante, die, Tanten	aunt	15
tanzen, du tanzt, du hast getanzt	to dance	1
Tasse, die, Tassen	cup	11
tatsächlich	actually	4
tauschen, du tauschst, du hast getauscht	to change	17
Tee, (der)	tea	3
Teetasse, die, Teetassen	teacup	17
Teil, der, Teile	part	18
Teilzeit-Arbeit, die (kurz: Teilzeit)	part-time work	17
Telefon, das, Telefone	telephone	2
telefonieren, du telefonierst, du hast telefoniert	to phone	17
Telefonnummer, die, Telefonnummern	phone number	2
Teller, der, Teller	plate	11
Temperatur, die, Temperaturen	temperature	18
Tennis, (das)	tennis	9
Termin, der, Termine	appointment	16
Terrasse, die, Terrassen	terrace	16
teuer	expensive	14
Text, der, Texte	text	16
Theater, das, Theater	theater	10
Theaterprobe, die, Theaterproben	rehearsal (drama)	12
Theaterwissenschaft, die, -wissenschaften	theater studies (literally: theater science)	18
Thema, das, Themen	topic	10
tief	deep, deeply	9

Tier, das, Tiere	animal	17	Überblick, der	overview	13	Unter den Linden	under the linden trees, *also: famous street in Berlin*	11
Tiergarten, der, Tiergärten	zoo, *here*: district and park in Berlin	18	überhaupt	anyway, at all, altogether	3		
Tipp, der, Tipps	hint, tip	4	überlegen, du überlegst, du hast überlegt	to think, reflect	9	unterhalten: sich unterhalten, du unterhältst dich, du hast dich unterhalten, ich unterhielt mich	to chat, talk	16
Tisch, der, Tische	table	3 10	überrascht	surprised	15		
tja	*interjection:* well	17	Übersetzung, die, Übersetzungen	translation	16	Unternehmer, der, Unternehmer	entrepreneur	17
Tocher, die, Töchter	daughter	5	Überstunde, die, Überstunden	an hour of overtime	17	Unterschied, der, Unterschiede	difference	5
Tod, der, Tode	death	18	übrig sein	to be left over	17	unterschreiben, du unterschreibst, du hast unterschrieben, ich unterschrieb	to sign	17
toll	great	2	übrigens	by the way	5		
na toll	oh great! (*ironic*)	2	Übung, die, Übungen	exercise	7	unvernünftig	unreasonable	17
Topf, der, Töpfe	pot	10	Übung macht den Meister.	Practice makes perfect.	7	Urlaub, der, Urlaube	time off / holiday	17
Torte, die, Torten	cake (with cream)	8	Uhr, die, Uhren	clock	11	Vater, der, Väter	father	3
total	totally	5	umgekehrt	vice versa	8	Vatikan, der	Vatican	16
Tourist, der, Touristen	tourist	8	umsehen, du siehst dich um, du hast dich umgesehen, ich sah mich um	to look around	6	verändern: (sich) verändern, du veränderst (dich), du hast (dich) verändert	to change (oneself)	15
Touristeninformation, die, Touristeninformationen	tourist information	15	wir wollen uns umsehen	we would like to look around	6	Verbindung, die, Verbindungen	connection	18
tragen: etwas tragen, du trägst etwas, du hast etwas getragen, ich trug etwas	to carry sth. / to wear sth.	16	umtauschen, du tauschst um, du hast umgetauscht	to (ex-)change	18	verbringen, du verbringst, du hast verbracht, ich verbrachte	to spend (*time*)	18
trainieren, du trainierst, du hast trainiert	to train, work out	16	umziehen, du ziehst um, du bist umgezogen, ich zog um	to move (to another house) / *also*: sich umziehen = to change clothes	18	verdienen, du verdienst, du hast verdient	to earn	15
gut trainiert sein	to be well trained	16				vergessen, du vergisst, du hast vergessen, ich vergaß	to forget	15
Traum, der, Träume	dream	18				verheiratet	married	5
traurig	sad	12	unbedingt	absolutely	5	verkaufen, du verkaufst, du hast verkauft	to sell	6
treffen, du triffst, du hast getroffen, ich traf	to meet	9	unbequem	uncomfortable	15		
Treppe, die, Treppen	stairs	14	unbezahlt	not paid	18	Verkäufer, der, Verkäufer	seller, shop clerk	6
trinken, du trinkst, du hast getrunken, ich trank	to drink	5	und	and	2	Verlag, der, Verlage	publishing house	18
trotzdem	still, all the same, nevertheless	11	Unfall, der, Unfälle	accident	11	verlängern, du verlängerst, du hast verlängert	to extend, prolong	18
tschüss	bye	1	ungefähr	about, roughly	11	verlegen sein	to be / feel embarrassed	16
tun, du tust, du hast getan, ich tat	to do	13	ungewöhnlich	unusual	18		
Tür, die, Türen	door	5	unglaublich	unbelievable	17	verletzt	hurt, bruised	3
Tüte, die, Tüten	(shopping) bag	7	Universität, die, Universitäten	university	18	verlieben: sich verlieben, du verliebst dich, du hast dich verliebt	to fall in love	13
typisch	typical	17	Universitätsabschluss, der, -abschlüsse	university degree	18		
U-Bahn, die, U-Bahnen	subway	4	unmöglich	impossible	12	verlieren, du verlierst, du hast verloren, ich verlor	to lose	11 13
üben, du übst, du hast geübt	to practice	4	unsicher	insecure, not sure	17		
über	above	1	Unsinn, der	nonsense	11	vernünftig	reasonable	18
überall	everywhere	8	unter	under	11		

German	English	
verrückt	crazy	9
verschieden	different	18
verschwinden, du verschwindest, du bist verschwunden, ich verschwand	to disappear	18
verstehen, du verstehst, du hast verstanden, ich verstand	to understand	1
versuchen, du versuchst, du hast versucht	to try	4
Verwalter, der, Verwalter	custodian, administrastor (male)	15
Verwaltung, die, Verwaltungen	administration, management	17
Verwaltungsoberinspektor, der, -inspektoren	chief inspector of administration	15
verzweifelt	desperate	17
viel	much, lots of	3
viele	many	6
vielen Dank	thanks a lot	10
vielleicht	maybe	2
Viertel, das, Viertel	quarter	7
Vogel, der, Vögel	bird	17
volkseigen	publicly owned	15
Volkseigener Betrieb, der	state-owned enterprise in former communist East Germany	15
voll	full, crowded	6
vom = von dem	from the	11
von	of	3
vor ...	... ago	8
vorangehen, du gehst voran, du bist vorangegangen, ich ging voran	to go first	15
vorbei	past	6
vorbereiten, du bereitest vor, du hast vorbereitet	to prepare	14
Vorhang, der, Vorhänge	curtain	15
vorher	before	7
Vormittag, der, Vormittage	late morning	16
vormittags	in the (late) morning	7
vorsichtig	carefull /carefully	13

German	English	
vorsorgen, du sorgst vor, du hast vorgesorgt	to provide (for something, here: for retirement)	17
vorstellen, du stellst vor, du hast vorgestellt	to present / imagine	9
Das kann ich mir vorstellen.	I can imagine that.	9
sich vorstellen, du stellst dir vor, du hast dir vorgestellt	to imagine	17
wählen, du wählst, du hast gewählt	to choose, vote (in an election)	16
wahr	true, real	13
Nicht wahr?	Right?, Isn't it?	13
während	during, while	18
wahrscheinlich	probably	7
Wand, die, Wände	wall (within a building)	10
wann	when	2
wäre (Konjunktiv)	would be (see explanation)	18
warm	warm	1
Warnemünde	coastal resort in northern Germany	13
warten, du wartest, du hast gewartet	to wait	6
warum	why	2
was	what	1
Was fehlt Ihnen denn?	What's up/wrong with you?	13
Was ist los?	What happened?	1
Was ist mit dir?	What about you?	14
Was soll das?	What is that for?	8
Wäsche, die	laundry	15
waschen, du wäschst, du hast gewaschen, ich wusch	to wash, clean	15
Waschmaschine, die, Waschmaschinen	washing machine	17
Wasser, (das)	water	2
wechseln, du wechselst, du hast gewechselt	to change, switch, replace	10
wecken: jemanden wecken, du weckst, du hast geweckt	to wake somebody up	16
weder - noch	neither - nor	17
weg	away	5

German	English	
wegdrehen: sich wegdrehen, du drehst dich weg, du hast dich weggedreht	to turn away	16
wegen	because of, due to, concerning	14
wegfliegen, du fliegst weg, du bist weggeflogen, ich flog weg	to fly away	14
wegnehmen, du nimmst weg, du hast weggenommen, ich nahm weg	to take away	13
wehtun, es tut weh, es hat weh getan, es tat weh	to ache, hurt	13
Weihnachten (plural)	Christmas	10
weil	because	12
Wein, der, Weine	wine	16
weiß	white	10
weißt du ...	you know ...	4
weißt du was	you know what, guess what	6
weit	far / wide	5
weitergehen, du gehst weiter, du bist weiter gegangen, ich ging weiter	to to go on, to continue	6
weitermachen, du machst weiter, du hast weitergemacht	to continue, proceed	15
welche/welcher/welches	which	16
Welt, die, Welten	the world	1
über Gott und die Welt	about anything you can imagine, about God and the world	17
weltweit	worldwide	16
Wende, die, Wenden	turnaround / revolution in East Germany in 1989	15
wenig	a little, few	1
wenigstens	at least	14
wenn	when, if	9
wer	who	I
werden (aus), du wirst, du bist geworden, ich wurde	to become (of)	17
West-	west(ern)	5
Westen, der, /	West, former West Germany	15
wichtig	important	5

229

wie	how	2
wie viele	how many	16
wieder	again	4
wiederbekommen, du bekommst wieder, du hast wiederbekommen, ich bekam wieder	to get back, recover	13
wiederholen, du wiederholst, du hast wiederholt	to repeat	17
wiedersehen, du siehst wieder, du hast wiedergesehen, ich sah wieder	to see again	10
wiederum	again, on the other hand	18
wieso	why	13
willkommen	welcome	10
Winde, der, Winde	wind	18
Winter, der, Winter	winter	11
wir	we	1
wirklich	really	10
wissen, du weißt, du hast gewusst, ich wusste	to know	2
wo	where	1
Woche, die, Wochen	week	5
wochenlang	for weeks	18
woher	where ... from	1
wohin	where ... to	2
wohl	probably	16
Was er hier wohl will?	(I'd love to know) what he might want to do here.	16
wohnen, du wohnst, du hast gewohnt	to live, to stay	1
Wohnung, die, Wohnungen	apartment	10
Wohnzimmer, das, Wohnzimmer	living room	9
wolkenlos	cloudless	18
wolkig	quite cloudy	18
wollen, du willst, du hast gewollt, ich wollte	to want	1
Wort, das, Wörter	word	5 / 18
Wörterbuch, das, Wörterbücher	dictionary	16
worüber	what about	17

worum	what ... about	17
wunderbar	wonderful	10
wundern: sich wundern, du wunderst dich, du hast dich gewundert	to marvel, wonder	14
sich selbst wundern	to be surprised (of oneself)	16
würde	would (see explanation)	18
Wurst, die, Würste	sausage	3
wütend	angry	17
Zahl, die, Zahlen	number	16
zahlen, du zahlst, du hast gezahlt	to pay	8
Zahnbürste, die, Zahnbürsten	toothbrush	14
Zeichen, das, Zeichen	sign	16
zeigen (auf), du zeigst (auf), du hast (auf etw./jmd.) gezeigt	to show, to point (at)	7
Zeit, die, Zeiten	time	7
einige Zeit	some time	9
nach kurzer Zeit	after a while	16
seit längerer Zeit	for some time	14
Zeitschrift, die, Zeitschriften	magazine, journal	14
Zeitung, die, Zeitungen	newspaper	3
Zentimeter, der, Zentimeter (short form: cm)	centimeter, 0.39 in	14
zickig	moody	17
ziehen, du ziehst, du hast gezogen, ich zog	to pull, to draw	7
ziemlich	quite	8
Zigarette, die, Zigaretten	cigarette	17
Zimmer, das, Zimmer	room	10
Zimtschnecke, die, Zimtschnecken	cinnamon bun	3
Zitrone, die, Zitronen	lemon	8
Zoo, der, Zoos	zoo	18
zu	to, too	2
Zucker, (der)	sugar	8
zuerst	first	3
zufrieden	satisfied, pleased	4
Zug, der, Züge	train	4

zugeben, du gibst zu, du hast zugegeben, ich gab zu	to admit	10
zuhören, du hörst zu, du hast zugehört	to listen	18
Zukunft, die	future	17
Zukunftssorge, die, Zukunftssorgen	worries about the future	18
zumindest	at least	7
zunehmen, du nimmst zu, du hast zugenommen, ich nahm zu	to increase / to gain weight	18
zurechtkommen, du kommst zurecht, du bist zurechtgekommen, ich kam zurecht	to manage, get along	16
zurück	back	8
zurückbringen, du bringst zurück, du hast zurückgebracht, ich brachte zurück	to bring back, to return	18
zurückkommen, du kommst zurück, du bist zurückgekommen, ich kam zurück	to return, come back	15
zusammen	together	8
zuschließen, du schließt zu, du hast zugeschlossen, ich schloss zu	to lock	11
zwar	indeed, admittedly, to be sure	16
..., und zwar schnell.	..., and fast.	16
zweitens	sencondly	17
zwischen	between	5

Key to the exercises

1

for example:
Die Menschen sind ruhig.
Die Menschen sind auf der Straße.
Die Menschen sind glücklich.
Jens ist ruhig.
Jens liegt auf der Straße.
Jens will leben.
Du hast eine große Hand.
Du tanzt auf der Straße.
Er kann nicht antworten.
Die Hand ist ruhig.
Jens ist glücklich.
Er tanzt auf der Straße.
Du hast Schmerzen.
Es ist ruhig.

2

Die ganze Welt **ist** glücklich.
Jens liegt auf der **Straße**.
Er **hat** Schmerzen.
Er will **leben**.
Der **Mensch** nimmt mich in die Hand.
Die Hand **ist** warm und groß.

3 *for example:*

sein
Ich bin glücklich.
Du bist glücklich.
Er/sie/es ist glücklich.
Wir sind glücklich.
Ihr seid glücklich.
Sie sind glücklich.

haben
Ich habe Schmerzen.
Du hast Schmerzen.
Er/sie/es hat Schmerzen.
Wir haben Schmerzen.
Ihr habt Schmerzen.
Sie haben Schmerzen.
...

4

Ich muss schlafen.
Du musst schlafen.
Er/sie/es muss schlafen.
Wir müssen schlafen.
Ihr müsst schlafen.
Sie müssen schlafen.

Du kannst antworten.
Ich kann antworten.
Er/sie/es kann antworten.
Wir können antworten.
Ihr könnt antworten.
Sie können antworten.

Er tanzt auf der Straße.
Ich tanze auf der Straße.
Du tanzt auf der Straße.
Wir tanzen auf der Straße.
Ihr tanzt auf der Straße.
Sie tanzen auf der Straße.

Wir sind jung.
Ich bin jung.
Du bist jung.
Er/sie/es ist jung.
Ihr seid jung.
Sie sind jung.

Sie haben Schmerzen.
Ich habe Schmerzen.
Du hast Schmerzen.
Er/sie/es hat Schmerzen.
Wir haben Schmerzen.
Ihr habt Schmerzen.

Ich bin glücklich.
Du bist glücklich.
Er/sie/es ist glücklich.
Wir sind glücklich.
Ihr seid glücklich.
Sie sind glücklich.

Du hast eine sehr große Hand.
Ich habe eine sehr große Hand.

Er/sie/es hat eine sehr große Hand.
Wir haben eine sehr große Hand.
Ihr habt eine sehr große Hand.
Sie haben eine sehr große Hand.

Sie kann nicht antworten.
Ich kann nicht antworten.
Du kannst nicht antworten.
Wir können nicht antworten.
Ihr könnt nicht antworten.
Sie können nicht antworten.

Ihr wollt leben.
Ich will leben.
Du willst leben.
Er/sie/es will leben.
Wir wollen leben.
Sie wollen leben.

2

1
Was ist das?
Was braucht er?
Wo soll er leben?
Wie heißt du? / Wie heißen Sie?
Woher kommst du? / Woher kommen Sie?
Wo wohnst du? / Wo wohnen Sie?
Was bedeutet "Wasser" auf Englisch?
Wohin fährst du? / Wohin fahren Sie?
Wer heißt Jens?

2
Der Spatz **braucht** Wasser und **etwas** zu
  essen.
Wo sind seine **Eltern**? Beate weiß es **nicht**.
Wo soll **er** leben? Er muss **hier** leben.

3
Doch, Beate wohnt in Berlin.
Doch, ich kann Englisch sprechen.
Doch, das ist ein Spatz.
Ja, Jens kommt aus Berlin.
Doch, ich verstehe Deutsch.
Ja, ich komme aus Berlin.

4

a) Sie kommen aus Berlin.
b) Können Sie Englisch sprechen?
c) Warum singst du?
d) Warum sind Sie nicht glücklich?
e) Wie heißt du?
f) Wann wollen Sie essen?
g) Wo wohnst du?
h) Wer sind Sie?
i) Woher kommst du?
j) Was antworten Sie?

3

1

a) Der Mensch hat eine große Hand.
b) Der Vater liest die Zeitung.
c) Sie isst Müsli und eine Banane.
d) Jens ist nicht verletzt.

2

Wo sitzt der Vater?
Was hat sie?
Wann beginnt die Schule?
Wer geht in die Küche?
Was isst Jochen?
Wo tanzen sie?
Wer isst ein Brötchen mit Marmelade?
Wann wachst du auf? / Wann wachen Sie auf?

3

Doch, ich will frühstücken.
Ja, ich will eine Scheibe Brot haben.
Ja, die Schule beginnt bald.
Doch, ich muss schlafen.

6

Sie kommt in die Küche.
Er isst Brot mit Käse und Wurst.
Er will schlafen.
Wir leben hier.
Es ist glücklich.
Sie singen auf der Straße.
Sie nimmt Jens in die Hand.
Ihr tanzt auf der Straße.
Er ist allein.
Sie braucht Wasser.

7

Wir wachen auf.

Ihr seid allein.
Wo sind sie?
Du musst aufstehen.
Sie gehen in die Küche.
Wir lesen die Zeitung.
Sie wollen Jens sehen.
Du schläfst.
Er/sie will frühstücken.
Er/sie isst nur Müsli.
Willst du gesund leben?
Wir essen lieber nicht so viel Schinken.

4

1

Beate **fährt** mit der U-Bahn in die Schule.
Ines **geht** in die Küche.
Sie **fährt** mit dem Auto nach Hamburg. (*singular*) / **fahren** (*plural*)
Sie **fährt** mit dem Bus zum Alexanderplatz und **geht** zu Fuß zur Mauer. (*singular*) / **fahren** - **gehen** (*plural*)

2

a) der Mensch - er   b) ein Stuhl - er
c) ein Tisch - er   d) eine U-Bahn - sie
e) eine Mauer - sie f) der Schinken - er
g) eine Nacht - sie h) das Auto - es
i) das Brot - es   j) die Hand - sie
k) die Schule - sie l) eine Küche - sie

3

a) Dort oben sitzt kein Spatz.
b) Sie kann nicht auf den Stuhl fliegen.
c) Sie isst keine Banane.
d) Sie haben keine Schmerzen.
e) Das ist kein Problem
f) Die Zeitung ist nicht interessant.
g) Jens sitzt nicht dort.
h) Beate hat keine Angst.

4

a) Kannst du in die Küche gehen? / Können Sie in die Küche gehen?
b) Kannst du es noch einmal versuchen? / Können Sie es noch einmal versuchen?
c) Kannst du das Wasser trinken? / Können Sie das Wasser trinken?
d) Kannst du die Zeitung nehmen? /Können-

Sie die Zeitung nehmen?
e) Kannst du ein bisschen üben? / Können Sie ein bisschen üben?
f) Kannst du das Fenster öffnen? / Können Sie das Fenster öffnen?

5

(- means no article)
Die Mutter wacht auf und geht in **die** Küche. Sie isst eine Zimtschnecke, (**ein**) Müsli mit - Milch und **ein** Brötchen mit - Butter. Beate will zuerst Jens sehen. **Der** Spatz hat - Schmerzen. Beate hat - Angst. Dann frühstückt Beate: - Wasser und **eine** Scheibe Brot mit - Marmelade.

7

Fliegen ist **schwierig**. Jens versucht es **seit** heute Morgen. Plötzlich **merkt** er: Er ist **nicht** allein. Da sitzt **ein** Spatz. Er **heißt** Jakob. Jens **muss** viel üben. Aber Jens will eigentlich **eine** Pause machen. Jens glaubt: Jakob **ist** sehr streng.

5

1

a) Mamas Müsli, das Müsli von Mama
b) Ines' Zeitung, die Zeitung von Ines
c) Ines' Familie, die Familie von Ines
d) Beates Spatz, der Spatz von Beate
e) Jochens Hose, die Hose von Jochen
f) Beates Apfel, der Apfel von Beate
g) Jens' Flügel, der Flügel von Jens (*singular*) / die Flügel von Jens (*plural*)
h) Jakobs Platz, der Platz von Jakob
i) Vaters Hand, die Hand von Vater
j) Roberts Tipp, der Tipp von Robert

2

a) ihr Auto   b) sein Vater
c) dein Stuhl   d) ihre Hand
e) euer Telefon   f) meine Zeitung
g) mein Brot   h) seine Nummer
i) dein Kind   j) ihre Kleidung
k) seine Küche   l) sein Tisch
m) unsere Zimtschnecke   n) seine Banane
o) ihr Bruder   p) ihre Schule

a) Ist das ihre Kleidung? - Nein, das ist seine Kleidung.
b) Sind das deine Comics? - Nein, das sind unsere Comics.
c) Ist das eure Mutter? - Nein, das ist meine Mutter.
d) Ist das sein Auto? - Nein, das ist ihr Auto.
e) Ist das unser Spatz? - Nein, das ist ihr Spatz.
f) Ist das dein Tisch? - Nein, das ist ihr Tisch.
g) Ist das mein Brötchen? - Nein, das ist dein Brötchen.
h) Sind das ihre Bananen? - Nein, das sind unsere Bananen.
i) Sind das seine Stühle? - Nein, das sind ihre Stühle.

3
a) Du läufst nach Hause.
b) Du liest die Zeitung.
c) Du sprichst deutsch.
d) Du stirbst noch nicht.
e) Du siehst das Problem.
f) Du nimmst die U-Bahn.
g) Du schläfst nicht gut.
h) Du isst manchmal Käse.
i) Du hast eine Alternative.
j) Du bist zufrieden.

2
a) Unsere Straße ist kurz.
b) Seine Äpfel sind gut.
c) Seine Zeitung ist interessant.
d) Seine Telefonnummer ist 09975 736.
e) Ihr Platz ist ruhig.
f) Ihre Tür ist offen.
g) Eure Schule ist schwierig.
h) Seine Mutter ist neugierig.
i) Ihre Zeitung ist interessant.
j) Dein Tisch ist groß.
k) Seine Tür ist offen.
l) Meine Schmerzen sind besser.

4
a) Drei mal vier ist zwölf.
b) Neununddreißig geteilt durch drei ist dreizehn.
c) Sechzehn mal vier ist vierundsechzig.

d) Einhundertacht geteilt durch zwei ist vierundfünfzig.
e) Elf mal zwölf ist einhundertzweiunddreißig.
f) Zwölf plus acht ist zwanzig.
g) Vierhundertsiebenundzwanzig minus fünfzehn ist vierhundertzwölf.
h) Sechsunddreißig durch drei ist zwölf.
i) Einundzwanzig minus sechs ist fünfzehn.
j) Sechsundfünfzig geteilt durch sieben ist acht.
k) Zweiunddreißig geteilt durch zwei ist sechzehn.
l) Acht mal zwei ist sechzehn.
m) Achtzehn minus acht ist zehn.
n) Achtzehn mal fünf ist neunzig.
o) Siebzig geteilt durch zwei ist fünfunddreißig.
p) Vierzehn plus sieben ist einundzwanzig.
q) Zwölf plus fünf ist siebzehn.
r) Elf mal zwei ist zweiundzwanzig.
s) Drei mal siebzehn ist einundfünfzig.
t) (Ein)tausend durch zehn ist (ein)hundert.

5
a) Ich habe eine Hose gefunden.
b) Wir sind mit der U-Bahn ins KaDeWe gefahren.
c) Du hast ein Café gesehen.
d) Er hat Jochen verstanden.
e) Er hat die Zeitung gelesen.
f) Hast du die Marmelade probiert?
g) Die Hose hat nicht gepasst.
h) Wir sind am Café vorbeigegangen.
i) Ich habe ein Brötchen genommen.
j) Was haben Sie gemacht?
k) Sie hat die Hose verkauft.
l) Ihr habt Deutsch gelernt.

6 *for example:*
a) Ich heiße XY.
b) Mein Vater heißt XY.
c) Meine Telefonnummer ist 12345678.
d) Ich esse heute XY zum Frühstück.
e) Meine Mutter heißt XY.
f) Meine Eltern wohnen in XY.
g) Ich bin in XY geboren.

7

1
a) Eine CD kostet dreizehn Euro. Fünf CDs kosten fünfundsechzig Euro.
b) Ein Brötchen kostet einen Euro zwanzig (Cent). Sieben Brötchen kosten acht Euro vierzig (Cent).
c) Eine Banane kostet fünfundfünfzig Cent. Neun Bananen kosten vier Euro fünfundneunzig Cent.
d) Ein Tisch kostet zweihundertneunundneunzig Euro. Drei Tische kosten achthundertsiebenundneunzig Euro.
e) Ein Auto kostet zwanzigtausendsiebenhundertachtzig Euro. Zwei Autos kosten einundvierzigtausendfünfhundertsechzig Euro.
f) Eine Jogginghose kostet neunundvierzig Euro. Drei Jogginghosen kosten (ein)hundertsiebenundvierzig Euro.
g) Eine Zeitung kostet einen Euro zehn (Cent). Drei Zeitungen kosten drei Euro dreißig (Cent).
h) Ein Telefon kostet siebenundzwanzig Euro. Zwei Telefone kosten vierundfünfzig Euro.
i) Ein Comic kostet acht Euro. Vier Comics kosten zweiunddreißig Euro.
j) Ein Stuhl kostet siebenundachtzig Euro. Drei Stühle kosten zweihunderteinundsechzig Euro.
k) Eine Tür kostet fünfhundertachtzig Euro. Zwei Türen kosten (ein)tausendeinhundertsechzig Euro.
l) Ein Apfel kostet fünfzig Cent. Zehn Äpfel kosten fünf Euro.

2
a) **mich** b) **ihn** c) **uns** d) **ihn**
e) **sie** f) **es** g) **dich** h) **ihr**

3
Ich **sehe mich** im Spiegel an.
Du **siehst dich** im Spiegel an.
Er **sieht sich** im Spiegel an.
Wir **sehen uns** im Spiegel an.
Ihr **seht euch** im Spiegel an.
Sie **sehen sich** im Spiegel an.

4

Morgen verkauft Daniel ein Auto.
Morgen kaufe ich eine Jeans.
Morgen will der Spatz fliegen üben.
Morgen gehen Elisa und ich in die Schule.
Morgen isst Marianne ein Ei.

5

Es war warm.
Aber Emma war nicht begeistert.
Ich war irgendwie nicht so glücklich.
Für Valentin war die Schule nicht so wichtig.
Zuerst war er stolz, aber dann war er enttäuscht.
Der Tag war anstrengend für Jens, aber er war zufrieden.
Sie waren neugierig.
Du warst groß.
Er war in Hamburg.

6

Es ist ...
a) ... acht Uhr.
b) ... zweiundzwanzig Uhr dreißig. / halb elf.
c) ... siebzehn Uhr fünfundzwanzig. / fünf vor halb sechs.
d) ... zwölf Uhr.
e) ... einundzwanzig Uhr fünfzehn. / ... Viertel nach neun.
f) ... dreizehn Uhr vierzig. / ... zehn nach halb zwei.
g) ... sechs Uhr.
h) ... neun Uhr fünfzehn. / Viertel nach neun.
i) ... dreizehn / ein Uhr.
j) ... neunzehn / sieben Uhr.
k) ...drei Uhr zehn. / zehn nach drei.
l) ... sechs Uhr vierzig. / zehn nach halb sieben.
m) ... einundzwanzig / neun Uhr.
n) ... fünfzehn Uhr fünfzig. / zehn vor vier.
o) ... elf Uhr fünfunddreißig. / fünf nach halb zwölf.
p) ... vierzehn / zwei Uhr.
q) ... neun Uhr fünfundvierzig. / Viertel vor zehn.
r) ... dreiundzwanzig Uhr fünfundzwanzig. / fünf vor halb zwölf.
s) ... fünfzehn Uhr dreißig. / halb vier.
t) ... acht Uhr fünfundfünfzig. / fünf vor neun.
u) ... sieben Uhr dreißig. / halb acht.
v) ... sechzehn Uhr fünfzig. / zehn vor fünf.

w) ... zehn Uhr dreißig. / halb elf.
x) ... fünf Uhr fünf. / fünf nach fünf.

7

Du willst Deutsch üben.
Sie kann Martin hören.
Ich muss Martins Marmelade probieren.
Maria soll in Hamburg studieren.
Du kannst mich nicht verstehen.
Ich will über die Straße gehen.
Er muss es wissen.
Du sollst keine Probleme machen.
Sie darf keine Probleme machen.
Wir wollen Müsli essen.
Sie können nicht schlafen.
Jochen muss etwas sagen.
Er soll die Tür öffnen.

2

a) Woher weiß er so viel?
b) Woher kennst du die Menschen?
c) Ich kenne ihn aus der Schule.
d) Er weiß nicht, wann er arbeiten muss.
e) Wir wissen viel über West-Berlin.
f) Er kennt deine Eltern.
3 *for example:*
Wie alt bist du? / Wie alt sind Sie?
Danke, es geht mir gut.
Hast du Brüder oder Schwestern?
Ich heiße Jens.
Wo wohnst du?
Ich komme aus Deutschland.
Wo arbeitest du?

4

Es gibt viele Menschen in Berlin.
Um 15.00 Uhr **gibt es** Kaffee und Kuchen.
Klaus **ist** in der Schule.
Wo **ist** meine Jogginghose? **Sie ist** hier.

5

for example; the meaning is not always 100% the same as the English original, but that's not the point of this exercise.
Heute Abend will ich mit Jon in einem Café essen.
Mein Bruder und meine Schwester sind nicht

so jung wie ich.
Die Zeitung ist nicht interessant.
Meine Mutter ist Lehrerin.
Mein Sohn hat eine Tochter.
Mein Bruder ist nicht mehr verheiratet.
Das Paar Jeans kann ich nicht kaufen.
Das Geschäft ist immer offen.

6

a) **frei**	b) **wichtiges**
c) **kurze**	d) **coolen**
e) **junge**	f) **kleine**
g) **kleiner**	h) **schwarze**
i) **schwerer**	j) **groß**
k) **lang**	l) **lange**
m) **großen**	n) **enge**

7

Das verletzte Kind heißt Daniel.
Die Woche war schwierig.
Das ist ein komischer Tipp.
Der lange Zug hier fährt nach Berlin.
2013 und 2014 waren glückliche Jahre.
Die Tür ist offen.
Willst du ein kleines Glas Milch?
Die lustige Antwort ist von Ines.
Sophie hat ein kleines Geschäft.
Berlin ist eine hektische Stadt.
Eine schwarze Tüte liegt auf der Straße.
Jochen liest eine interessante Zeitung.
Dort sind viele große Busse.
Ich mache eine einfache Rechnung.

1

Um 06.15 steht Markus auf und geht laufen.
Um 07.00 duscht er und zieht sich an.
Um 07.20 frühstückt Markus.
Um 07.45 fährt Markus mit dem Bus in die Schule.
Um 08.00 beginnt die Schule.
Um 14.00 isst er mittag.
Um 17.30 geht Markus Tennis spielen.
Um 20.15 sieht er fern.
Um 22.00 geht Markus ins Bett.

3

a) Du kannst die CD herausholen. Du holst die CD heraus.

Du sollst heimfahren. Du fährst heim.
Sie wollen/will den Spatz ansehen. Sie
   sehen/sieht den Spatz an.
Ich kann in zwei Stunden abendessen. Ich
   esse in zwei Stunden abend.
Du willst nicht allein fernsehen. Du siehst
   nicht allein fern.
Sie müssen aufwachen. Sie wachen auf.
Ich will mich umsehen. Ich sehe mich um.
Ihr sollt euch anziehen. Ihr zieht euch an.

Immer hat Angelika gute Laune.
Um 8.00 Uhr fahre ich ins Büro.
Ins Büro fahre ich um 8.00 Uhr.
Ich arbeite anschließend.
Den ganzen Nachmittag geht er durchs
   Wohnzimmer.

Deine U-Bahn fährt um fünf nach halb eins /
   zwölf Uhr fünfunddreißig.
Ihr Zug fährt um eins / dreizehn Uhr.
Beates S-Bahn fährt um fünf vor sieben /
   achtzehn Uhr fünfundfünfzig.
Meine Straßenbahn fährt um zehn vor halb elf
   / zweiundzwanzig Uhr zwanzig.
Angelikas Zug fährt um fünf vor halb sechs /
   siebzehn Uhr fünfundzwanzig.
Sein Bus fährt um zehn nach elf / elf Uhr zehn.
Euer Zug fährt um zehn nach halb sieben /
   achtzehn Uhr vierzig.

Jochen ist nicht komisch.
Die Mauer ist nicht offen.
Zwei Stunden sind keine lange Zeit.
Berlin ist keine kleine Stadt.
Der kleine Salat ist nicht gut.
Das ist kein gutes Beispiel!
Martin hat kein altes Haus.
Martins Haus ist nicht alt.

10

1
Nummer sechs ist schwarz.
Nummer elf ist orange.
Nummer achtundzwanzig ist gelb.
Nummer zweiunddreißig ist grau.

Nummer dreiundvierzig ist braun.
Nummer einundfünfzig ist weiß.
Nummer neunundsiebzig ist blau.
Nummer vierundachtzig ist grün.
Nummer fünfundneunzig ist rot.

2
Das Bett ist orange.
Der Schrank / das Regal ist grau.
Der Schrank ist gelb.
Der Fernseher ist grün.
Der Tisch ist gelb.
Das Sofa ist blau.
Der Stuhl ist rot.
Die Lampe ist weiß.
Die Lampe ist grün.
Die Lampe und der Tisch sind grau.
Die Tür ist braun.
Der Tisch ist schwarz.
Der Spiegel ist grau.
Das Fenster ist grau.

5
Jochen **geht** in die Küche.
Er **schneidet** Brot auf.
Angelika und Jochen **essen** Suppe und **trin-
   ken** Bier.
Sie **sprechen** über Beate.
Ein Foto von Beate **hängt** an der Wand.

6
Wann liest du/lesen Sie die Zeitung?
Wohin fährst du/fahren Sie?
Was siehst du nicht oft?
Was esst ihr?
Wer besucht Jochen?
Was ziehst du/ziehen Sie aus?
Was nimmst du/nehmen Sie in die Hand?
Wo müsst ihr warten?
Wie alt ist er?
Woher kommst du?
Wer stellt Bier in den Kühlschrank?
Wer versteht dich/Sie nicht?
Wo liegt Ines?
Was gibst du/geben Sie mir?

7
Du kannst einen braunen Schrank sehen.
Hier ist ein alter Stuhl.
In der Küche ist ein kleines Fenster offen.

Jochen hat eine enge Küche.
Er muss einen kleinen Kühlschrank kaufen.
Gibt es hier eine Garderobe?
Mein Frau braucht ein großes Arbeitszimmer.
Maria hat eine rote Tüte.
Jochen sieht in einen kleinen Spiegel.
Angelika will einen guten Kuchen machen.
Peter isst einen grünen Salat.
Du bekommst eine gute Arbeit.
Hier liegt eine gelbe Karte.
Ich sehe ein altes Foto an.

8
a) fünfzehn Töpfe
b) vierunddreißig Kinder
c) zweiundneunzig Tüten
d) siebenundzwanzig Stühle
e) zweiundzwanzig Fernseher
f) dreiundsiebzig Karten
g) siebzehn Häuser
h) dreiundachtzig Tische
i) sechsundsechzig Torten
j) achtzehn Hosen
k) zwölf Äpfel

9
Du sollst oft Deutsch sprechen, obwohl du
   noch nicht so viel Deutsch kannst.
Ich komme aus Berlin, aber ich wohne in Kiel.
Jens weiß nicht, warum Angelika zu Besuch
   kommt.
Ich bin enttäuscht, denn der Salat ist nicht
   gut.
Matthias arbeitet 23 Stunden in der Woche,
   obwohl er in Rente ist.
Du brauchst eine Hose, denn die alte Hose ist
   zu eng.
Ich weiß, dass Jochen gerne Schinken isst.
Ich weiß nicht, was ich machen soll.
Beate ist in der Schule und Ines arbeitet.
Ich will, dass meine Kinder studieren.
Wir müssen warten bis der Bus kommt.

11

2
a) Wir lesen die Zeitung.
b) Ihr versucht zu fliegen.
c) Hörst du mich nicht?
d) Ich gehe durch den Park.

e) Sie wachen immer um 5.00 Uhr auf.

f) Er spricht Deutsch.

g) Wir schlafen bis 11.00 Uhr.

h) Versteht ihr mich?

i) Er isst gerne Salat.

j) Du fährst mit der U-Bahn.

k) Ich bekomme einen neuen Personalausweis.

l) Kann er seiner Schwester helfen?

m) Sind Sie schon in Rente?

n) Sie arbeitet als Lehrerin.

o) Zeigt ihr mir Berlin?

p) Er gibt ihr das Geld.

q) Wir haben nichts dagegen.

r) Warum erschrickst du?

s) Das kannst du dir nicht vorstellen.

t) Wann essen wir abend?

u) Um 12.30 fängt er an.

v) Ihr mögt mich.

3

Beate ist **die Tochter** von Jochen.
Ines ist **die Frau** von Jochen.
Ines ist **die Mutter** von Beate.
Jochen ist **der Mann** von Ines.
Jochen ist **der Vater** von Beate.

4

a) ihn   b) sie   c) sie   d) Sie
e) sie   f) euch   g) ihm   h) Es   i) ihn
j) Ihnen   k) Sie   l) Sie   m) sie

5

a) Ich helfe dem alten Mann.

b) Ich helfe meinen kleinen Brüdern.

c) Ich helfe einer jungen Frau.

d) Ich helfe deinem großen Bruder.

e) Ich helfe der Lehrerin.

f) Ich helfe dem Kind.

g) Ich helfe Ihnen.

h) Ich helfe Martin.

i) Ich helfe uns.

j) Ich helfe dir.

k) Ich helfe ihm.

l) Ich helfe euch.

m) Ich helfe ihr.

n) Ich helfe den Kindern.

o) Ich helfe meiner Mutter.

p) Ich helfe einem kleinen Kind.

6

a) man   b) man   c) jemand
d) jemand   e) man   f) jemand

7

a) Wir **mögen** keine Torte.

b) **Mag** Jakob Kirschen?

c) Frau Knauer, **mögen** Sie Kaffee?

d) **Mögt** ihr Tee mit Zitrone?

e) Ich **mag** Salat.   f) **Magst** du Käse?

8

a) Wir **möchten** keine Torte.

b) **Möchte** Jakob Kirschen?

c) Frau Knauer, **möchten** Sie Kaffee?

d) **Möchtet** ihr Tee mit Zitrone?

e) Ich **möchte** Salat   f) **Möchtest** du Käse?

9

a) Jochen möchte Bier trinken. / Jochen trinkt gerne Bier.

b) Ines mag Kuchen. / Ines möchte Kuchen.

c) Mir gefällt deine Hose.

d) Ihnen gefällt das Haus dort nicht.

e) Du möchtest Tennis spielen. / Du spielst gerne Tennis.

f) Ines möchte ein Stück Kuchen.

g) Wir mögen Musik von Falco. / Uns gefällt Musik von Falco.

h) Sie mag Tee mit Honig. / Sie möchte Tee mit Honig.

12

3

a) Wir antworten unseren Freundinnen.

b) Ich soll meinem Chef eine Antwort geben.

c) Angelika muss ihrem Freund etwas sagen.

d) Jochen kauft seiner Tochter eine Hose.

e) Meinen Kollegen schmeckt ihr Müsli nicht.

f) Du gibst Beate deine Hand.

g) Ihr helft euren Großeltern.

h) Die CD ist von meinem Sohn.

i) Sie glauben ihren Lehrern nicht.

5

a) erster achter neunzehnhundertsiebenundneunzig

b) zwölfter zwölfter achtzehnhundertdreizehn

c) vierzehnter zweiter zweitausendfünfzehn

d) siebzehnter neunter zweitausendelf

e) dritter siebter zweitausendzwanzig

f) fünfter sechster zweitausendzwei

g) neunter vierter siebzehnhundertvierzehn

h) zweiter sechster zweitausendacht

i) sechster siebter zweitausendsiebzehn

j) dreißigster dritter neunzehnhundertsiebzehn

k) neunzehnter fünfter zweitausendsechzehn

l) fünfzehnter zwölfter neunzehnhundertsiebzig

m) zehnter erster neunzehnhundertvierunddreißig

n) vierter elfter zweitausendelf

o) zwölfter dritter zweitausendzwölf

p) achter dritter zweitausendachtzehn

q) siebter zehnter neunzehnhundertfünfundsechzig

r) einunddreißigster zehnter neunzehnhundertsechzehn

s) sechzehnter fünfter zweitausendelf

t) achtzehnter neunter achtzehnhundertacht

u) zwanzigster achter zweitausenddreizehn

v) dreizehnter erster zweitausendzehn

w) elfter vierter zweitausendneun

x) einundzwanzigster dritter dreizehnhundertzweiunddreißig

y) fünfundzwanzigster elfter zweitausendneunzehn

7

a) Der schnelle Bus zum Theater fährt in elf Minuten.

b) Immer wartet er am Morgen auf die anderen.

c) Sie sind heute beim Arzt.

d) Die Suppe ist im Topf.

e) Kommst du morgen zur Theaterprobe?

f) Ich denke ans Frühstück.

g) Wollt ihr am Nachmittag mit mir ins KaDeWe gehen?

h) Das Restaurant liegt an der Straße.

i) Ist sein Brötchen wirklich auf dem Tisch?

j) Der Parkplatz liegt hinter dem Kino.

k) Was steht in der Zeitung?

l) Merkst du nicht, wer neben dir steht?

m) Sie sprechen immer noch nicht über ihre Ängste.

n) Was machst du unter dem Tisch?

g) Vor der Theaterprobe muss Beate ihrer Mutter helfen.
h) Jochen will immer zwischen 7.00 und 7.45 frühstücken.

13

4
Wer redet jetzt mit der anderen Frau?
Wer kennt sich schon lange?
If you ask about someone, you always use singular, although the answer can be plural, like in this case here.
Wohin willst du fliegen?
Wann ist Beate auf den Balkon gegangen?
Was machen die zwei Spatzen auf dem Tisch?

5
werden
ich werde
du wirst
er wird, sie wird, es wird
wir werden
ihr werdet
sie werden
ich bin geworden
du bist geworden
...

6
Robert **möchte / will** nicht Arzt werden, denn er **kann / will** nicht sehen, wie Menschen sterben. Auch Lehrer **möchte / will** er nicht werden, denn dafür **muss** er viel schreiben und laut rufen, wenn die Kinder nicht hören **wollen**. Das **kann / will** er gar nicht. Roberts Vater **will** ihm erklären, als was man noch arbeiten **kann**. Dann **kann** Robert ihn alles fragen und er **kann / muss** ihm alles erklären.

7
a) Die U-Bahn fährt in zwei Minuten.
b) Die Sommergrippe dauert zwei Wochen.
c) Ich verstehe 110 Wörter Deutsch.
d) Wir liegen zwölf Stunden im Bett.
e) Der Arzt schreibt Lena zwei Rezepte auf.
f) Ich erschrecke meine Freundin noch zweimal morgen.
g) Sie sitzen seit vierundzwanzig Minuten im Café.
h) Ihr bekommt jeden Tag um zehn Uhr Angst.
i) Wer zahlt die sechs Espressi und vier Käse-kuchen?
j) Kannst du für meine sechsundzwanzig Kollegen etwas kochen?

8
Heute ist Freitag - **morgen** besuche ich meine Eltern.
Morgens dusche ich.
Nachmittags trinke ich Kaffee.
Heute habe ich keine Zeit, aber **morgen** können wir uns treffen.
Morgens ist meine Frau schon in der Arbeit.
Abends kommt Peter zu Besuch.
Heute **früh** bin ich in die Stadt gefahren.
Gestern **früh** war ich in der Schule.
Heute ist Samstag: da arbeite ich bis **Abends**. Aber ich kann **morgen vormittags** schlafen, weil ich da nicht arbeite.
Mittags esse ich immer einen Salat.

14

2
Robert 1,89 m / Andreas 1,82 m / Sophie 1,79 m / Jochen und Klaus 1,78 m / Beate 1,65 m / Ines 1,64 m / Jens 15 cm

3
a) mindestens   b) wenigstens
c) mindestens   d) mindestens
e) mindestens   f) wenigstens

4
Wieviel kostet ein Brot? Ein Brot kostet zwei Euro fünfundsiebzig.
Wieviel kostet eine Zeitung? Eine Zeitung kostet einen Euro achtundneunzig.
Wieviel kostet ein Käse? Ein Käse kostet drei Euro zwanzig.
Wieviel kostet eine Banane? Eine Banane kostet sechzig Cent.
Wieviel kostet ein Paar Schuhe? Ein Paar Schuhe kostet fünfunddreißig Euro sechzig.
Wieviel kostet eine Zeitschrift? Eine Zeitschrift kostet neun Euro achtzig.

5
a) Eine Zeitung ist um 7,82 € billiger als eine Zeitschrift.
b) Ein Paar Schuhe ist um 25,80 € teurer als eine Zeitschrift.
c) Eine Banane ist um 2,60 € billiger als ein Käse.
d) Ein Käse ist um 1,22 € teurer als eine Zeitung.
e) Eine Zeitschrift ist um 7,05 € teurer als ein Brot.
f) Ein Brot ist um 45 Cent billiger als ein Käse.
g) Eine Zeitung ist um 77 Cent billiger als ein Brot.
h) Ein Brot ist um 7,05 € billiger als eine Zeitschrift.
i) Eine Banane ist um 35 € billiger als ein Paar Schuhe.
j) Eine Zeitung ist um 1,38 € teurer als eine Banane.

6
Berlin ist größer als Hamburg.
ICE-Züge sind schneller als IC-Züge.
Angela Merkel ist jünger als Joachim Gauck.
Bayern ist größer als Sachsen.
Im November ist es in München kälter als in Hamburg.
Mecklenburg-Vorpommern ist ruhiger als Berlin.
Unter den Linden in Berlin ist weiter als die Friedrichstraße.
München ist sicherer als Frankfurt.
Die Donau ist länger als der Rhein.
Der Flughafen Frankfurt ist größer als der Flughafen Zürich.
Basel ist älter als München.

7
Mein bester Freund heißt ...
Mein lustigster Freund heißt ...
Mein ältester Bruder/meine älteste Schwester ist ... Jahre alt.
Das schwierigste Problem ist .../ war ...
Mein gemeinster Lehrer war ...
Meine verrückteste Idee ist ...
Mein schönster Tag war ...
Meine weiteste Reise war nach ...
Mein größtes Zimmer ist ...
Mein engstes Zimmer ist ...

8

Albert fährt nach Köln um zu studieren.

Jochen geht ins Café um Zeitung zu lesen.

Ich kann nicht arbeiten ohne zu frühstücken.

Ines fährt heim um Abendessen zu kochen.

Du wirst nicht Deutsch lernen ohne zu üben.

9

a) Heute will ich mit Jochen über die Reise nach England sprechen. / Ich will heute mit Jochen über die Reise nach England sprechen.

b) Andreas muss am Samstag bei seiner Schwester sein. / Am Samstag muss Andreas bei seiner Schwester sein.

c) Du kannst deiner Mutter nicht immer helfen.

d) Ich muss noch schnell duschen.

e) Meine Eltern sind seit 1967 verheiratet.

f) Ich kann dir das Kino zeigen.

g) Ich kann es dir zeigen.

h) Wir können nur an der Kasse bezahlen.

i) Ich warte jetzt schon seit einer Stunde auf dich. / Jetzt warte ich schon seit einer Stunde auf dich.

15

3 *for example*

a) Die Katze ist größer als der Spatz.

b) Das Zimmer ist kleiner als das Haus.

c) Die Stadt ist kleiner als die Welt.

d) 1945 ist früher als 2016.

e) Mit dem Auto ist man schneller als zu Fuß.

f) Laufen ist gesünder als fernsehen.

g) Sommer ist wärmer als Winter.

h) Eine Woche ist länger als eine Stunde.

i) Deutsch ist schwerer als Englisch.

j) Die Nacht ist dunkler als der Tag.

k) Berlin nach Moskau ist kürzer als Berlin nach New York.

l) Tanzen ist anstrengender als singen.

4

a) durften / sollten
b) durftest
c) konnten
d) wollte
e) wollten
f) musste
g) durften
h) wollte - konnte
i) sollte/durfte - musste
j) konnten
k) sollte - konnte

5

a) Musste
b) konntet
c) konntest - wolltest
d) konnte
e) sollten / mussten
f) konnte / wollte
g) durftest - durfte
h) konntest

6

a) aber   b) sondern
c) aber   d) sondern
e) sondern   f) aber
g) sondern   h) sondern
i) aber   j) sondern
k) aber   l) sondern

7

Du willst nicht in Ost-Berlin, sondern in West-Berlin leben.

Ihr wollt nicht putzen, aber ein sauberes Wohnzimmer.

Er will ihre Reise bezahlen, aber er muss noch Geld dafür verdienen.

Wir fahren nie an die Ostsee, sondern immer an die Nordsee.

Sie investieren nicht in eine neue Touristeninformation, sondern in Hotels.

Morgens lese ich nie die Zeitung, sondern höre Musik.

8

Ich will mit dir ins Kino. Kannst du morgen Abend mitkommen?

Willst du noch Kaffee trinken?

Du musst arbeiten! - Aber ich bin krank, ich kann nicht arbeiten.

Dann musst du zum Arzt gehen.

Maria muss morgen nach Frankfurt fahren.

Darf ich heute in Theater gehen?

9

a) das / es
b) Das
c) Das
d) Jemand
e) Man - man
f) Es - das. ... Jemand
g) Das
h) es

16

Quiz

1b, 2b, 3b, 4b, 5b, 6c, 7c, 8c, 9a, 10a, 11a, 12b, 13c, 14c, 15a, 16b,

2

a) Sind das die drei Kaffees, die du für die Gäste an Tisch 17 gemacht hast?

b) Ist das das kleine Café, das am Fluss liegt?

c) Ist das der Gast, der schon einen Tee bestellt hat?

d) Ist das die Torte, die nach Apfel schmeckt?

e) Ist das die große Kellnerin, die mit den Gästen flirtet?

f) Ist das der große, braune Hund, der nicht ins Restaurant darf?

g) Ist das der Kellner, bei dem Jochen bestellt hat?

h) Ist das der Mann, der gerade mein Telefon geklaut hat?

i) Sind das die drei jungen Frauen, die ich am Bahnhof abholen muss?

j) Ist das das Sofa, das ungefähr 5000 € kostet?

k) Ist das der Mann, mit dem Maria verheiratet ist?

l) Sind das die Arzneimittel, die ich nehmen muss?

m) Ist das das Auge, mit dem du schlecht siehst?

n) Ist das der Kiosk, der auch nachts Schokolade verkauft?

p) Ist das die Rechnung, die du nicht bezahlen kannst?

4

a) Bring heute keine Freunde mit nach Hause!

b) Sei nicht so traurig den ganzen Tag!

c) Hab keine Angst vor der Polizei!

d) Ruf nicht an, wenn du so gemein bist!

e) Mach dir keine Sorgen um Beate!

f) Häng nicht den Mantel an die Garderobe.

g) Sei nicht so streng mit den Kindern!

h) Mach keinen Unsinn!

i) Denk nicht an deinen Kollegen!

j) Überleg nicht zu viel!

k) Pack nicht zu viele Sachen ein!

5

Maria: Lukas wollte um fünfzehn Uhr hier sein, oder? Jetzt warten wir seit einer halben Stunde!

Andreas: Das verstehe ich auch nicht.

Warum ruft er nicht an?

Maria: Vielleicht rufen wir ihn an! Hast du seine Nummer?

Andreas: Ja, er hat sie mir vor zwei Wochen gegeben. Ich rufe jetzt an, sonst sitzen wir am Abend

mmer noch hier. ... Hallo Lukas! Wo bist du?
Wir sind vor einer halben Stunde ins Café
gekommen, und jetzt warten wir seit 15.00
auf dich.
Lukas: Was? Ich dachte, wir treffen uns erst um
achtzehn Uhr dreißig, also in drei Stunden! Ich
bin erst vor fünf Minuten heimgekommen.
Jetzt muss ich mit der S-Bahn fahren. In zwanzig Minuten kann ich bei euch sein!
Andreas: Aber wir wollten doch Kaffee trinken!
Das macht man am Nachmittag und nicht
am Abend. – Naja. Wir warten auf dich. Aber
nimm die richtige S-Bahn, ja? Sonst fährt die
nächste erst wieder in einer halben Stunde.
Bis später!
Maria: Habe ich das richtig verstanden – Lukas kommt erst in einer halben Stunde?
Andreas: Ja. Du kennst ihn – er ist immer so.
Gut, dass er wenigstens heute kommt und
nicht erst am Mittwoch.
Maria: Weißt du noch damals, im Oktober, als
wir ihn am Bahnhof abholen sollten? Wir haben eine Stunde lang gewartet, aber da war
er schon seit zwei Stunden wieder in Berlin!
Andreas: Naja. Jetzt trinken wir erst einmal
den Kaffee. Den hat die Kellnerin schon vor 20
Minuten gebracht, er wird ja kalt. Und wenn
Lukas kommt – vielleicht in einer Stunde, wer
weiß – dann trinken wir noch einen Kaffee!
Maria: Genau. Ich kenne Lukas schon seit drei
Jahren/drei Jahre lang. Es ist immer das Gleiche mit ihm. Übrigens, hast du ihm eigentlich
gesagt, in welchem Café wir uns treffen?
Andreas: Oh...

17
Weddings and Knowledge
Albert: **Kennst** du meinen Freund Anton?
Barbara: Nein, ich **weiß** nicht, wen du meinst.
Albert: **Weißt** du nicht mehr, dass wir letzte
Woche verzweifelt einen DJ für die Hochzeit
gesucht haben? Ich **kenne** niemanden, der so
gut Musik spielen **kann** wie er.
Barbara: Ich **kann** mich zwar nicht an ihn
erinnern, aber wie viel kostet er als DJ? **Weißt**
du, ob er das schon einmal gemacht hat?
Albert: Ich **kenne/weiß** seinen normalen Preis
nicht, aber wir **können** ihn einfach fragen.

Ich **weiß**, dass Julia und Martin 900 € für ihn
bezahlt haben und sehr zufrieden mit ihm
waren.
Barbara: Das **kannst** du doch nicht ernst meinen! Das **kann** doch jeder, ein bisschen Musik
spielen. Ich **kenne** sicher jemanden, der das
billiger macht und gleich gut **kann**. 900 € –
darüber **kann** ich mich nur ärgern!
Albert: Du **weißt** doch gar nicht, was man
da alles **können** muss. Ich **kenne** dich ja gar
nicht so wütend.
Barbara: Ich bin nicht wütend, ich bin frustriert. Ich **wusste** nicht, dass Heiraten so teuer
ist.
Albert: Ich **kann** es aber nicht ändern, dass es
so teuer ist. Sei nicht böse – du **kennst** mich,
ich werde traurig und unsicher, wenn wir
streiten.
Barbara: Und ein bisschen eifersüchtig **kann**
man auch werden, wenn du so verliebt bist in
diesen Anton und seine Arbeit.
Albert: So schlecht gelaunt **kenne** ich dich
gar nicht! Du **kannst** gerne einen anderen
DJ finden und ihn bezahlen, wenn du einen
kennst, der lustig und gut ist.
Barbara: Ich **weiß** ja nicht einmal, wo ich
suchen soll. Tut mir leid, dass ich so zickig und
böse war.
Albert: Schon gut, ich **kenne** das. Manchmal
weiß man nicht, was man gegen die schlechte Laune tun **kann**.
Barbara: Ich **kenne/weiß** die Antwort...
heiraten!

2
a) Worüber habt ihr gesprochen?
b) Worum geht es in deinem neuen Job?
c) Woran hast du gar nicht gedacht?
d) Worauf willst du nicht warten?
e) Wo warst du gerade, als das Telefon geläutet hat?
f) Woraus wird Butter gemacht?
g) Wogegen bist du?
h) Wohin fährt dein Bruder morgen?
i) Wobei habe ich dich überrascht?
j) Wonach hat er schon dreimal gefragt?
k) Woher kommt unser neuer Kollege?
l) Womit arbeitest du viel?

3
a) worüber	b) wofür / wozu
c) wo	d) woher
e) worüber	f) wofür / wozu
g) woher	h) womit / wovon
i) woher	

4
Der Arzt fragt mich, was mir fehlt.
Ich zeige dem Doktor meinen linken Arm.
Er weiß nicht, wie lange ich schon Husten,
    Schnupfen und Halsschmerzen habe.
Wenn du ausatmest, tut dir dann die Brust
    weh?
Hast du dich an deinem Kopf verletzt?
Nach der Sommergrippe konnte sie kaum
    gehen und stehen.
Die Ärztin gibt mir ein Rezept für ein Arznei-
    mittel, das ich in der Apotheke hole.
Obwohl wir (die) Tabletten nehmen, abwarten
    und Tee trinken, dauert es lange, bis wir
    wieder in die Schule gehen können.
Sie hatten keine Bauchschmerzen, aber ein
    bisschen Durchfall und Fieber.
Müsst ihr oft husten, wenn ihr euer Auto
    putzt?
Bei Fieber sollte jeder in seinem Bett bleiben.

5
Jemanden auf den Arm nehmen = to make
    fun of someone
Sich die Augen aus dem Kopf weinen = to cry
    a lot
Mit beiden Beinen fest am Boden stehen = to
    be realistic
Den Fuß in der Tür haben = to have influence,
    not be able to be ignored
Etwas oder jemanden am Hals haben = to be
    lumbered with someone / something
Eine Hand wäscht die andere = Let's help
    each other
Jemandem etwas in den Mund legen = to
    claim someone has said something (s)he
    has not said
Die Nase voll haben = to be fed up with
    something
Viel um die Ohren haben = to have a lot of
    stress
Sich die Beine in den Bauch stehen = to stand
    around without any purpose / in queue

7

a) habe zwar, bin
b) hat, ist nämlich
c) hat zwar, hat nämlich
d) haben zwar, haben - habt zwar, haben nämlich.

8

Laura und Martina haben beide Zeit ...
Mittwoch tagsüber (Dann können sie ins
Museum gehen.)
Samstag Abend (Dann können sie in eine Bar
gehen.)
Sonntag Nachmittag (Dann können sie ins
Café gehen.)

18

Ausbildung (Education)

1 Ausbildung	2 Arbeit
3 Schulpflicht	4 Rechnen
5 erklärt	6 Grundschule
7 Hauptschule	8 Realschule
9 Gymnasium	10 studieren
11 Universität	12 Universitätsabschluss
13 Lehre	14 Handwerkerin

Bank / Post / Polizei
for example: **a c b d e f g**

3

Tomaten auf den Augen haben
   = to have a bad sight/to not want to see
   what's going on
grün hinter den Ohren sein
   = to be inexperienced
die Schnauze voll haben
   = to have enough of something

4

Apotheke	Tankstelle	Café
Arzt	Schuhgeschäft	Supermarkt
Touristeninfo.	Hauptbf.	Kaufhaus
Buchladen	Kiosk	Hotel

5

Warst du **wenigstens** schon einmal am
Strand? Nein, ich war aber dafür **mindestens**
fünfmal in Städten im Sommer. Für mich muss
es **mindestens** 34 Grad haben, dann genieße
ich die Sonne richtig. Letztes Jahr kosteten
alle Reisen, die mir gefielen, **mindestens**
1500 €, also blieb ich zu Hause. Dort war es
wenigstens auch die ganze Zeit schön. Ich
fahre **mindestens** zwanzig Mal im Jahr für
den Beruf mit dem Zug durch Deutschland,
deshalb will ich **wenigstens** einmal im Jahr
privat weit weg fahren.

6

die Grenze Deutschlands - die Grenze von
   Deutschland
das Bild der sauberen Küche - das Bild von der
   sauberen Küche
die Geräusche des Meeres - die Geräusche
   von dem (vom) Meer
der Mut meines jungen Kollegen - der Mut
   von meinem jungen Kollegen
das Eis des kleinen Jungen - das Eis von dem
   kleinen Jungen
der Personalausweis des Großvaters - der Personalausweis von dem (vom) Großvater
die Probleme seines langweiligen Jobs - die
   Probleme von/in seinem langweiligen Job
das Arzneimittel unserer Großmutter - das
   Arzneimittel von unserer Großmutter
der Lärm der gut gelaunten Gruppe - der
   Lärm von der gut gelaunten Gruppe
der Hund eurer Tante - der Hund von eurer
   Tante
die Jugendlichen der großen Stadt - die Jugendlichen von/aus der großen Stadt
das Problem der billigen Wohnung - das Problem von/mit der billigen Wohnung
die Verwandten ihres Schweizer Freundes
   - die Verwandten von ihrem Schweizer
   Freund

7

Thomas geht weiter.
Gibt er zu, dass er Unsinn gemacht hat?
Müssen wir schon aufstehen?
Ich sehe mir die alten Fotos an.
Du sollst den Mantel anziehen, weil es kalt
   sein wird.
Wann ziehst du aus deiner Wohnung aus?
Kannst du dir vorstellen, in Berlin zu leben?
Fährst du um 18 Uhr heim?
Wir sehen nicht gerne fern.
Ich habe schon vor einer Stunde gegessen.
Wann fangen wir an? - Es geht gleich los.
Kannst du die Kinder von der Schule abholen
Biegen Sie an der dritten Kreuzung ab.
Das Glas ist kaputt, weil es heruntergefallen
   ist.
Keine Angst: Wir passen auf.
Martin holt ein Bier aus dem Kühlschrank.
Das sieht nicht gut aus.
Mir tut das linke Auge weh.
Was macht Theresa? - Sie bereitet den Ausflug
   vor.
Steig ein! Die S-Bahn fährt gleich.
Beate ging vor 5 Minuten ins Kaufhaus hin-
   ein./Beate ist vor fünf Minuten ins Kaufhaus
   hineingegangen.
Wann kommt Beate zurück?
Du bist krank. Du kannst nicht weitermachen.

Irregular Verbs

Common prefixes you have learnt will be listed after the verbs. Prefixes with a *mark non-separable verbs. Verbs for which you have not learnt the basic form (i.e. without prefix) will be listed with their prefix.

You have to learn them. I know it's boring.

abbiegen, du biegst ab, bist abgebogen, ich bog ab	to turn (*into a street*)	11
abendessen, du isst abend, du hast abendgegessen, ich aß abend	to have dinner	9
abheben (Geld), du hebst ab, du hast abgehoben, ich hob ab	to withdraw money	17
abschließen, du schließt ab, du hast abgeschlossen, ich schloss ab	to finish / *also*: to lock (*a door*)	18
anbieten, du bietest an, du hast angeboten, ich bat an	to offer	10
anfangen, du fängst an, du hast angefangen, ich fing an	to start, begin	11
anrufen, du rufst an, du hast angerufen, ich rief an	to call (*on the phone*)	9
aufwachsen, du wächst auf, du bist aufgewachsen, ich wuchs auf	to grow up	18
ausleihen, du leihst aus, du hast ausgeliehen, ich lieh aus	to borrow, lend	18
beginnen, du beginnst, du hast begonnen, ich begann	to start, begin	3
behalten, du behältst, du hast behalten, ich behielt	to keep	17
bewerben, du bewirbst dich, du hast dich beworben, ich bewarb mich	to apply	18
bleiben, du bleibst, du bist geblieben, ich blieb	to remain, stay	12
brechen, du brichst, du hast gebrochen, ich brach	to break / to throw up	13
bringen, du bringst, du hast gebracht, ich brachte / ver*-, zurück-	to bring, get / serve	8
denken, du denkst, du hast gedacht, ich dachte / nach-	to think	1
dürfen, du darfst, du hast gedurft, ich durfte	to be allowed to, may	2
einladen, du lädst ein, du hast eingeladen, ich lud ein	to invite	16
einsteigen, du steigst ein, du bist eingestiegen, ich stieg ein	to get on sth., enter	14
empfehlen, du empfiehlst, du hast empfohlen, ich empfahl	to recommend	16
erfahren, du erfährst, du hast erfahren, ich erfuhr	to experience / to learn about	17
erschrecken, du erschrickst, du bist erschrocken, ich erschrak	to get frightened	9
essen, du isst, du hast gegessen, ich aß	to eat	2
fahren, du fährst, du bist gefahren, ich fuhr	to go, drive	4
fernsehen, du siehst fern, du hast ferngesehen, ich sah fern	to watch TV	9
finden, du findest, du hast gefunden, ich fand	to find	6
fliegen, du fliegst, du bist geflogen, ich flog / hin-, weg-	to fly	4
fressen, du frisst, du hast gefressen, ich fraß	to eat (*of an animal*), guzzle	5
geben, du gibst, du hast gegeben, ich gab / her-, zu-	to give	8
gefallen, du gefällst, du hast gefallen, ich gefiel	to appeal, be pleasing / to like	14
gehen, du gehst, du bist gegangen, ich ging / herum-, hinein-, los-, voran-, weiter-	to go, walk	3
genießen, du genießt, du hast genossen, ich genoss	to enjoy	18
geschehen, es geschieht, es ist geschehen, es geschah	to happen	17
haben, du hast, du hast gehabt, ich hatte	to have	1
hängen, du hängst, du bist gehangen, ich hing / ab-	to hang	10

heimfahren, du fährst heim, du bist heimgefahren, ich fuhr heim	to go home, drive home	9
heißen, du heißt, du hast geheißen, ich hieß	to be called	1
helfen, du hilfst, du hast geholfen, ich half / aus-	to help	6
herunterfallen, du fällst herunter, du bist heruntergefallen, ich fiel herunter	to fall down	11
hochheben, du hebst hoch, du hast hochgehoben, ich hob hoch	to lift up	17
kennen, du kennst, du hast gekannt, ich kannte / aus-	to know	8
kommen, du kommst, du bist gekommen, ich kam / an-, be*-, her-, herein-, zurecht-, zurück-	to come	1
können, du kannst, du hast gekonnt, ich konnte	can, to be able to	1
lassen, du lässt, du hast gelassen, ich ließ	to let, leave	13
laufen, du läufst, du bist gelaufen, ich lief / los-	to run	7
lesen, du liest, du hast gelesen, ich las	to read	3
liegen, du liegst, du bist gelegen, ich lag	to lie	1
mögen, du magst, du hast gemocht, ich mochte	to like	11
müssen, du musst, du hast gemusst, ich musste	must, to have to	1
nehmen, du nimmst, du hast genommen, ich nahm / weg-, zu-	to take	1
nennen, du nennst, du hast genannt, ich nannte	to name	18
riechen, du riechst, du hast gerochen, ich roch	to smell	15
scheinen, du scheinst, du hast geschienen, ich schien	to shine / to seem, appear	14
schieben, du schiebst, du hast geschoben, ich schob	to push, stuff	11
schlafen, du schläfst, du hast geschlafen, ich schlief / ein-	to sleep	1
schließen, du schließt, du hast geschlossen, ich schloss / zu-	to close	11
schneiden, du schneidest, du hast geschnitten, ich schnitt / auf-	to cut	10
schreiben, du schreibst, du hast geschrieben, ich schrieb / unter*-	to write	18
sehen, du siehst, du hast gesehen, ich sah / an-, aus-, um-, wieder-	to see	1
sein, du bist, du bist gewesen, ich war	to be (see grammar explanation)	1
singen, du singst, du hast gesungen, ich sang	to sing	1
sitzen, du sitzt, du bist gesessen, ich saß	to sit	3
sollen, du sollst, du hast gesollt	should	2
spinnen, du spinnst, du hast gesponnen, ich spann	to yarn / to be crazy	18
sprechen, du sprichst, du hast gesprochen, ich sprach / aus-	to speak	1
stehen, du stehst, du bist gestanden, ich stand / auf-, ver*-	to stand	10
stehlen, du stiehlst, du hast gestohlen, ich stahl	to steal	18
sterben, du stirbst, du bist gestorben, ich starb	to die	1
streiten, du streitest, du hast gestritten, ich stritt	to argue, quarrel	16
tragen, du trägst, du hast getragen, ich trug	to carry / to wear	16
treffen, du triffst, du hast getroffen, ich traf	to meet	9
trinken, du trinkst, du hast getrunken, ich trank	to drink	5
tun, du tust, du hast getan, ich tat / weh-	to do	13
unterhalten, du unterhältst dich, du hast dich unterhalten, ich unterhielt mich	to chat, talk	16
vergessen, du vergisst, du hast vergessen, ich vergaß	to forget	15
verlieren, du verlierst, du hast verloren, ich verlor	to lose	11
verschwinden, du verschwindest, du bist verschwunden, ich verschwand	to disappear	18
waschen, du wäschst, du hast gewaschen, ich wusch	to wash, clean	15
wissen, du weißt, du hast gewusst, ich wusste	to know	2
wollen, du willst, du hast gewollt, ich wollte	to want	1
ziehen, du ziehst, du hast gezogen, ich zog / an-, um-	to pull, to draw / to move	7

Vocabulary Index

Numbers indicate exercises in the respective chapters dealing with the topic in question (e.g. 18/3 = chapter 18, exercise 3). Numbers in italics indicate the topic is explained in the respective chapter.

Grammar Index

Grammar in a nutshell

Verbs

regular verbs	strong verbs	modal verbs	sein	haben
ich wohne	ich spreche	ich will	ich bin	ich habe
du wohnst	du sprichst	du willst	du bist	du hast
er / sie / es wohnt	er / sie / es spricht	er / sie / es will	er / sie / es ist	er / sie / es hat
wir wohnen	wir sprechen	wir wollen	wir sind	wir haben
ihr wohnt	ihr sprecht	ihr wollt	ihr seid	ihr habt
sie wohnen	sie sprechen	sie wollen	sie sind	sie haben

Präteritum

ich wohnte	ich sprach_	ich wollte	ich war_	ich hatte
du wohntest	du sprachst	du wolltest	du warst	du hattest
er / sie / es wohnte	er / sie / es sprach_	er / sie / es wollte	er / sie / es war_	er / sie / es hatte
wir wohnten	wir sprachen	wir wollten	wir waren	wir hatten
ihr wohntet	ihr spracht	ihr wolltet	ihr wart	ihr hattet
sie wohnten	sie sprachen	sie wollten	sie waren	sie hatten

Perfekt

du hast gewohnt	du hast gesprochen	du hast gewollt	du bist gewesen	du hast gehabt

Separable verbs

Plötzlich **atmet** er tief . ← no verb at last position, prefix can be there

Jochen **muss** tief **atmen.** ← last place occupied by verb

Verb · prefix · Verb

Declension: the Rese / Nese / Mormon system

	masculine	feminine	neuter	plural
Nominativ	R	E	S	E
	der gute Vater	die gute Mutter	das gute Kind	die guten Kinder
	ein guter Vater	eine gute Mutter	ein gutes Kind	gute Kinder
	guter Käse	gute Milch	gutes Wasser	
Akkusativ für ...	N	E	S	E
	den guten Vater	die gute Mutter	das gute Kind	die guten Kinder
	einen guten Vater	eine gute Mutter	ein gutes Kind	gute Kinder
	guten Käse	gute Milch	gutes Wasser	
Dativ mit ...	M	R	M	N
	dem guten Vater	der guten Mutter	dem guten Kind	den guten Kindern
	einem guten Vater	einer guten Mutter	einem guten Kind	guten Kindern
	gutem Käse	guter Milch	gutem Wasser	
Genitiv wegen ...	S	R	S	R
	des guten Vaters	der guten Mutter	des guten Kindes	der guten Kinder
	eines guten Vaters	einer guten Mutter	eines guten Kindes	guter Kinder

Gray area: adjective ending **-e** for definite form. See the system explained at www.skapago.eu/jensjakob/rese

Sentences

Main clause:

Ich   will   mir   eine neue CD kaufen.

Subordinate clause:

Sie warten,
bis   die Suppe   im Topf   warm   geworden ist.

So ...

What is going to happen to Jens and Jakob?

Why are the Knauers having a hard time?
Was the talk between Jochen and Klaus really just a minor detail?
Why is Beate sad and excited at the same time?

If you want to find out – keep on learning German!

Jens and Jakob – Part 2 – will be available from 2018.

The ISBN will be 978-3-945174-08-1.

Stay tuned:
www.skapago.eu/jensjakob/bonus

PS: If you like learning languages, check out our other textbook projects at www.skapago.eu/en/textbooks.

CPSIA information can be obtained
at www.ICGtesting.com
Printed in the USA
BVHW020717260620
582329BV00004B/184